सिनेमा और यथार्थ

सिनेमा और यथार्थ

मृदुला पण्डित

वाणी प्रकाशन

सजिल्द पहला संस्करण : 2023
सजिल्द दूसरा संस्करण : 2025

vaniprakashan.com

वाणी प्रकाशन

4695, 21-ए, दरियागंज, नयी दिल्ली-110 002

फ़ोन : + 91 11 23273167, 23275710

शाखाएँ

अशोक राजपथ, पटना-800 004, बिहार

कॉफ़ी हाउस कैम्पस, महात्मा गांधी मार्ग, प्रयागराज-211 001, उत्तर प्रदेश

महात्मा गांधी अन्तरराष्ट्रीय हिन्दी विश्वविद्यालय, वर्धा-442 001, महाराष्ट्र

sales@vaniprakashan.in

vaniprakashan@gmail.com

CINEMA AUR YATHARTH
by Mridula Pandit

ISBN : 978-93-5518-854-0

मूल्य : ₹ 695

जी.एस. ऑफ़सेट, दिल्ली-110 095 में मुद्रित

वाणी प्रकाशन का लोगो मक़बूल फ़िदा हुसैन की कूची से

।। रसो वै सः ।।

आत्म-सहचर

विजय जी

के लिए

जिनसे मेरी हर यात्रा है।

पूर्व-कृति

प्रत्येक कला विधा की अपनी भाषा होती है और अपना मुहावरा भी। चित्र की भाषा है—रंग और रेखाएँ और नृत्य की भाषा है पदचाप और मुद्राएँ। ये भाषा के वायवीय रूप हैं, जिन्हें करने के लिए एक विशेष हृदय और विशेष समझ की ज़रूरत होती है जबकि इसके विपरीत साहित्य की भाषा एक ऐसी लिखित भाषा होती है, जो प्रत्यक्ष होती है और जिसे जानने-समझने के लिए विशेष प्रशिक्षण आवश्यक होता है।

शाब्दिक भाषा की भाँति फ़िल्म की भी एक भाषा है। यद्यपि व्यापक अर्थ में भाषा शब्द का प्रयोग सम्प्रेषण के सन्दर्भ में चित्रकला और वास्तुकला के लिए भी हो सकता है, किन्तु फ़िल्म की आख्यानपरक प्रवृत्ति के कारण फ़िल्म की भाषा का निर्माण 20वीं सदी के दूसरे दशक में ही हो गया था। भाषा में शब्दावली, व्याकरण और वाक्य रचना होती है। शब्दावली में वस्तु और भाव का प्रतिनिधित्व करने वाले शब्द होते हैं, जबकि व्याकरण और वाक्य रचना 'एडिटिंग, कटिंग और मॉन्टेज' की प्रक्रिया है जो शॉट्स के तत्त्व है। शब्द की तरह प्रत्येक शॉट का स्वतन्त्र अर्थ होता है। परन्तु निश्चित क्रम में रखने से वे उसी प्रकार अर्थ देते हैं, जैसे एक मुहावरा। उदाहरण के लिए काफ़ी नीचे उड़ते हुए हवाई जहाज़, किसी जलते हुए मकान और किसी रोती हुई स्त्री के शॉट के तीन अलग-अलग अर्थ होंगे, परन्तु जब उन तीनों को एक क्रम में संयोजित किया जाता है, तो वे पूर्णकथन का रूप ले लेते है। क्रियाओं का अधिक प्रयोग गद्य को प्रभावशाली बनाता है। नया लेखक विशेषण के अधिक प्रयोग से गद्य को संवर्द्धित करना चाहता है परन्तु गद्य में शक्ति और गतिशीलता क्रियाओं के प्रयोग से आती है। शक्ति और गतिशीलता के लिए फ़िल्म प्रारम्भ से ही प्रयत्नशील रही है।

गतिशील वस्तुओं का चित्रांकन फ़िल्म का सहज गुण है। सिनेमा गतिशीलता का माध्यम कहा जाता हैं।

फ़िल्म की शब्दावली विशाल और असीम है। प्रारम्भ से ही उसकी समस्या शाब्दिक भाषा के सदृश्य फ़िल्म व्याकरण के निर्माण की रही है। कैमरे के प्रयोग के आधार पर कुछ नियम बनाए गये। बेला बालाज के अनुसार फ़िल्म में केवल वर्तमान होता है, भूत-भविष्य नहीं। आगे चलकर फ़्लैशबैक से भूतकाल तथा कोहरा, धुआँ, धीमी गति और स्वप्न दृश्यों द्वारा भविष्य दिखाया जाने लगा। साउंड के आगमन से फ़िल्म में शाब्दिक भाषा की विशेषताएँ भी जुड़ गयीं किन्तु साथ ही हानि यह हुई कि फ़िल्म में अपनी विशाल शब्दावली पर निर्मित विजुअल ग्रामर की उपेक्षा कर दी गयी।

साउंड के आगमन से फ़िल्म की भाषा अधिक संश्लिष्ट हो गयी। ध्वनि के पूर्व विजुअल शॉट फ़िल्म की आधारभूत इकाई थी। एकाकी-शॉट शब्द का समानार्थी था और सम्पादन (एडिटिंग) की प्रक्रिया फ़िल्म व्याकरण आधार थी। ध्वनि के आगमन से फ़िल्म की शब्दावली बड़ी हो गयी और अब एकाकी शॉट और एकाकी ध्वनि दोनों फ़िल्म शब्दावली का आधार बने। ध्वनि ने फ़िल्म की आधारभूत शब्दावली का संवर्द्धन किया और फ़िल्म के व्याकरण को भी विस्तृत और विविधतापूर्ण बनाया।

हिन्दी में पारम्परिक फ़िल्म परम्परा में मनोरंजन से होते हुए इस माध्यम का प्रयोग जीवन के यथार्थ से जुड़ना शुरू हुआ। यद्यपि इस यथार्थ का समावेश अंशतः क़रीब-क़रीब सभी फ़िल्मों में था लेकिन धीरे-धीरे उसकी एक धारा बनती गयी और यह नया सिनेमा के रूप में प्रतिस्थापित हुई।

नया सिनेमा ने हिन्दी सिनेमा की धारा ही बदल दी। बाद में समानान्तर सिनेमा और वैकल्पिक सिनेमा आदि टर्म भी दिये गये किन्तु सब के मूल में यथार्थ ही मूल था जो मनुष्य की स्थितियों, सुख-दुख, समस्याओं और जीवन के तमाम संघर्षों को यथास्थिति में दिखाने के लिए तैयार था। सिनेमा का यह रूप एक क्रान्तिकारी रूप था। जिसने पारम्परिक सिनेमा के चेहरे को बदल दिया और करीब 5 दशक से अपने उसी तेवर के साथ भारतीय मानस का स्वर बना रहा और अब भी इसकी एक समानान्तर दुनिया है जिसमें बहुत से निर्माता और निर्देशक उसी शिद्दत के साथ लगे हुए हैं। लघु फ़िल्मों का स्वरूप उसी का एक रूप है।

सिनेमा पर पुस्तक लिखने का उद्देश्य यही था कि सिनेमा समाज को सीधे प्रभावित करता है और हमारे समय के समाज को दर्शाता ही नहीं अपितु पूरे बदलाव का प्रमुख कारक व साक्षी भी होता है।

'सिनेमा और यथार्थ' केवल सिनेमा में यथार्थ की यात्रा नहीं है, यह हिन्दी सिनेमा के बहाने भारतीय सिनेमा की भी यात्रा है। जिसमें मेरी कोशिश रही है कि सिनेमा की पूरी यात्रा को भी पढ़ा, देखा और समझा जा सके और इसके लिए मैंने अधिक से अधिक तथ्य और विवरण जुटा कर इसमें शामिल करने की कोशिश की है, ताकि हिन्दी सिनेमा और उसके यथार्थवादी स्वरूप को पूर्णता के साथ सामने लाया जा सके।

इस हेतु मैं उन सुधी समीक्षकों, विचारकों, फ़िल्मकारों आदि के प्रति कृतज्ञता ज्ञापित करना अपना नैतिक कर्तव्य समझती हूँ जिनकी कृतियों, विचारों, टिप्पणियों आदि का प्रयोग इस पुस्तक प्रणयन में प्रत्यक्ष अथवा परोक्ष रूप में किया गया है। पुस्तकालय की सेवा में रहने के कारण मुझे तमाम सन्दर्भों के लिए कभी भी पुस्तकों की कमी महसूस नहीं हुई। विशेषकर विश्वम्भर दयालु त्रिपाठी राजकीय पुस्तकालय उन्नाव (उ.प्र.) के पुस्तकालय को स्मरण करना चाहूँगी जहाँ पर सुरभि श्रीवास्तव ने पत्र-पत्रिकाओं और पुस्तकों को उपलब्ध करा कर मेरा कार्य सहज किया।

इस कार्य को करते समय मेरे स्मरण में बाबूजी सदा साथ रहे। हम लोगों का असामयिक साथ छोड़ने के कारण हमारी किसी भी उपलब्धि के वे साक्षी नहीं रह पाये। हमें यह अनुभव होता रहता है कि जहाँ भी होंगे वे हमारी उपलब्धियों से ज़रूर खुश होंगे। उनकी अनुपस्थिति में अम्मा जो कि स्वयं विदुषी थीं और साहित्य व धर्म शास्त्र की अध्येता रहीं, ने पढ़ने-लिखने के लिए सदैव प्रेरित किया और जीवन में जो भी उपलब्धि है, उनमें उनकी महत्त्वपूर्ण भूमिका है। हाँ, उनके रहते यदि इस पुस्तक का प्रकाशन हो जाता तो मुझसे अधिक वे प्रसन्न होती।

मेरे जीवन की सहयात्रा में तमाम झंझावातों को उल्लास, उमंग और विश्वास से जीतकर सदैव सार्थक कर्म की ओर प्रवृत्त कर सत्य के लिए लड़ने और अड़ने का मन्त्र मेरे पति विजय पण्डित जी का ही है। 'हार नहीं मानूँगा रार नहीं ठानूँगा' को जीवन में मन्त्र-सा आत्मसात करते हुए जीवनी शक्ति की धार लेकर उनके साथ सांस्कृतिक सहयात्रा की है हम ने। विजय जी जो स्वयं लोक संस्कृति विशेषज्ञ, नाटककार व पटकथा लेखक हैं, का मेरे जीवन की उपलब्धियों में बहुत श्रेय रहा है। मुझे ही नहीं पूरे घर को संस्कृति कर्म की ओर प्रेरित करने

और प्रवृत्त करने का श्रेय भी उन्हें जाता है। इसलिए मेरे जीवन में जो भी शुभ, सुन्दर और शिव है, सब का श्रेय मेरी माँ और विजय जी का है।

इस पुस्तक को इस स्वरूप में पहुँचने तक परिवार के सभी सदस्य सदा साथ रहे, प्रिय पूजा पाठक ने अहर्निश मेरी हर ज़रूरतों का ख़याल रखा। अनुज सलिल पाठक सहित इस दम्पति को ख़ूब स्नेह। अनुजा प्राची पाठक जो राष्ट्रीय नाट्य विद्यालय से है और फ़िल्म अभिनेत्री है मेरी हर उपलब्धि पर गर्व का अनुभव करती है। उसे और प्रिय राकेश पाण्डेय, इस दम्पति को ख़ूब स्नेह। बिटिया श्रीजी और प्रिय कार्तिकेय जब इस किताब को हाथ में लेंगे तब आह्लादित होंगे। मैं स्व. (डॉ.) धर्मध्वज त्रिपाठी जी को स्मरण करना चाहूँगी जिन्होंने इस कार्य में सहयोग किया।

वाणी प्रकाशन के श्री अरुण माहेश्वरी और सुश्री अदिति माहेश्वरी ने इसके प्रकाशन का दायित्व लेकर इसको पूर्णता प्रदान की है। उन दोनों के प्रति आभार।

'सिनेमा और यथार्थ' भारतीय सिनेमा के उद्‍भव से लेकर वर्तमान तक की यात्रा पाठकों को करा सके, इस सदिच्छा के साथ 'कृष्णार्पणमस्तु' भाव से अपने जीवन और समस्त उपलब्धियों के श्रेय को अपनी माँ और विजय जी को देते हुए मूर्तवत् प्रसाद के रूप में इसे आप सभी गुणीजनों को अर्पित करती हूँ ।

30 अप्रैल, 2022
दादा साहब फाल्के जयन्ती

मृदुला पण्डित

अनुक्रम

Cinema is the most beautiful fraud in the world.

–Jean luc Godard, *French-Swiss film director*

अध्याय-1

भारतीय सिनेमा

फ़िल्म की मूल प्रेरणा व्यक्तिगत हो सकती है, परन्तु फ़िल्म निर्माण समूह द्वारा होता है। फ़िल्म निर्माण एक उद्योग है, जिसमें हजारों मजदूर, तकनीशियन, कलाकार, अभिनेता आदि कार्यरत रहते हैं। इन हजारों व्यक्तियों के योगदान से निर्मित होने के कारण ही फ़िल्म, समूह की कला-सृष्टि कही जाती है। समूह की कला-सृष्टि होने से कठिनाई यह है कि अनेक लोगों के सहयोग द्वारा निर्मित होने वाले कला-माध्यम में मूल विचार को रूपान्तरित करना दुष्कर कार्य हो जाता हे। वैसे भी फ़िल्म निर्माण साहित्य-लेखन और चित्रकला की तुलना में अधिक कठिन कार्य है। परन्तु यह भी हो सकता है कि मूल विचार अनेक कला विशेषज्ञों द्वारा परखा, तराशा और परिवर्द्धित-संवर्द्धित होकर कहीं अधिक उपयुक्त सिद्ध हो। मध्ययुगीन गिरजाघरों का निर्माण समूह-कला सृष्टि का उत्कृष्ट उदाहरण है। कला उत्कृष्टता के शिखर को तभी प्राप्त करती है, जब कलाकार अपने स्व को विराट स्व में समर्पित कर देता है। उक्त गिरजाघरों का निर्माण इसी त्याग भावना से हुआ है, जहाँ प्रत्येक कलाकार ने बिना अपने नाम व व्यक्तित्व का आग्रह किये समर्पण की भावना से समूह की कला में अपना योगदान किया है। इसके विपरीत फ़िल्म में समूह के प्रयास का आधार आर्थिक है। फ़िल्म एक व्यवसाय है, जिसमें बहुत बड़ी पूँजी लगती है और जिसकी सफलता बहुत अनिश्चित है। इसमें जोखिम बहुत बड़ा है इसलिए स्वाभाविक है कि फ़िल्म का निर्माण व्यवसायी की इच्छा के विपरीत नहीं हो सकता। व्यवसायी के हाथ में फ़िल्म के मूल विवार को परिवर्तित-संवर्द्धित करने का अधिकार हमेशा रहता है। दूसरी ओर यह भी सत्य है कि कुछ ऐसे समर्थ फ़िल्म-निदेशक हुए हैं, जिन्होंने पूर्ण स्वच्छन्दता के साथ फ़िल्म निर्माण किया और कभी व्यवसायी के मुखापेक्षी नहीं रहे। वे फ़िल्मकार या तो सरकार द्वारा वित्त पोषित रहे या स्वयं प्रोड्यूसर रहे।

फ़िल्म निर्माण की प्रक्रिया ऐसी है कि उसमें पहली एवं दूसरी अवस्था अर्थात् प्रेरणा और सर्जना के बीच विभाजक रेखा खींच पाना दुष्कर कार्य है। सर्जना ही कलात्मक क्रियाशीलता का सबसे महत्त्वपूर्ण कार्य है। फ़िल्म-सर्जना और अन्य कलाधर्म में तात्विक अन्तर है। अन्य कलाकार उत्पाद वस्तु को जिस रूप में प्रस्तुत करते हैं, फ़िल्म उससे सर्वथा भिन्न रूप में उसे प्रोजेक्टर द्वारा प्रदर्शित करती है। उदाहरणार्थ लेखक जिस रूप में लिखता है या चित्रकार जिस रूप में चित्र बनाता है, ग्रहीता उसी रूप में उसे ग्रहण करता है, अर्थात् ग्रहीता द्वारा कलाकार की उत्पादित वस्तु का ग्रहण न्यूनाधिक उसी रूप में होता है। परन्तु फ़िल्मकार की कला-सृष्टि सेल्यूलाइड के रूप में होती है, जिसे पर्दे पर देखता है। फ़िल्म सर्जना की एक और विशेषता यह है कि उसमें भौतिक यथार्थ का यथावत् अंकन करने का सामर्थ्य है। चित्रकला की तुलना में फ़िल्म का यथार्थ अधिक वास्तविक होता है, या यों कहें कि उसमें यथार्थ के वास्तविक दर्शन होते हैं। साहित्य शब्दों के माध्यम से मानसिक बिम्बों द्वारा जो कार्य करता है, वही कार्य फ़िल्म प्रत्यक्ष बिम्बों द्वारा करती है। फ़िल्म की सबसे बड़ी विशेषता यह है कि उसे साहित्य, संगीत, चित्रकला आदि का सहयोग प्राप्त है। अतः सिनेमा का कलात्मक सम्प्रेषण समग्ररूप है।

ल्यूमियर बन्धु

सन् 1896 में ल्यूमियर बन्धु द्वारा फ़िल्म के प्रथम प्रदर्शन के बाद पश्चिम में सिनेमा के विकास-क्रम की कहानी के अनेक सोपान हैं। ल्यूमियर के जादू-भरे और चमत्कारपूर्ण चित्रों से प्रारम्भ कर कला के उच्च शिखर पर प्रतिष्ठित होने में सिनेमा को अनेक मंज़िलें तय करनी पड़ीं। ल्यूमियर के चमत्कारपूर्ण चित्रों में आकर्षण तो था, ठहराव नहीं। सम्पूर्ण चित्र विभिन्न बेमेल दृश्यों का भण्डार-गृह प्रतीत होता था। उन्हें सूत्रबद्ध करने वाला कोई माध्यम न था। सन् 1908 में एक फ्रेंच फ़िल्म कम्पनी, Film'd Art, "Assassination of the duke De Guise" फ़िल्म बनाकर सिनेमा को आख्यामूलक विधा के मार्ग पर मोड़ दिया। इस फ़िल्म की कहानी रंगमंचीय कथा विधान पर आधारित थी। दूसरी महत्त्वपूर्ण फ़िल्म एडविन एस. पोर्टर की 'द ग्रेट ट्रेन रॉबरी' है। इस फ़िल्म की कहानी रंगमंचीय है जिसे अनेक स्थानों पर फ़िल्माया गया और अन्त में सभी दृश्य जोड़ दिये गये। इस फ़िल्म के द्वारा एडिटिंग की तकनीक का विकास हुआ। फ़िल्म विकास के अगले सोपान के रूप में डी. डब्ल्यू ग्रिफिथ की 'द बर्थ ऑफ़ द नेशन' और 'इनटॉलरेंस' फ़िल्में हैं। इन फ़िल्मों में ग्रिफिथ ने विभिन्न कैमरा कोण, क्लोजअप,

दृश्य-बिम्बों के संकलन आदि का समुचित उपयोग करते हुए फ़िल्म को कलात्मक रूप दिया। उसको भाषा व वाक्य रचना भी दी। उसने कैमरे के उपयोग की नयी विधियाँ ढूँढ़ी और विभिन्न असम्बद्ध दृश्य बिम्बों को सम्पादित कर उनको नया अर्थ दिया। ग्रिफिथ को अमेरिका में फ़िल्म कला का जन्मदाता और प्रतिस्थापक माना जाता है। रूसी निर्देशकों ने जहाँ फ़िल्म के सम्पादन विशेषतः मोण्टाज़ पर विशेष बल दिया, वहीं उन्होंने फ़िल्म सम्बन्धी सिद्धान्त निरूपण का कार्य भी किया। फ़िल्मकार होने के साथ ही सर्गेई आइज़ंस्टाइन ने फ़िल्म सौन्दर्यशास्त्री की महत्त्वपूर्ण भूमिका भी निभायी। दृश्य-विधा के रूप में सिनेमा का जो सूक्ष्म विवेचन आइज़ंस्टाइन ने किया है, वह फ़िल्म-शास्त्र के इतिहास में प्रकाश स्तम्भ के समान हैं।

विदेशों में सिनेमा का विकास जिस क्रमबद्ध रूप में हुआ, वैसा भारत में नहीं हो सका। सत्यजित राय के आगमन के पूर्व तक स्थिति यह थी कि सिनेमा की भाषा और उसके अभिव्यक्ति के ढंग से भारतीय फ़िल्मकार अपरिचित थे। विदेशों में होने वाले तकनीकी प्रयोगों, नयी उपलब्धियों और सिनेमा की नयी प्रवृत्तियों आदि का उन्हें कोई अता-पता न था। इस अनभिज्ञता का मुख्य कारण यह या कि भारतीय और विशेष रूप से हिन्दी चलचित्रों का विकास पश्चिमी देशों से सर्वथा भिन्न रूप में हुआ।

दादा साहब फालके

दादा साहब फालके भारतीय फ़िल्मों के जन्मदाता कहे जाते हैं। सन् 1913 में उनका प्रथम चार रीलों का चित्र 'राजा हरिश्चन्द्र' प्रदर्शित हुआ। 1912 तक पश्चिम में फ़िल्म तकनीक आगे बढ़ चुकी थी और विदेशी फ़िल्में भारत में दिखाई जा रही थी। ऐसी एक फ़िल्म 'Life of Christ' से फालके को फ़िल्म-निर्माण की प्रेरणा मिली और उन्होंने सोचा कि यदि कृष्ण के जीवन पर फ़िल्म बनाई जाय, तो वह निश्चित ही लोकप्रिय होगी। अपने आराध्य देव को रजत-पट पर देखकर लोग मन्त्रमुग्ध हो जायेंगे। फालके शिक्षित परिवार में पैदा हुए थे। साहित्य, चित्रकला, जादू, फोटोग्राफ़ी और प्रिंटिंग आदि विषयों में उनकी पर्याप्त रुचि थी। उन्हें इनमें कुशलता भी प्राप्त थी। फ़िल्म बनाने की धुन में वे इंग्लैंड गये और वहाँ से कैमरा और अन्य उपकरण लेकर लौटे। उन्होंने अपने परिवार के सहयोग से 'राजा हरिश्चन्द्र' फ़िल्म निर्मित की। फालके फ़िल्म के लेखक, निर्माता, निर्देशक, कैमरामैन, एडीटर और प्रदर्शक सभी कुछ थे। उन्होंने अपने साहित्य (रंगमंचीय), चित्रकला, जादू, फोटोग्राफ़ी आदि के ज्ञान का निर्माण में

पूरा-पूरा उपयोग किया। दूसरे शब्दों में कहा जा सकता है कि हिन्दी चलचित्र के निर्माण का आधार यही कलाएँ थीं।

फालके को फ़िल्म की शक्ति और उसके उपयोग की बहुत अच्छी समझ थी। भारतीय सन्दर्भ में फ़िल्म का उपयोग किस प्रकार किया जाय, यह वे बहुत अच्छी तरह जानते थे। उन्होंने फ़िल्म का निर्माण जनसाधारण के लिए किया। उनकी दृष्टि में फ़िल्म का दर्शक उच्चवर्गीय संस्कारयुक्त सभ्यता और कलाभिमानी सहृदय न होकर, सामान्य व्यक्ति था। इस सामान्य व्यक्ति की रुचियों, आकांक्षाओं, संस्कारों, अन्धविश्वासों और सामाजिक व्यवहार के अनुकूल ही उन्होंने अपनी फ़िल्म का स्तर रखा। अपनी प्रथम फ़िल्म से ही फालके ने इस तथ्य की घोषणा कर दी कि इस नवजात कला का ग्रहीता सामान्य जन है। सिने-माध्यम में दृष्टि-विषय को व्यापक, मोह, चमत्कारपूर्ण और मनचाहे ढंग से देखा सकने की अपूर्व क्षमता है। फालके ने इस क्षमता का उपयोग, पौराणिक कथाओं को रजतपट के माध्यम से प्रस्तुत करने में किया। भारतीय पौराणिक आख्यानों में दार्शनिक पक्ष के अतिरिक्त जो चमत्कारों का पक्ष है, वह सिनेमा के बहुत अनुकूल था। किसी मुनि की कृपा से चुहिया का स्त्री रूप में परिवर्तित हो जाना, उनके शाप से किसी मनुष्य का पशु-योनि में चला जाना, अगस्त्य मुनि का समुद्र-पान, शंकर के नेत्र से कामदेव का नाश, कृष्ण का उँगली पर पर्वत उठाना व युद्धभूमि में मंत्रों के प्रयोग से शत्रु का नाश आदि न जाने कितने ही उदाहरणों से रामायण, महाभारत, श्रीमद्भागवत और दूसरे पुराण भरे पड़े हैं। दैवी शक्ति का एक ही अर्थ है—चमत्कारपूर्ण कार्य। धार्मिक प्रवृत्ति के कारण जन-मानस इन चमत्कारों को सहज भाव से स्वीकार कर लेता है। फालके को सिने-माध्यम में दैवी शक्ति के चमत्कारों को प्रदर्शित करने की अपार सम्भावना दिखाई दी। हालाँकि मेलिये ने अपनी फ़िल्मों में जादू के करिश्में दिखाये थे, परन्तु फालके ने उन करिश्मों को दैवी चमत्कार का रूप देकर जनमानस की धार्मिक भावना से जोड़ दिया। भारतीय रजतपट की पहली फ़िल्म से ही फ़िल्मकार का वह कार्य शुरू हुआ, जिसे अंग्रेजी में 'Exploit' करना अर्थात् अपने स्वार्थ के लिए किसी वस्तु का उपयोग करना कहते हैं। दर्शकों की धार्मिक भावनाओं को उभार कर धन कमाने की फ़िल्म निर्माता की नीयत का संकेत इसी फ़िल्म से मिल जाता है। जिन दैवी शक्ति के कार्यों और चमत्कारों को सामान्य जन सदियों से सुनता आया था, एकमात्र फ़िल्म ही ऐसी कला थी, जो उसे प्रत्यक्ष कर सकती थी। ऐसी कला की ओर जन-सामान्य का उन्मुख होना स्वाभाविक ही था। फालके की सबसे बड़ी

विशेषता जहाँ एक ओर सिने-माध्यम की क्षमता की पहचान है, वहीं दूसरी ओर सामान्य जन की भावनाओं, रुचियों और विचारों की पकड़ है। इसीलिए फालके ने अपनी फ़िल्मों में पुराण के उसी पक्ष को लिया है, जिसमें कहानी है, चमत्कार है, भावनात्मक स्थितियाँ हैं और जिन्हें सामान्य व्यक्ति सरलता से हृदयंगम कर सकता है।

दादा फालके 'राजा हरिश्चन्द्र' के लेखक भी थे। 'राजा हरिश्चन्द्र' की कहानी अत्यन्त सामान्य ढंग से कही गयी है। फ़िल्म में जो नाटकीयता है, उसका आधार संस्कृत की नाट्य परम्परा न होकर पारसी थियेटर की है। अभिनय, वेशभूषा, परिधान, प्रसाधन, सभी का थियेटर का रंग है। 'राजा हरिश्चन्द्र' का फ़िल्मांकन कैमरे को एक निश्चित स्थान पर रखकर लांग-शाट के रूप में किया गया है।

फालके अच्छे चित्रकार भी थे। फालके ने अजन्ता या एलोरा की चित्रकला या राजपूत या मुग़ल शैली की चित्रकला से प्रेरणा नहीं ली। राजा रवि वर्मा के चित्र उनकी प्रेरणा का स्रोत थे। उन दिनों राजा रवि वर्मा के विक्टोरियन शैली के चित्रों की बड़ी धूम थी। छापे खाने की कृपा से, देवी-देवताओं के मानवीय भावनाओं से युक्त रंगीन चित्र हिन्दू घरों में छा गये थे। फालके इस तथ्य से भली-भाँति परिचित थे। उनकी फ़िल्मों के देवी-देवताओं का स्वरूप राजा रवि वर्मा के चित्रों पर आधारित है।

'राजा हरिश्चन्द्र' पौराणिक हिन्दी फ़िल्मों का प्रतिनिधित्व करती है। 'राजा हरिश्चन्द्र' से लेकर 'जय सन्तोषी माँ' तक पौराणिक फ़िल्मों की एक अविरल धारा प्रवाहमान रही है। विगत 90 वर्षों की लम्बी दौड़ के बावजूद पौराणिक फ़िल्मों का स्वरूप आज भी न्यूनाधिक वही है जो 'राजा हरिश्चन्द्र' का था। 'जय सन्तोषी माँ', 'सोलह शुक्रवार', 'बजरंगबली' और 'शिरडी के साईं बाबा' जैसी फ़िल्में आज भी बनती हैं और चलती हैं। 'शिरडी के साईं बाबा' फ़िल्म हमें जीवन के यथार्थ से काट कर चमत्कारों के संसार में ले जाती है। यह एक ऐसा संसार है, जहाँ रक्त कैंसर से पीड़ित बालक चुटकी भर राख रखने से भला-चंगा हो जाता है, बीड़ी सुलगाने के लिए साईं बाबा की घड़ी से जादुई आग निकलने लगती है, पानी तेल बन जाता है, हाथ के इशारों से दीपक जलने लगते हैं। हथेली पर राम और कृष्ण की मूर्तियाँ अपने प्रभामण्डल के साथ मूर्त हो उठती है। सांप फूल बन जाता है। साईं के स्पर्श से कोढ़ी ठीक हो जाता है। यहाँ साईं के प्रति दुर्भाव रखने से व्यक्ति को लकवा मार जाता है और साईं की कृपा से ठीक भी हो जाता है। जहाँ साईं द्वारा पीसे हुए आटे की लक्ष्मण रेखा पूरे ग्राम को हैजे के प्रकोप से बचा लेती है। लेकिन जैसे ही कोई हठ करके उस रेखा

को पार करता है, उसे हैजा हो जाता है। जहाँ आधी फ़िल्म के बाद साईं की मृत्यु हो जाती है, लेकिन अपने भक्तों की पूजा उपासना से वे फिर जी उठते हैं और अन्त में एक वैज्ञानिक डॉक्टर साईं बाबा के सम्मुख अपने घुटने टेककर बैठ जाता है। पौराणिक, धार्मिक चलचित्रों में साहित्य का स्वर स्वाभाविक रूप से गौण रहता है। जहाँ मूक चलचित्रों में अभिनय और कार्य-व्यापार पर थियेटर का स्पष्ट प्रभाव दिखाई पड़ता है, वहीं वाक् युग के धार्मिक चलचित्रों में भक्तिरस में डूबे लम्बे-चौड़े संवादों की बहुलता रहती है। हिन्दी के इन पौराणिक, धार्मिक चलचित्रों में साहित्यिक उपादानों या सिनेमा की मौलिक विशेषताओं के अस्तित्व की बात सोचना बालू से तेल निकालने के समान है। इन चित्रों का स्तर अत्यन्त सामान्य और सतही है। इनसे किसी भी प्रकार के कलात्मक स्तर की अपेक्षा करना व्यर्थ है।

साइलेंट इरा

सन् 1912 से लेकर 1931 तक का समय मूक चलचित्रों का युग है। इसमें पूर्वार्द्ध, अर्थात् 1919 तक का समय मुख्यतया पौराणिक, धार्मिक और सन्त-महात्माओं की जीवनियों पर आधारित चित्रों का है। इन चलचित्रों का ढाँचा वही है जिसे फालके ने 'राजा हरिश्चन्द्र' के रूप में प्रस्तुत किया था। फालके की प्रतिस्पर्धा में अनेक फ़िल्म कम्पनियों की स्थापना हुई और खोज-खोजकर पौराणिक, धार्मिक विषयों पर फ़िल्में बनाई जाने लगीं। इस युग की कोई विशेष उल्लेखनीय उपलब्धि नहीं है, सिवाय इसके कि एक व्यवसाय के रूप में सिनेमा प्रतिष्ठित हो गया, और आर्थिक लाभ से आकृष्ट होकर अनेक लोग इस क्षेत्र में आ गये। इस क्षेत्र में प्रवेश करने वाले लोगों में उल्लेखनीय नाम बाबूराव पेन्टर का है, जिन्होंने कोल्हापुर में 'महाराष्ट्र फ़िल्म कम्पनी' की स्थापना की। पेन्टर खानदानी चित्रकार थे। उन्होंने भारतीय फ़िल्मों को वह कलात्मक और दृश्यात्मक आकर्षण प्रदान किया, जो अब तक उनमें नहीं आ पाया था। यही कारण है कि उनके योगदान को फालके के बाद नम्बर दो माना जाता है। चित्रकार होने के नाते पेन्टर में सिनेमा की अच्छी समझ थी। चित्रों के माध्यम से कहानी कहने की कला का अपेक्षाकृत निखरा हुआ रूप उनकी फ़िल्मों में दादा साहब फालके की झलक देता है। पेन्टर के ही संरक्षण में रहकर व्ही. शान्ताराम ने प्रशिक्षण प्राप्त किया। व्ही. शान्ताराम ने आगे चलकर अनेक महत्त्वपूर्ण फ़िल्में बनाईं और एक विशेष शैली निर्मित की। मूक-युग के उत्तरार्द्ध, अर्थात् 1920 से 30 के बीच पौराणिक, धार्मिक फ़िल्मों के अतिरिक्त ऐतिहासिक चित्र ('पृथ्वीवल्लभ', 'सिंहगढ़' आदि), व्यंग्य चित्र

(धीरेन गांगुली का 'इंग्लैंड रिटंर्ड') सामाजिक समस्या प्रधान चित्र ('कन्या विक्रय', 'नवी सेठानी', 'आजकल की बेटियाँ'), जासूसी चित्र ('काला नाग' आदि) प्रेम-प्रधान चित्र ('शीरीं फरहाद', 'लैला मजनू', 'अनार कली', हिमांशु राय का द लव ऑफ ए मुग़ल प्रिंस) और हल्के स्तर के मनोरंजक चित्र ('टाइपिस्ट गर्ल', 'बम्बई की बिल्ली', 'अलादीन' आदि) तथा साहित्य पर आधारित चित्र (के.एम. मुंशी का 'पृथ्वी बल्लभ', बंकिम बाबू की, 'कृष्णकान्त की वसीयत', टैगोर का 'त्याग', 'विसर्जन' आदि) प्रदर्शित हुए।

इस युग में मूक युग के सर्वोत्कृष्ट चित्र प्रदर्शित हुए। परन्तु पश्चिमी देशों के ग्रिफिथ, आइज़न्स्टाइन, पुडोवूकिन, कार्ल ड्रेयर या फ्लैहर्टी जैसे फ़िल्मकार, जिन्होंने सिने-माध्यम की भाषा और उसके व्याकरण का निर्माण किया, उस माध्यम की बारीकियों को समझा और सिने-विधा को समर्थ तथा स्वावलम्बी कला के रूप में प्रतिष्ठित करने का प्रयत्न किया। लेकिन भारत में न ही फ़िल्म को एक कला-माध्यम समझने और उस दृष्टि से उस पर विचार करने और उसका प्रयोग करने का कोई प्रयत्न हुआ। यद्यपि बहुत से फ़िल्मकार और कैमरा-मैन विदेशों से प्रशिक्षण प्राप्त कर लौटे थे, परन्तु उन्होंने भी सिनेमा की अभिव्यक्ति सम्बन्धी मौलिक विशेषताओं के उद्घाटन का कोई प्रयत्न नहीं किया। हिन्दी चलचित्रों में सिनेमा की मौलिक विशेषताओं का सर्वथा अभाव था। फ़िल्म की वह विशेषता, जिसके कारण वह पश्चिमी देशों में स्वतन्त्र विघा के रूप में प्रतिष्ठित हुई और अपनी अभिव्यक्ति सामर्थ्य में साहित्य का मुकाबला करने लगी, उसका यहाँ कोई विकास नहीं हुआ। भारतीय फ़िल्मकारों ने फ़िल्म को कथा कहने के एक माध्यम के रूप में ग्रहण किया। मुख्य रूप से कथा कहने की उनकी अवधारणा रंगमंचीय नाट्यकला पर आधारित थी। जिस प्रकार रंगमंच पर घटनाएँ घटित होती हैं, उसी प्रकार पर्दे पर प्रदर्शित की जाने लगीं। समय और स्थान का जैसा गतिशील उपयोग पश्चिमी देशों की फ़िल्मों में दिखाई देता है, उसका हमारे यहाँ सर्वथा अभाव है। भारतीय फ़िल्मकारों में सिनेमा के ढंग से सोचने की समझ का विकास ही नहीं हुआ। उनकी दृष्टि में फ़िल्म का तात्पर्य चित्रों के माध्यम से कहानी कहना भर था। किन्तु चित्रों के एडिटिंग द्वारा एक नया अर्थ दिया जा सकता है, या उससे कोई विशिष्ट प्रभाव उत्पन्न किया जा सकता है, इस पर किसी का ध्यान नहीं था। इन फ़िल्मकारों के सामने मोटे रूप में फ़िल्म के माध्यम से कहानी कहने की बात थी। इसलिए वे शीघ्र ही पौराणिक, धार्मिक विषयों से हटकर सामाजिक विषयों की ओर प्रवृत्त हुए। मूक युग की उपलब्धि फ़िल्म के क्षेत्र में विषय की विविधता का होना है।

साहित्यिक, ग़ैर-साहित्यिक, राजनीतिक, सामाजिक सभी प्रकार के विषयों को फ़िल्म में ग्रहण किया गया। फ़िल्मकार को कहानी चाहिए थी और वह कहीं से भी ली जा सकती थी। परन्तु कहानी कहने की तकनीक का यथेष्ट विकास नहीं हुआ। साहित्यिक कृतियों पर आधारित फ़िल्मों का हेतु उक्त रचना का रूपान्तरण नहीं था, बल्कि उक्त कहानी को पर्दे पर प्रस्तुत करना था। अर्थात् फ़िल्मकार की किसी साहित्यिक कृति में, उसकी कहानी के अतिरिक्त और कोई दिलचस्पी नहीं थी। साहित्यिक कृतियों में वर्णित चरित्रों, वातावरण, विचारों आदि में उसकी कोई रुचि नहीं थी। यह कहा जा सकता है कि इस युग के फ़िल्में न तो साहित्यिक हैं और न ही सिनेमाई। कोई भी विषय लेकर कहानी को रंगमंचीय ढंग से प्रस्तुत करना ही फ़िल्मकार का एकमात्र अभीष्ट था।

इस युग में फ़िल्मकार उसके व्यवसाय के प्रति क़ाफी आकृष्ट हुए। बम्बई, कलकत्ता, मद्रास और पंजाब फ़िल्म निर्माण के प्रमुख केन्द्र बन गये। नयी फ़िल्म कम्पनी का खुलना और पुरानी का बन्द होना नित्य की घटनाएँ हो गयी। फ़िल्म व्यवसाय के क्षेत्र में कड़ी प्रतिस्पर्धा थी। जिस प्रकार मेले-तमाशों में ड्रामा या नौटंकी वाले अपना प्रसार और प्रतिपक्षी की निन्दा करते हैं, या उसका प्रोग्राम खराब करने की कोशिश करते हैं, उसी स्तर पर व्यवहार फ़िल्म व्यवसायी कर रहे थे। उदाहरणार्थ, हिमांशु राय की बड़े बजट वाली और महत्त्वाकांक्षी फ़िल्म 'द लव ऑफ़ ए मुग़ल प्रिंस' के प्रदर्शित होने के पूर्व ही उसी कथानक पर आधारित 'अनारकली' फ़िल्म प्रदर्शित कर दी गयी। 'अनारकली' नाम की एक पुरानी फ़िल्म भी उक्त अवसर पर प्रदर्शित की गयी। परिणाम यह हुआ कि इन दो 'अनारकलियों' की प्रतिद्वन्द्विता के कारण 'दि लव ऑफ़ ए मुग़ल प्रिंस' को क़ाफी धक्का लगा और हिमांशु राय को क़ाफी आर्थिक हानि उठानी पड़ी। प्रतिस्पर्धी को नीचा दिखाने और अपना प्रचार करने के लिए अनेक निम्नस्तरीय कार्य किये जाते थे। पूरा फ़िल्म व्यवसाय घृणा और लोभ के वातावरण से व्याप्त था। कहीं कोई जो कलात्मक कार्य हो जाता, वह अपवाद स्वरूप ही था। फाल्के ने सिने-माध्यम का उपयोग जनसामान्य को अपने प्रिय देवी-देवताओं के दर्शन कराने और उनकी धार्मिक भावनाओं को सन्तुष्टि दिलाने एवं उनकी नैतिक मान्यताओं को परिपुष्ट करने के लिए किया था। वही सिने-माध्यम 'बुलबुले परिस्तान', 'बम्बई की बिल्ली', 'अलीबाबा' और न जाने ऐसी कितनी ही बाज़ारू और स्तरहीन कहानियों को प्रस्तुत कर रहा था। निष्कर्ष रूप में यह कहा जा सकता है कि इस युग की फ़िल्मों में कलात्मक गुणवत्ता कम और व्यावसायिकता अधिक थी।

I'm one of those people who says, 'Yes, cinema died when they invented sound.'

***–George lucas,** American filmmaker*

अध्याय-2

और मुखर हुआ भारतीय सिनेमा

बम्बई में मैजिस्टिक सिनेमा में 14 मार्च सन् 1931 को आर्देशिर ईरानी की फ़िल्म 'आलमआरा' के प्रदर्शन से मूक युग की समाप्ति और सवाक् युग का आरम्भ हुआ। प्रारम्भ में तो मूक फ़िल्मों के निर्माताओं ने सवाक् फ़िल्मों का विरोध किया, परन्तु शीघ्र ही उन्होंने युग की वास्तविकता को स्वीकार कर लिया, और कुछ समय में ही मूक फ़िल्में बनना बन्द हो गयीं। अमेरिका के वार्नर ब्रदर्स हों या भारत के आर्देशिर ईरानी, फ़िल्म में ध्वनि का आगमन व्यावसायिक दृष्टिकोण के कारण हुआ। ध्वनि के साथ जहाँ हिन्दी चलचित्रों में संवादों का आगमन हुआ, वहीं नृत्य, संगीत, गीत आदि फ़िल्म के अनिवार्य अंग बन गये। प्रथम सवाक् फ़िल्म होने के अतिरिक्त 'आलमआरा' एक सामान्य फ़िल्म थी। इस फ़िल्म का आकर्षण उर्दू के संवाद और गाने थे। प्रारम्भिक दिनों में ऐसी अनेक फ़िल्में बनीं, जिनमें गानों की भरमार थी। उदाहरणार्थ—'लैला मजनू' में 22 गाने थे और 'शकुन्तला' में 41। लेखकों, संगीत निर्देशकों और गायक अभिनेताओं का महत्त्व बढ़ गया और वे फ़िल्म उद्योग के विशेष स्तम्भ बन गये। रंगमंचीय कलाकारों का भाव बढ़ गया। कई ऐसे सितारे डूब गये जिनमें गाने और संवाद बोलने की क्षमता नहीं थी। ध्वनि के प्रवेश के कारण फ़िल्म आवश्यकता से अधिक रंगमंचीय बन गयी। संवाद, गीत, संगीत, नृत्य आदि के कारण सिनेमा की गतिशीलता बाधित हुई। घटनाक्रम को आगे बढ़ाने के पूर्व फ़िल्म का हीरो एक गाना गा लेना चाहता था। फ़िल्म में नृत्य, गीत आदि के अवसर खोज-खोज कर निकाले जाते थे। अधिकांश स्थितियों में वे जबर्दस्ती ठूँसे हुए प्रतीत होते थे। फ़िल्म का रंगमंचीय झुकाव तो पहले ही था, ध्वनि के आगमन से अब वह पूर्णतया रंगमंचीय हो गया। सवाक् चित्रों में विशिष्ट शिल्प से अनभिज्ञ लेखक

और निर्देशक रंगमंच के परिचित मार्ग पर चल पड़े। उस युग की फ़िल्में रंगमंच की सिनेमा कॉपी से अधिक कुछ नहीं थीं। उन दिनों फ़िल्मों से मुख्यतः उर्दू लेखकों का सम्बन्ध था। इसलिए उर्दू के भारी-भरकम संवादों और शेरो-शायरी से हिन्दी फ़िल्में लद गईं। ये प्रारम्भिक कठिनाइयाँ कुछ वर्षों में क्रमशः दूर होती गईं और आगे चलकर फ़िल्मों में ध्वनि का नियंत्रित उपयोग होने लगा।

हिन्दी फ़िल्मों के मुख्य निर्माण-केन्द्र मुम्बई और बंगाल थे। यद्यपि इस युग में पंजाब और मद्रास में भी हिन्दी चित्र निर्मित हुए, परन्तु प्रधानता मुम्बई और कलकत्ता की ही रही। मुम्बई के प्रमुख फ़िल्म निर्माताओं में बाम्बे टाकीज के हिमांशु राय, रणजीत फ़िल्म कम्पनी के चन्दूलाल शाह, वाडिया ब्रदर्स, व्ही शान्ताराम, महबूब खाँ, सोहराब मोदी, किशोर साहू, विजय भट्ट, चेतन आनन्द, जागीरदार और कारदार हैं। बंगाल के प्रमुख फ़िल्मकार पी.सी. बरुआ, देवकी बोस, नितिन बोस, फणि मजूमदार, केदार शर्मा और बिमल राय हैं। मद्रास के हिन्दी फ़िल्म-निर्माताओं में प्रमुख हैं—जेमिनी, ए.वी.एम., प्रसाद और एस.एस. वासन।

फ़िल्म के विषय का चुनाव, उसका ट्रीटमेन्ट, सिने-माध्यम की समझ, फ़िल्म-निर्माण की तकनीक और फ़िल्म निर्माण के मूल में निहित दृष्टिकोण आदि की दृष्टि से इन फ़िल्मकारों को विभिन्न श्रेणियों में रखा जा सकता है। मोटे तौर पर बंगाल के फ़िल्मकारों को बंगाल स्कूल के अन्तर्गत, मुम्बई और पंजाब के फ़िल्मकारों को मुम्बई स्कूल के अन्तर्गत और मद्रास के फ़िल्मकारों को मद्रास स्कूल के अन्तर्गत रखा जा सकता है।

बंगाल स्कूल का प्रमुख केन्द्र न्यू थियेटर्स था, जिसके द्वारा अनेक प्रतिभाशाली फ़िल्म निर्देशक प्रकाश में आये। न्यू थियेटर्स की स्थापना कलकत्ते में बी.एन. सरकार ने की थी। प्रारंभिक दो मूक फ़िल्मों के बाद उनकी प्रथम सवाक् फ़िल्म 'मुहब्बत के आँसू' थी। इसके बाद की दो फ़िल्में असफल रहीं। प्रारंभिक असफलताओं के बाद न्यू थियेटर्स की पहली हिट फ़िल्म देवकी बोस द्वारा निर्देशित 'पूरन भगत' थी। इस फ़िल्म में धर्मप्राण राजकुमार पूरन की लोक-गाथा बड़े ही कलात्मक ढंग से, संवादों का स्वाभाविक और रचनात्मक उपयोग करते हुए की गयी थी। देवकी बोस ने 'राजरानी मीरा' और 'यहूदी की लड़की' का भी निर्देशन किया। उन्होंने 1934 में वेनिस सिनेमेटोग्राफ प्रदर्शनी में भेजी जाने वाली पहली फ़िल्म 'सीता' का भी निर्देशन किया, जिसका निर्माण ईस्ट इंडिया फ़िल्म कम्पनी ने किया था। यह फ़िल्म अपनी काव्यात्मक, दर्शनात्मक और

प्रख्यात पात्रों के कलात्मक प्रस्तुतीकरण के कारण अन्य रामायण की पृष्ठभूमि पर बनी फ़िल्मों से भिन्न थी। बिहार में आये भूचाल से प्रेरित होकर देवकी बोस ने 'आफ़्टर दि अर्थक्वेक' उर्फ 'इंकलाब' का निर्देशन किया। इसका फ़िल्मांकन वास्तविक स्थलों पर किया गया था। आगे चलकर देवकी बोस न्यू थियेटर्स से चले गये और उन्होंने अपने बैनर से 'जीवन', 'नाटक', 'विद्यापति', 'नर्तकी', 'अपना घर' आदि फ़िल्में निर्मित कीं।

न्यू थियेटर्स की दूसरी प्रमुख देन पी.सी. बरुआ हैं। प्रिंस के नाम से प्रसिद्ध बरुआ ने 1935 में 'देवदास' का निर्देशन किया। शरत्चन्द्र के उपन्यास पर आधारित इस फ़िल्म में कुन्दन लाल सहगल ने मुख्य भूमिका अभिनीत की थी। सहज अभिनय और सहगल के गानों से यह फ़िल्म अविस्मरणीय बन गयी। 'देवदास' फ़िल्म में निराश प्रेमी द्वारा आत्महनन और शराब की शरण में जाने का चित्रण इतना मार्मिक और प्रभावोत्पादक था कि सुनते हैं कि कलकत्ते में इस फ़िल्म के प्रदर्शन के एक सप्ताह के अन्दर ही करीब 15 आत्महत्याओं के मामले प्रकाश में आये। फलतः सरकार को इसका प्रदर्शन रोक देना पड़ा। बरुआ ने न्यू थियेटर्स की 'मंजिल', 'माया', 'रूपरेखा', 'अधिकार', 'ख्वाब और ज़िन्दगी' आदि फ़िल्में भी निर्देशित कीं।

न्यू थियेटर्स के एक अन्य फोटोग्राफर-निर्देशक नितिन बोस ने 'चण्डीदास' फ़िल्म का निर्देशन किया। इस फ़िल्म में कवि चण्डीदास और रामी धोबन की प्रणय कथा को अस्पृश्यता की समस्या के रूप में प्रस्तुत किया गया था। नितिन बोस की दूसरी फ़िल्म थी 'डाकू मंसूर' जो एक बाँग्ला लोक-कथा पर आधारित थी। उसके बाद नितिन बोस ने 'धरती माता' फ़िल्म निर्देशित की, जो कृषि और उद्योग में संघर्ष की समस्या पर आधारित थी।

न्यू थियेटर्स के अन्तर्गत एक-दूसरे कुशल निर्देशक फणि मजूमदार ने संगीत प्रधान फ़िल्म 'स्ट्रीट सिंगर' बनाई, जो अपने सुमधुर गीतों के लिए आज भी याद की जाती है। फणि मजूमदार की दूसरी फ़िल्म 'कपाल कुण्डला' थी जो बंकिमचन्द्र चट्टोपाध्याय के उपन्यास पर आधारित थी।

न्यू थियेटर्स की शरत्चन्द्र की कहानी पर आधारित 'बड़ी दीदी' का निर्देशन अमर मल्लिक ने किया था और शरत् के 'छोटा भाई' का निर्देशन कार्तिक चटर्जी ने। न्यू थियेटर्स की अन्तिम महत्त्वपूर्ण फ़िल्म 'हमराही' थी। इसका निर्देशन कैमरामैन बिमल राय ने किया था, जिन्होंने बाद में बम्बई जाकर अनेक महत्त्वपूर्ण फ़िल्मों का निर्माण किया।

न्यू थियेटर्स के इन निर्देशकों को समष्टि रूप में बंगाल स्कूल का नाम देना उपयुक्त ही है, क्योंकि इन्होंने हिन्दी फ़िल्मों को अपनी क्षेत्रीय विशेषताओं अर्थात् बाँग्ला संस्कृति के परिप्रेक्ष्य में निर्मित किया। न्यू थियेटर्स की अधिकांश फ़िल्में बाँग्ला साहित्य की श्रेष्ठ कृतियों के रूपान्तर हैं। इसलिए इन फ़िल्मों में बाँग्ला साहित्य के कथा सम्बन्धी गुण सहज भाव से आ गये हैं। बाँग्ला कथा-साहित्य में कथानक पर विशेष बल दिया जाता है। बाँग्ला कथा-साहित्य का दूसरा महत्त्वपूर्ण तत्त्व है—चरित्र-चित्रण। बंकिम और शरत् दोनों ने ही जिन चरित्रों की सृष्टि की है, वे फ़िल्म माध्यम के लिए बहुत उपयुक्त हैं। बाँग्ला साहित्य से प्रभावित चुस्त और आकर्षक कथानक, घटनाओं का संगीत की लयबद्धता सा विकास, भावनात्मक चरित्र-चित्रण और शालीन वातावरण, बंगाल स्कूल की फ़िल्मों की विशेषताएँ हैं। चकाचौंध, भागदौड़ और शोर-शराबे वाली बम्बइयाँ फ़िल्मों की तुलना में बंगाल स्कूल की फ़िल्में विनम्र, सुशील और संयत होती हैं। सिने-माध्यम के उपयोग की दृष्टि से यद्यपि बंगाल स्कूल का स्तर अपेक्षाकृत ऊँचा है, परन्तु विदेशी फ़िल्मों की तुलना में वह क़ाफी पीछे है। बंगाल स्कूल के हिन्दी चित्रों का मुख्य स्वर साहित्यिक है, सिनेमाई नहीं। इन फ़िल्मकारों की दृष्टि में फ़िल्म कहानी कहने का वैसा ही माध्यम है, जैसा कि साहित्य। साहित्य और सिने-माध्यम के वे विभाजक मौलिक तत्त्व, जो दोनों के स्वतन्त्र अस्तित्व के बाधक हैं, उन पर इन फ़िल्मकारों की दृष्टि नहीं है। वे फ़िल्म को साहित्य के दायरे में ही समेट लेना चाहते हैं। परन्तु यह भी सत्य है कि साहित्यिक और सामाजिक चेतना के बावजूद इन फ़िल्मकारों ने अनेक व्यावसायिक समझौते किये हैं। इनकी फ़िल्मों में भी फार्मूला फ़िल्मों के अनेक सूत्र मिल जायेंगे। निष्कर्षतः बंगाल स्कूल के हिन्दी चित्र साहित्योन्मुखी होकर भी व्यावसायिक परिधि का उल्लंघन नहीं कर पाते।

बम्बई स्कूल

मुम्बई भारतीय फ़िल्मों का जन्म स्थान और फ़िल्म निर्माण का प्रारम्भ से ही सबसे बड़ा केन्द्र रहा है। बंगाल स्कूल के विपरीत बम्बई स्कूल का क्षेत्र व्यापक है। जिसके अन्तर्गत एक ओर प्रभात फ़िल्म कम्पनी के आदर्शवादी चित्रों के निर्माता वी. शान्ताराम हैं, तो दूसरी ओर मार-धाड़ वाली स्टन्ट फ़िल्म बनाने वाले वाडिया ब्रदर्स, यदि एक ओर ऐतिहासिक फ़िल्मों में निर्माता सोहराब मोदी हैं, तो दूसरी ओर यथार्थ की कटुता का चित्रण करने वाले महबूब खाँ, यदि एक ओर आम आदमी की पसन्द की फ़िल्में बनाने वाली बाम्बे टाकीज़ है, तो दूसरी ओर

'रामराज्य' और 'बैजू बावरा' जैसी उत्कृष्ट फ़िल्मों के निर्माता 'प्रकाश पिक्चर्स'। इनके अतिरिक्त इम्पीरियल, रणजीत और कारदार जैसी निर्माण संस्थाएँ हैं, तो जागीरदार, ख़्वाजा अहमद अब्बास, केदार शर्मा, चेतन आनन्द तथा किशोर शाहू जैसे मौलिक फ़िल्म निर्देशक भी हैं। मुम्बई स्कूल के फ़िल्मकारों में विचारगत या रचनागत जैसा साम्य नहीं है, जैसा कि बंगाल स्कूल फ़िल्मकारों में है। इन फ़िल्मकारों में पर्याप्त अन्तर है, फिर भी उन्हें समष्टि रूप में एक ही स्कूल में इसलिए रखा गया है, क्योंकि उनके फ़िल्म के व्यावसायिक और रूप-सम्बन्धी दृष्टिकोण में पर्याप्त समानता है।

हिन्दी फ़िल्मों के विकास में बाम्बे टाकीज़ का महत्त्वपूर्ण योगदान है। अन्तर्राष्ट्रीय बाजार के लिए निर्मित फ़िल्मों की असफलताओं को झेलने के बाद हिमांशु राय अन्त में मुम्बई में बस गये और बाम्बे टाकीज़ की स्थापना की। उन्होंने विदेशी निर्देशक, कैमरामैन, साउंड इंजीनियर और आर्कीटेक्ट आदि को लेकर 'जवानी की हवा' फ़िल्म निर्मित की, जो सफल सिद्ध हुई। बाम्बे टाकीज़ की 'अछूत कन्या' जिसमें अशोक कुमार और देविका रानी थे, ब्राह्मण लड़के और हरिजन लड़की की प्रेम कहानी थी। गाँव का वातावरण, लोकप्रिय गीत और सरल अभिनय इस फ़िल्म के मुख्य आकर्षण थे। इस फ़िल्म को भारी आर्थिक सफलता मिली। बाम्बे टाकीज़ की अगली जबर्दस्त हिट फ़िल्म 'कंगन' के बाद 'बन्धन', 'पुनर्मिलन', 'बसन्त', 'क़िस्मत', 'हमारी बात', 'तेरे घर के सामने', 'ज्वारभाटा', 'मिलन', 'मजदूर' और 'महल' आदि बहुचर्चित और व्यावसायिक दृष्टि से अत्यधिक सफल फ़िल्में थीं। 'क़िस्मत' प्रेमेंद्र मित्र की कहानी पर आधारित प्रथम सफल 'अपराध' फ़िल्म थी, जिसका निर्देशन अमिय चक्रवर्ती ने किया था। कलकत्ता के एक ही छविगृह में लगातार तीन वर्ष तक चलकर बाम्बे टाकीज़ की इस फ़िल्म ने विश्वव्यापी रिकॉर्ड स्थापित किया। 'महल' कमाल अमरोही के निर्देशन में बनी तीन जन्मों की एक विचित्र सी कहानी थी। कथा की विचित्रता, रहस्यमयता, मधुबाला का सौन्दर्य एवं लता के गीतों के कारण बाम्बे टाकीज़ की यह फ़िल्म अत्यधिक सफल हुई। हिमांशु राय की मृत्यु के बाद एस. मुखर्जी और राय बहादुर चुन्नीलाल ने फ़िल्मिस्तान की अगली सफल फ़िल्म किशोर साहू के निर्देशन में 'सिन्दूर' बनाई। विधवा विवाह की समस्या पर आधारित इस फ़िल्म ने जहाँ एक ओर साहू को प्रतिष्ठा दिलाई, वहीं इसने फ़िल्मिस्तान की नींव मज़बूत कर दी। 'शहीद' एक क्रान्तिकारी के संघर्ष की कहानी थी, जिसे बॉक्स आफिस के फार्मूले के द्वारा प्रस्तुत किया गया था। फ़िल्मिस्तान की यह फ़िल्म मील का पत्थर साबित हुई।

'शबनम' फ़िल्मिस्तान की ऐसी फ़िल्म थी, जिसमें बॉक्स आफिस के फार्मूले को पूरी तरह अपनाया गया था। 'शबनम' संगीत, अति नाटकीयता, उटपटांग घटनाओं आदि का ऐसा मिला-जुला रूप था, जिसका कोई सिर-पैर न था। बकवास को मनोरंजन के रूप में पेश करने का सिलसिला इसी फ़िल्म से शुरू हुआ, जो आज भी किसी न किसी रूप में चल रहा है।

बॉम्बे टाकीज़ की प्रतिस्पर्धी दो प्रमुख फ़िल्म कम्पनियाँ थीं—इम्पीरियल कम्पनी और रणजीत फ़िल्म कम्पनी। इम्पीरियल ने 'किसान कन्या' और 'मदर इंडिया' जैसी महत्त्वपूर्ण फ़िल्में बनाई। चन्दूलाल शाह की रणजीत कम्पनी साल में आठ फ़िल्में बनाती थी। जिनमें प्रमुख हैं—'तूफान मेल', 'गुण सुन्दरी', 'अछूत', 'भक्त सूरदास', 'तानसेन', और केदार शर्मा द्वारा निर्देशित 'विषकन्या' और 'जोगन'। सोहराब मोदी ने रंगमंच छोड़कर फ़िल्मों में प्रवेश किया। उनकी पहली फ़िल्म थी 'हैमलेट उर्फ खून का खून'। उनकी दूसरी महत्त्वपूर्ण फ़िल्म थी—'पुकार'। इसमें मुग़ल शाहंशाह जहाँगीर की न्याय-प्रियता को आधार बनाकर कुछ अर्द्ध-ऐतिहासिक घटनाएँ चित्रित की गयी थीं। यह फ़िल्म साज-सज्जा प्रधान थी और इसमें से मुग़लों की शान-शौकत, व्यापक पैमाने पर दिखाई गयी थी। इस फ़िल्म को भारी आर्थिक सफलता मिली। जिससे उत्साहित होकर सोहराब मोदी ने दूसरी ऐतिहासिक फ़िल्म 'सिकन्दर' का निर्माण किया। युद्ध के विशाल दृश्यों, शक्तिशाली संवादों और नाटकीय अभिनय के कारण इस फ़िल्म को अत्यधिक सफलता मिली। ऐतिहासिक फ़िल्मों में 'सिकन्दर' ने अपना नाम अमर कर लिया। के.एम. मुंशी के उपन्यास पर आधारित 'पृथ्वी वल्लभ' ऐतिहासिक चित्र था, जिसमें सोहराब मोदी का नाटकीय अभिनय और लापरवाह व्यक्तित्व फ़िल्म की सफलता का कारण बने। सोहराब मोदी की पिछली फ़िल्मों की तुलना में यह फ़िल्म उतनी सफलता नहीं प्राप्त कर सकीं हैं। सोहराब मोदी के साथ ही एक और निर्देशक उभरा। वह था महबूत खाँ। महबूब के निर्देशन में बनी पहली फ़िल्म थी 'एक ही रास्ता'। इसके बाद महबूब ने एक बहादुर किसान औरत की कहानी लेकर 'औरत' फ़िल्म बनाई। यह फ़िल्म इतनी सफल हुई कि आगे चलकर महबूब ने 'मदर इंडिया' के नाम से उसका पुनर्निर्माण किया। महबूब की 'रोटी' अधिकार के लिए संघर्ष की कहानी थी। इसमें पहाड़ी जनजातियों का सुन्दर चित्रण किया गया है। महबूब की अगली सफल फ़िल्मों—'नज़मा', 'तक़दीर', 'हुमायूं', 'अनमोल घड़ी', 'एलान', 'नतीज़ा' और 'अन्दाज़'। 'अनमोल घड़ी' को नूरजहाँ के गीतों और 'अन्दाज़' को नौशाद के संगीत तथा दिलीप कुमार के 'ट्रेजिक हीरो' के अभिनय के कारण पर्याप्त सफलता मिली।

व्यावसायिक सफलता के क्षेत्र में वाडिया ब्रदर्स का प्रवेश मुस्लिम पृष्ठभूमि पर आधारित 'लाल-ए-यमन' फ़िल्म के द्वारा हुआ। आगे चलकर उन्होंने मुख्य रूप से मारधाड़ वाली स्टंट फ़िल्में निर्मित कीं। जिनमें प्रमुख हैं—'हंटरवाली', 'नौजवान', 'थीफ ऑफ़ बग़दाद' और 'तूफानी टार्ज़न'। वाडिया ब्रदर्स ने एक सामाजिक फ़िल्म 'मेला' भी बनाई। दिलीप, नरगिस अभिनीत यह फ़िल्म ऐसी प्रणय गाथा थी, जिसमें प्रेमियों का मिलन, मरणोपरान्त होता है। यह संगीत प्रधान फ़िल्म अपने समय का बहुत बड़ा आकर्षण थी।

बम्बई स्कूल में सबसे अलग दिखने वाले फ़िल्म निर्देशक हैं, व्ही शान्ताराम, जिन्होंने पहले प्रभात फ़िल्म कम्पनी में और बाद में स्वयं की राजकमल कला मन्दिर निर्माण संस्था के अन्तर्गत अनेक महत्त्वपूर्ण फ़िल्में बनाईं। प्रभात फ़िल्म कम्पनी में उन्होंने सर्वप्रथम 'हरिश्चन्द्र' का पुनर्निर्माण 'अयोध्या का राजा' के रूप में किया। उसके बाद 'अमृत मन्थन', 'चन्द्रसेना', 'अमर ज्योति', 'पड़ोसी' फ़िल्में निर्देशित कर श्रेष्ठ फ़िल्मकार के रूप में अपने को प्रतिष्ठित कर लिया। अपनी निर्माण संस्था राजकमल के अन्तर्गत उन्होंने सर्वप्रथम 'शकुन्तला' बनाई, जो दृश्यों की सुरम्यता, विषयगत प्रस्तुतिकरण और आकर्षक संगीत के कारण क़ाफी लोकप्रिय हुई। दूसरी फ़िल्म थी 'पर्वत पे अपना डेरा', जो एक योगी के पतन की कहानी थी। द्वितीय महायुद्ध में कांग्रेस द्वारा चीन भेजे गये डॉक्टरों के एक मिशन की सच्ची घटना पर आधारित 'डॉ. कोटनीस की अमर कहानी' शान्ताराम की बहुत ही सफल फ़िल्म थी। विदेशों में दिखाने के लिए उसका अंग्रेजी संस्करण भी तैयार किया गया। 'कोटनीस' के बाद शान्ताराम ने 'अपना देश' 'दहेज' और 'परछाई' का निर्माण किया। 'दहेज' की सफलता का मुख्य श्रेय जहाँ पृथ्वीराज कपूर के अभिनय और समाज के कलंक दहेज प्रथा के प्रस्तुतीकरण को है, वहीं 'परछाई' का आकर्षण जीवन के लिए संघर्ष करने की प्रेरणा और जयश्री के अनुपम सौन्दर्य को है।

प्रकाश पिक्चर्स की 'रामराज्य' और 'बैजू बावरा' अपने समय की संगीत प्रधान फ़िल्में थीं, तो 'पंचोली' और 'खजांची' भी पंजाब का संगीत लेकर आयी थीं। इस युग के अन्य निर्देशकों में जागीरदार ('चरणों की दासी', 'रामशास्त्री', 'जेल यात्रा') जेमिनी दीवान (रतन), कारदार ('शारदा कानून'), किशोर साहू ('कुंवारा बाप', 'राजा'), केदार शर्मा ('चित्रलेखा', 'सुहागरात'), चेतन आनन्द ('नीचा नगर') 'ख़्वाजा अहमद अब्बास ('धरती के लाल'), अमिय चक्रवती ('पतिता', 'सीमा'), रमेश सहगल ('शिकस्त', 'फिर सुबह होगी'), कृष्ण चोपड़ा ('हीरा मोती) और राज कपूर ('आग बरसात') प्रमुख हैं, जिन्होंने मूल्यवान और

उद्देश्यपरक फ़िल्मों का निर्माण किया। इन फ़िल्मों में चेतन आनन्द के 'नीचा नगर' को कांस फ़िल्म समारोह में 'ग्रान्ड प्रिक्स' पुरस्कार प्राप्त हुआ। ख़्वाजा अहमद अब्बास के 'धरती के लाल' को सोवियत संघ में प्रदर्शित किया गया। केदार शर्मा की 'चित्रलेखा' भगवतीवरण वर्मा के सुप्रसिद्ध उपन्यास पर आधारित थी, जबकि 'सुहागरात' पहाड़ी जीवन का बड़ा ही यथार्थपरक और काव्यमय चित्रण थी। 'बरसात' कश्मीर की पृष्ठभूमि पर बनी संगीत प्रधान प्रेम कहानी थी, जो रमणीय दृश्यों और आकर्षक गीतों के कारण जबर्दस्त हिट हुई।

बम्बई स्कूल के भिन्न रुचि वाले फ़िल्म निर्देशकों के बीच सादृश्य का सबसे बड़ा आधार फ़िल्म को एक व्यवसाय के रूप में स्वीकार करना और आर्थिक दृष्टि से उसे रूप देना था, जिससे वह छविगृहों में अधिक से अधिक दर्शक जुटा सके। इस स्कूल के निर्देशकों के दो वर्ग हैं। पहले वर्ग के फ़िल्मकार स्पष्ट शब्दों में फ़िल्म को मनोरंजन का साधन मानते हैं। वे कहानी को एक ऐसा सूत्र मानते हैं, जिसके द्वारा नृत्य-संगीत, अभिनय, चमत्कार और दृश्य वस्तुयें रजत पट पर प्रस्तुत की जा सकती हैं। बाम्बे टाकीज़ ने फ़िल्म का जो 'मात्र मनोरंजन' स्वरूप सामने रखा था, उसको फ़िल्मिस्तान ने और बाद में फ़िल्मालय ने खुलकर अपनाया। उन्होंने ऐसी फ़िल्में प्रस्तुत कीं, जिनमें सब कुछ तो था, पर कहानी नहीं थी। इस वर्ग की मुख्य विशेषता फ़िल्म में कहानी के महत्त्व को कम करना और मनोरंजन के अन्य उपादानों को प्रोत्साहित करना था। इन फ़िल्मकारों का दावा है कि उन्होंने अपनी फ़िल्मों के माध्यम से जनता का भरपूर मनोरंजन किया है और अब भी कर रहे हैं। वे मनोरंजन से परे फ़िल्म की कोई सुपर इमेज स्वीकार करने के लिए तैयार नहीं हैं। उनकी फ़िल्में न साहित्यिक हैं, न सिनेमीय। वे शुद्ध रूप से व्यावसायिक फ़िल्में हैं।

बम्बई स्कूल के निर्देशकों का दूसरा वर्ग फ़िल्म को मात्र मनोरंजन का साधन मानने से इनकार करता है। उनके विचार से जीवन का यथार्थपरक चित्रण ही कला नहीं है। कला संश्लिष्ट मानसिक सृष्टि है। ऐसे निर्देशक, जिनकी प्रेरणा का स्रोत साहित्य या अन्य कलाएँ हैं, या उनके चतुर्दिक बिखरा हुआ उन्मुक्त जीवन है, फ़िल्म में कुछ अच्छा, ऊँचा और मौलिक प्रस्तुत करना चाहते हैं। जीवन और कला दोनों के प्रति उनके भाव काव्यमय हैं। परन्तु उनके पैरों में फ़िल्म व्यवसाय की जंजीर पड़ी हुई है। वी. शान्ताराम ने कहा था कि ऐसी फ़िल्म का, जिसका कोई दर्शन न हो, कोई अर्थ नहीं होता। जिन निर्देशकों ने अपनी फ़िल्मों में सामाजिक या व्यक्तिगत समस्यायें उठाईं हैं, वे इसी वर्ग के हैं। वी. शान्ताराम, महबूब खाँ, केदार शर्मा, अब्बास, जागीरदार, किशोर साहू आदि

इस वर्ग के निर्देशक हैं, जिनमें मौलिकता का आग्रह है। वे कुछ नया देना भी चाहते हैं, परन्तु साथ ही फ़िल्म के व्यावसायिक पक्ष की ओर से उदासीन भी नहीं है। वे कुछ नया करने के नाम पर आर्थिक जोखिम उठाना नहीं चाहते। अन्ततः वे समझौते का मार्ग अपनाते हैं। उनकी फ़िल्मों में जहाँ एक ओर कहानी का रचना-विधान चुस्त और दुरस्त होता है, विषय का प्रस्तुतीकरण उद्देश्यपूर्ण और कलात्मक होता है, वहीं फ़िल्म को आर्थिक सफलता देने वाले फ़िल्मी लटके भी होते हैं। ज़बर्दस्ती ठूंसे हुए गीत, नृत्य और भाग-दौड़ के दृश्य इन फ़िल्मकारों की उद्देश्यपूर्ण और कलात्मक फ़िल्मों में पैबन्द से लगते हैं। इन विजातीय तत्त्वों को निकाल देने पर इनकी फ़िल्में क़ाफी अच्छे स्तर की हो सकती हैं इन फ़िल्मकारों का सिनेमा के प्रति दृष्टिकोण सिनेमीय न होकर साहित्यिक ही है। निष्कर्षतः ये फ़िल्म निर्देशक साहित्यिक अभिरुचि वाले फ़िल्म व्यवसायी हैं, जिनकी क्षमता और कार्यों की एक निश्चित सीमा है।

मद्रास स्कूल की पहली हिट फ़िल्म 'चन्द्रलेखा' 1948 में प्रदर्शित हुई। जेमिनी स्टूडियों के संचालक एस.एस. वासन का यह प्रयत्न क़ाफी सफल रहा। दक्षिण भारत में हिन्दी में बनने वाला यह प्रथम चित्र था। 'चन्द्र लेखा' ने एक नयी शैली, एक नया मार्ग अपनाया। यद्यपि इस फ़िल्म का कथानक स्टन्ट चित्रों जैसा ही था, फिर भी परिष्कृत तकनीक और भव्य साज-सज्जा ने इसे आकर्षक चित्र बना दिया। भड़कीले सेट, बड़े पैमाने पर सामूहिक नृत्य, सर्कस, युद्ध के दृश्य, फ़िल्म की बीस रील की लम्बाई और फ़िल्म का व्यापक प्रचार आदि इस फ़िल्म की विशेषताएँ थीं। 'चन्द्रलेखा' की अद्भुत सफलता से उत्साहित होकर जेमिनी ने दूसरी फ़िल्म 'निशान' निर्मित की। यह दो जुड़वाँ भाईयों की कहानी थी। पहली बार रंजन के डबल रोल को रजतपट पर देखकर दर्शक चमत्कृत हो गये। यह फ़िल्म 'चन्द्रलेखा' से भी अधिक सफल हुई। मद्रास से आने वाली ये प्रारंभिक फ़िल्में थीं। दूसरे सवाक् युग में दक्षिण में क़ाफी संख्या में हिन्दी चलचित्र निर्मित हुए, जिनकी अपनी विशेष शैली है।

द्वितीय सवाक् युग

इस युग की फ़िल्में स्वतन्त्र भारत की फ़िल्में हैं। भारत सरकार ने फ़िल्म उद्योग में रूचि ली और एस.के. पाटिल की अध्यक्षता में एक जाँच समिति फ़िल्म के सर्वांगीण अध्ययन के लिए नियुक्त की। उक्त जाँच कमेटी की रिपोर्ट का प्रकाशन 1951 में हुआ। उक्त कमेटी ने अनेक बहुमूल्य सुझाव दिये, जिनमें पूना में फ़िल्म इंस्टीट्यूट की

स्थापना, छोटी फ़िल्मों के लिए फ़िल्म फाइनेन्स कारपोरेशन द्वारा ऋण, श्रेष्ठ फ़िल्मों पर वार्षिक पुरस्कार और अन्तर्राष्ट्रीय फ़िल्म समारोहों का आयोजन करना प्रमुख थे। 1952 में भारत का प्रथम अन्तर्राष्ट्रीय फ़िल्म समारोह दिल्ली में हुआ, जिसने फ़िल्म निर्माताओं और दर्शकों ने अन्य देशों में निर्मित फ़िल्में देखीं। भारतीय दर्शक, जो केवल अमरीकी और ब्रिटिश फ़िल्मों से ही परिचित था, यूरोप और जापान की फ़िल्में देखकर आश्चर्यचकित रह गया। इटली के प्रसिद्ध फ़िल्मकार डी सिका की फ़िल्म 'बायसिकिल थीव्ज' और जापान की 'Yukiwariso' (यूकीवारिसो) समारोह का विशेष आकर्षण थीं। इस समारोह का हिन्दी फ़िल्म निर्माताओं पर क़ाफी प्रभाव पड़ा। उन्हें यथार्थवादी फ़िल्मों के निर्माण की प्रेरणा मिली।

न्यू थियेटर्स टूटने से उसके अधिकांश फ़िल्म तकनीशियन, विशेषज्ञ और फ़िल्म निर्देशक बम्बई आकर बस गये। कलकत्ता, जो हिन्दी फ़िल्मों के निर्माण का एक प्रमुख केन्द्र था, अब केवल क्षेत्रीय फ़िल्मों के निर्माण तक ही सीमित हो गया। हिन्दी फ़िल्म निर्माण के दो ही प्रमुख केन्द्र रह गये—बम्बई और मद्रास। पंजाब का केन्द्र विभाजन के कारण पहले ही अलग हो चुका था। बंगाल से आने वाले फ़िल्मकारों ने अपना फ़िल्म निर्माण का पैटर्न नहीं बदला और बंगाल स्कूल की विशेषताओं के अनुकूल ही फ़िल्म निर्माण करते रहे अर्थात् केन्द्र बंगाल से बदलकर बम्बई हो गया, परन्तु बंगाल स्कूल का अस्तित्व पूर्ववत् बना रहा।

आज़ादी के बाद बंगाल

सन् 1955 में सत्यजित राय की 'पथेर पांचाली' का प्रदर्शन भारतीय फ़िल्म इतिहास की एक अविस्मरणीय घटना है। फ़िल्म कला के इतिहास में यह एक ऐसा मोड़ है, जिसने भारतीय फ़िल्म कला को एक नयी दिशा दी। इस फ़िल्म के द्वारा विश्व रजत पट पर भारत का भी पदार्पण हुआ। अपनी पहली ही फ़िल्म से सत्यजित राय ने विश्व के महान फ़िल्मकारों में स्थान प्राप्त कर लिया। विभूति भूषण वन्द्योपाध्याय के उपन्यास पर आधारित इस फ़िल्म में अपने अस्तित्व के लिए संघर्षशील एक ग्रामीण परिवार का यथार्थवादी चित्रण किया गया था। कांस के अन्तर्राष्ट्रीय समारोह में इस फ़िल्म को मानवता का बेहतरीन दस्तावेज घोषित कर पुरस्कृत किया गया। इसे एक के बाद एक, छह अन्तर्राष्ट्रीय पुरस्कार और स्वदेश का सर्वोत्तम पुरस्कार प्राप्त हुआ। सत्यजित राय का हिन्दी फ़िल्मकारों में विशेष रूप से बंगाल के फ़िल्मकारों पर प्रभाव पड़ा। हिन्दी फ़िल्मकारों ने सत्यजित राय के मार्ग का अवलम्बन तो नहीं

किया और वे भले ही व्यावसायिक कारणों से समझौतावादी रहे हों, परन्तु वे सिने-माध्यम की क्षमता, उसकी मौलिकता एवं उसकी तकनीक से अनभिज्ञ नहीं थे। संक्षेप में इस युग का फ़िल्मकार जान चुका था कि वास्तविक सिनेमा क्या होता है। अभी उस मार्ग पर चलने में विलम्ब था। हिन्दी फ़िल्मकारों में सबसे अधिक चैतन्य और जाग्रत बंगाल स्कूल के फ़िल्मकार हैं, जिन्होंने नये युग के साथ चलने का प्रयत्न किया।

बिमल राय बंगाल स्कूल के अग्रणी फ़िल्मकार थे। उन्होंने 1953 में 'दो बीघा ज़मीन' का निर्माण किया। 'दो बीघा ज़मीन' की कहानी ज़मीनदार द्वारा सताये ग़रीब अनपढ़ किसान की दर्द भी कहानी है, जो अपनी ज़मीन को रेहन से मुक्त कराने के लिए गाँव छोड़ शहर जाता है, रिक्शा खींचता है, अनेक कष्ट उठाता है, परन्तु फिर भी अपनी ज़मीन को बचा नहीं पाता। कृषक के बाध्य होकर मजदूर बनने के सामाजिक यथार्थ का अत्यन्त वास्तविक चित्रण, बलराज साहनी के अभिनय और संवादों की स्वाभाविकता इस फ़िल्म की मुख्य विशेषताएँ थीं। जिनके कारण यह फ़िल्म राष्ट्रीय सम्मान के साथ ही केन्स के अन्तर्राष्ट्रीय समारोह में भी पुरस्कृत हुई। बिमलराय द्वारा अन्य निर्देशित फ़िल्में हैं—'बाप-बेटी', 'नौकरी', 'यहूदी', 'सुजाता', 'परख', 'प्रेम पत्र' और शरत्‌चन्द्र की कहानियों पर आधारित 'परिणीता' और 'बिराज बहू', रवीन्द्रनाथ ठाकुर की कहानी पर आधारित 'काबुलीवाला', तथा गुलेरी जी की अमर कहानी पर आधारित 'उसने कहा था'। बिमलराय ने शरत् के 'देवदास' का जिसे पी.सी. बरुआ भी बना चुके थे, पुनर्निर्माण किया। दिलीप कुमार, वैजयन्तीमाला अभिनीत यह फ़िल्म अपनी तकनीकी गुणवत्ता और मधुर संगीत के कारण सफल रही। बिमल राय की अधिकांश फ़िल्में साहित्यिक कृतियों पर आधारित हैं। उन्होंने शरत्‌चन्द्र के जो रूपान्तर किये, वे तो सफल हुए, परन्तु रवीन्द्रनाथ ठाकुर की 'काबुली वाला' और गुलेरी जी की 'उसने कहा था' कहानियों के रूपान्तर सफल नहीं हुए।

बंगाल स्कूल के दूसरे प्रमुख फ़िल्मकार हैं ऋषिकेश मुखर्जी, जो बिमलराय के सहयोगी और कुशल फ़िल्म सम्पादक थे। ऋषिकेश मुखर्जी द्वारा निर्देशित प्रमुख फ़िल्में हैं—'मुसाफ़िर', 'अनाड़ी', 'अनुराधा', 'अनुपमा', 'आशीर्वाद', 'सत्यकाम', 'आनन्द' और 'गुड्डी'। इन फ़िल्मों में बलराज साहनी और लीला नायडू अभिनीत 'अनुराधा' एक उत्कृष्ट फ़िल्म थी। डॉक्टर पति की अत्यधिक व्यस्तता के कारण उपेक्षित गायिका पत्नी के उदास जीवन और आन्तरिक संघर्ष

का अंकन ऋषिकेश मुखर्जी ने बड़े ही सहज ढंग से किया है। कथा का मंथर और लययुक्त विकास ऋषिकेश मुखर्जी की विशेषता है। उनकी कहानी कभी झटका देकर या कूदकर आगे नहीं बढ़ती, बल्कि अनवरत प्रवाह के रूप में चलती है। ऋषिकेश मुखर्जी की यह विशेषता उन्हें नाटक की अपेक्षा उपन्यास के अधिक निकट ले जाती है।

बंगाल स्कूल के एक और फ़िल्मकार हैं, बासु भट्टाचार्य। फणीश्वरनाथ 'रेणु' की कहानी पर आधारित कवि शैलेन्द्र निर्मित 'तीसरी कसम' बासु की पहली निर्देशित फ़िल्म है। इस संगीत प्रधान फ़िल्म में एक नौटंकी वाली के अन्तर्द्वन्द्व का चित्रण है। बासु भट्टाचार्य को अधिक ख्याति मिली, उनकी अगली फ़िल्मों 'अनुभव' और 'आविष्कार' से, जो नया सिनेमा के अन्तर्गत आती हैं।

बंगाल स्कूल के प्रथम सवाक् युग के फ़िल्मकारों और द्वितीय सवाक् युग के फ़िल्मकारों में अन्तर यह है कि द्वितीय युग के फ़िल्मकार अपेक्षाकृत अधिक यथार्थवादी हैं और चरित्र-चित्रण में उनकी विशेष रूचि है। उनका चरित्र-चित्रण केवल बाह्य क्रियाओं तक ही सीमित नहीं है, वे मुख्यतः पात्रों की आन्तरिक हलचल का चित्रण क्रियाओं तक ही नहीं करते हैं। जहाँ प्रथम युग के फ़िल्मकार नाटक की अपेक्षा उपन्यास की ओर उन्मुख है, वहीं इस युग के फ़िल्मकार उपन्यास की अपेक्षा सिनेमा की ओर उन्मुख हैं। उनकी फ़िल्मों में घटना-चक्र की अपेक्षा कथा-सूत्र का सहज विकास और स्थान का वृत्तात्मक चित्रण होता है। इस युग की फ़िल्में तथा फ़िल्मकार अपेक्षाकृत अधिक सिनेमावादी हैं।

बम्बई स्कूल के फ़िल्मकार

बम्बई स्कूल के पुराने महारथियों में अग्रणी वी. शान्ताराम ने इस युग में 'तीन बत्ती चार रास्ता', 'सुरंग', 'दो आँखें बारह हाथ', 'झनक-झनक पायल बाजे', 'सेहरा', 'स्त्री', 'नवरंग', 'गीत गाया पत्थरों ने' आदि फ़िल्में निर्मित कीं। 'दो आँखें बारह हाथ' एक ऐसे जेलर की कहानी है, जो गाँधी जी की अहिंसा नीति और पश्चिम के मुक्त जेल के सिद्धान्त का प्रयोग छः खूंखार अपराधियों को सुधारने में करता है। विषय की अभिनवता की दृष्टि से इस फ़िल्म की देश-विदेश में प्रशंसा हुई। सन् 1958 में यह राष्ट्रपति स्वर्णपदक से पुरस्कृत हुई। 'झनक-झनक पायल बाजे' शास्त्रीय नृत्यों को कथा सूत्र में पिरोकर प्रस्तुत करने का बड़ा ही सफल प्रयोग था। गोपी कृष्ण और संध्या के मोहक नृत्यों से भरपूर यह फ़िल्म अपने ढंग की अनोखी फ़िल्म थी। 'गीत गाया पत्थरों ने' भी मूर्तिकला के निखार का बड़ा ही

सुरम्य और दर्शनीय प्रयत्न था। नयनाभिराम मूर्तियों का चित्रण इस फ़िल्म का प्रमुख आकर्षण था। यथार्थ का जैसा आग्रह वी. शान्ताराम की प्रारम्भिक फ़िल्मों 'दुनिया ना माने', 'पड़ोसी' या 'आदम' आदि में दिखाई देता है, वह बात इस युग में नहीं रह गयी। 'शकुन्तला' के पुनर्निर्माण 'स्त्री', 'नवरंग', 'झनक-झनक पायल बाजे' या 'गीत गाया पत्थरों ने' में विशाल पैमाने पर भव्य साज-सज्जा और स्थापत्य के सौन्दर्य को रंगों के माध्यम से चित्रित करने में वी. शान्ताराम दक्ष प्रतीत होते हैं। उनकी फ़िल्में अतीत के गौरव और विशाल स्वरूप का उद्‌घाटन करती हैं। वर्तमान कटु यथार्थ से लगता है, उनका नाता टूट चुका है। इस युग में हमें एक भिन्न वी. शान्ताराम के दर्शन होते हैं, जो अपनी फ़िल्मों को अधिकाधिक क्लासिकल रूप देने के लिए प्रयत्नशील हैं।

इस युग के सर्वाधिक सफल फ़िल्मकार राज कपूर हैं। 'आवारा', 'आह', 'बूट पालिश', 'श्री 420', 'जागते रहो', 'जिस देश में गंगा बहती हैं', 'संगम', 'मेरा नाम जोकर' आदि फ़िल्मों ने राज कपूर को एक उत्कृष्ट फ़िल्मकार के रूप में प्रतिष्ठित किया। इन फ़िल्मों की इतनी धूम रही कि इस ढंग को राज कपूर की फ़िल्मों का युग कहा जा सकता है। 'आवारा' राज कपूर की सर्वश्रेष्ठ फ़िल्म है। इसकी कहानी मार्क्सवादी विचारधारा में विश्वास रखने वाले ख़्वाजा अहमद अब्बास ने लिखी थी। इस फ़िल्म में ग़रीबी और अमीरी को अन्तर्विरोध के रूप में चित्रित किया गया है। कोई जन्मजात बुरा नहीं होता, परिस्थितियाँ उसे बुरा बनाती हैं। यह सन्देश भी इस फ़िल्म में दिया गया है। 'आवारा' लड़के की भूमिका राज कपूर ने इस कुशलता और संजीदगी से अभिनीत की है कि वह नयी पीढ़ी के लिए अनुकरणीय बन गया है। अभिनव तकनीक का उपयोग, कुशल प्रस्तुतीकरण, सुरम्य दृश्य, शंकर जयकिशन का मधुर संगीत, यथार्थ और भव्यता का समानान्तर चित्रण आदि विशेषताओं के कारण यह फ़िल्म सुपर हिट हुई।

बम्बई स्कूल के दूसरे फ़िल्मकार बी.आर. चोपड़ा हैं, जिनकी लगातार पाँच फ़िल्मों ने रजत जयन्ती मनायी। ये फ़िल्में थीं—'एक ही रास्ता', 'नया दौर', 'साधना', 'धूल का धूल' और 'कानून'। इनके बाद बी.आर. चोपड़ा ने 'धर्मपुत्र' बनाई, जो आचार्य चतुरसेन के उपन्यास पर आधारित थी। यह फ़िल्म असफल रही। बाद में चोपड़ा ने 'गुमराह', 'वक़्त', 'इत्तफाक' और 'छोटी सी बात' का निर्माण किया। बी.आर. चोपड़ा ने अपनी फ़िल्मों में साहित्यिक कहानियों को न लेकर उन कहानियों को लिया, जो फ़िल्म के लिए ही लिखी गयी थीं। बी.आर. चोपड़ा की 'एक ही रास्ता', 'धूल का फूल' और 'साधना' के लेखक पण्डित

मुखराम शर्मा थे, जबकि 'नया दौर' और 'वक़्त' के अख्तर मिर्जा। चोपड़ा की फ़िल्में रचना की दृष्टि से 'मेलोड्रामा' हैं, जिसमें मध्यवर्गीय आदर्शों, रूढ़ियों और भावनाओं का अतिरंजित चित्रण होता है। बी.आर. चोपड़ा की लगभग सभी फ़िल्में भावना-प्रधान हैं। चोपड़ा की फ़िल्मों की दूसरी विशेषता उनका समस्या प्रधान होना है। 'एक ही रास्ता' में एक विधवा स्त्री पुनर्विवाह कर लेती है। परन्तु उसका पुत्र अपने नये पिता को स्वीकार करने के लिए तैयार नहीं होता। 'धूल का फूल' में कुंवारी मां से उत्पन्न बच्चे की समस्या उठाई गयी है। 'साधना' में एक वेश्या द्वारा घर संसार बसाने की समस्या है। 'नया दौर' में मशीन और मनुष्य की प्रतिद्वन्द्विता की समस्या है। 'कानून' में साक्ष्य के आधार पर मृत्युदण्ड देने के प्रश्न को उठाया गया है। इन फ़िल्मों की विशेषता यह है कि इनमें समस्या को बड़े नाटकीय ढंग से उठाया जाता है। समस्या को उलझाकर फ़िल्मकार पहेली के अन्दाज़ में दर्शक से उसका हल माँगता है और अन्त में उसका हल प्रस्तुत करता है। समस्या और उसका समाधान करने वाली ये फ़िल्में रचना की दृष्टि से दर्शकों को नवीन प्रतीत हुईं। चोपड़ा ने बॉक्स आफिस फार्मूले का उपयोग कहानी की सीमा के अन्दर ही किया है।

समस्या प्रधान फ़िल्में बनाने वाले दूसरे प्रमुख फ़िल्मकार हैं, मोहन सहगल। जिनकी प्रमुख फ़िल्में हैं—'औलाद', 'अधिकार' और 'नयी दिल्ली'। एक और फ़िल्मकार हैं देवेन्द्र गोयल, जिनकी प्रमुख फ़िल्में 'चिराग कहाँ रोशनी कहाँ', 'एक फूल दो माली' और 'दस लाख' हैं। उपर्युक्त दोनों फ़िल्मकारों के निर्माण के ढंग और उद्देश्य में बी.आर. चोपड़ा से कोई भिन्नता नहीं है। लगभग समान पैटर्न के अन्य निर्देशक हैं—महेश कौल ('गोपीनाथ', 'सौतेला भाई', 'तलाक'), एस.एस. रवैल ('पतंगा', 'मस्ताना', 'मेरे हुजूर'), रामानन्द सागर (आँखें), ओ.पी. रल्हन ('दाग़', 'फूल और पत्थर' और 'तलाश')।

एक अन्य प्रमुख निर्देशक हैं गुरुदत्त, जिन्होंने प्रारम्भ में 'बाजी', 'श्री एवं श्रीमती 55' आदि अपराध फ़िल्में बनाईं। बाद में उन्होंने वेश्या समस्या पर 'प्यासा' फ़िल्म बनाई, जो विषय के प्रस्तुतीकरण, फ़िल्मी फार्मूले और गुरुदत्त-वहीदा के श्रेष्ठ अभिनय के कारण अत्यधिक सफल हुई। एक लेखक के जीवन पर आधारित यह फ़िल्म अत्यन्त भावनापूर्ण थी। इसमें उठाई गयी समस्या पर भारतीय संसद तक में विचार हुआ। फलस्वरूप कई राज्यों में वेश्या-वृत्ति पर प्रतिबन्ध लगा दिया गया। गुरुदत्त की अगली फ़िल्म 'कागज के फूल' थी। बिमल मित्र के प्रसिद्ध उपन्यास 'साहब बीबी और गुलाम' का गुरुदत्त ने रूपान्तर किया।

इसका आकर्षण मीना कुमारी का उत्कृष्ट अभिनय और हेमन्त कुमार का संगीत था। मुस्लिम पृष्ठभूमि पर आधारित गुरुदत्त की 'चौहदवीं का चाँद' एक बहुत ही सफल फ़िल्म थी। अभिनेता निर्देशक सुनील दत्त ने 'मुझे जीने दो', 'यादें', 'मन का मीत' तथा 'रेशमा और शेरा' फ़िल्मों का निर्माण किया, जिसमें 'यादें' एक अभिनेता की प्रयोगात्मक फ़िल्म थी। 'मुझे जीने दो' डाकू समस्या पर आधारित फ़िल्म थी। 'रेशमा और शेरा' में राजस्थान के जीवन का चित्रण था। इस युग की अन्य प्रमुख फ़िल्मों में दिलीप कुमार की 'गंगा जमुना' और चेतन आनन्द की 'आख़िरी खत' थी। केवल पी. कश्यप ने सरदार भगतसिंह एवं उनके दल के क्रान्तिकारी कार्यों पर आधारित फ़िल्म 'शहीद' का निर्माण किया। 'शहीद' फार्मूला फ़िल्मों से भिन्न एक सच्ची देशभक्ति पूर्ण फ़िल्म थी। इस युग की अन्य महत्त्वपूर्ण फ़िल्में हैं—प्रेमचन्द के कथा साहित्य पर आधारित, कृष्ण चोपड़ा द्वारा निर्देशित 'हीरा मोती' और 'गबन'। पी.के. नैय्यर की 'ये रास्ते हैं प्यार के' तथा कमाल अमरोही की 'पाकीज़ा' भी इस युग की प्रमुख फ़िल्में थीं।

बम्बई स्कूल के ही एक फ़िल्मकार मनोज कुमार ने देशभक्ति के नारे वाली फार्मूला फ़िल्में बनाईं। इनमें प्रमुख हैं 'उपकार', 'पूरब और पश्चिम' और 'रोटी कपड़ा और मकान'। राजनीतिक नारों 'जय जवान जय किसान' पश्चिम के ऊपर पूरब की सिद्धान्तवादिता और आदर्श की बातें, रोटी, कपड़ा और मकान जैसे आम आदमी के मूल प्रश्नों की होड़ में, मनोज कुमार ने फार्मूला फ़िल्म के सभी रूपों को अपनी फ़िल्मों में प्रस्तुत किया।

बम्बई में रहते हुए भी बम्बई स्कूल से थोड़ा भिन्न फ़िल्मकार हैं—ख़्वाजा अहमद अब्बास। उनकी प्रमुख फ़िल्में हैं—'अनहोनी', 'मुन्ना', सोवियत संघ के सहयोग से निर्मित 'परदेशी', 'शहर और सपना', 'आसमान महल', 'बम्बई रात की बाहों में', 'सात हिन्दुस्तानी' और 'दो बूंद पानी'। मार्क्सवादी होने के कारण वे कला की उपयोगिता और समाज के प्रति उसकी प्रतिबद्धता में विश्वास करते हैं। यद्यपि उनकी फ़िल्में यथार्थपरक और समस्या-प्रधान होती हैं, परन्तु उनमें मार्क्सवादी विचारधारा का प्रचारात्मक स्वरूप भी दिखाई देता है।

इस युग के बम्बई स्कूल के फ़िल्मकारों को भी दो श्रेणियों में रखा जा सकता है—शुद्ध मनोरंजनवादी और आंशिक समझौतावादी। इनमें कुछ फ़िल्मकारों ने श्रेष्ठ फ़िल्में निर्मित की हैं। यदि फार्मूले के उपयोग को हम हिन्दी चलचित्र को मौलिक विशेषता के रूप में सिद्धान्ततः स्वीकार कर लें, तो ऐसे फ़िल्मकारों को श्रेष्ठ निर्देशक कहा जा सकता है। परन्तु विश्व-फ़िल्म के सन्दर्भ में यह स्वीकार करना सम्भव नहीं है।

मद्रास स्कूल की हिन्दी चलचित्र निर्मात्री संस्थाएँ हैं—जेमिनी, ए.वी.एम. और प्रसाद प्रोडक्शन। मद्रास की प्रमुख हिन्दी फ़िल्में हैं—जेमिनी की 'मिस्टर सम्पत', 'घूँघट' आदि, ए.वी.एम. की 'बहार', 'हम पंछी एक डाल के', और प्रसाद प्रोडक्शन्स की 'शारदा' तथा 'राजा और रंक' आदि। संयुक्त परिवार का वातावरण, परम्पराओं के प्रति निष्ठा एवं आदर्शवादिता, ट्रीटमेंट में वस्तुओं और व्यक्तियों की भारी संख्या, विशाल साज-सज्जा आदि मद्रास स्कूल की फ़िल्मों की विशेषताएँ हैं। दक्षिण से आयी फ़िल्में सिनेमा के प्रारंभिक दिनों की फ़िल्मों की याद दिलाती हैं। इन फ़िल्मों का पैटर्न नाटकीय है, जिसका फ़िल्म के सौन्दर्य शास्त्र की वर्तमान विकासधारा से कोई सम्बन्ध नहीं है।

नया सिनेमा युग

जिस प्रकार सन् 1955 में सत्यजित राय की 'पथेर पांचाली' से बाँग्ला फ़िल्मों में यथार्थवादी सिनेमा के नये युग का प्रारम्भ हुआ था, उसी प्रकार सन् 1969 में मृगाल सेन की हिन्दी फ़िल्म 'भुवन शोम' के प्रदर्शन से हिन्दी सिनेमा के एक नये युग का प्रादुर्भाव हुआ। जिस प्रकार सत्यजित राय ने सरकारी सहायता से 'पथेर पांचाली' पूर्ण की थी, उसी प्रकार मृणाल सेन ने फ़िल्म वित्त निगम से ऋण लेकर 'भुवन शोम' का निर्माण किया। बाँग्ला फ़िल्म में यथार्थवादी फ़िल्मकारों के रूप में ऋत्विक घटक, मृणाल सेन या एक दो और नाम लिए जा सकते हैं, परन्तु अति यथार्थवादी सिनेमा सत्यजित राय की फ़िल्मों के द्वारा ही जाना जाता है। सिनेमा की उक्त प्रवृत्ति के सत्यजित राय अकेले फ़िल्मकार हैं। नया सिनेमा में मृणाल सेन अकेले नहीं हैं, और न ही वे उस आन्दोलन के जन्मदाता हैं। कई फ़िल्मकार समानान्तर प्रयत्न कर रहे थे। उनमें 'भुवन शोम' को हम हिन्दी सिनेमा को एक नया मोड़ देने वाले बिन्दु के रूप में स्वीकार कर सकते हैं। 'भुवन शोम' के पीछे नव सिनेमावादी फ़िल्मों की एक लम्बी कतार है—बासु चटर्जी की 'सारा आकाश' और 'रजनीगन्धा', बासु भट्टाचार्य की 'अनुभव' और 'आविष्कार', शिवेन्द्र सिन्हा की 'फिर भी', सथ्यू की 'गर्म हवा', अवतार कौल की '27 डाउन', श्याम बेनेगल की 'अंकुर' तथा 'निशान्त', मणि कौल की 'आषाढ़ का एक दिन', 'उसको रोटी' और 'दुविधा', कुमार शाहनी की 'मायादर्पण', गिरीश रंजन की 'डाक-बंगला', प्रेम कपूर की 'बदनाम बस्ती' और मारब्रोस की 'त्रिसंध्या' आदि। लीक से हटकर बनी इन फ़िल्मों को प्रयोगवादी सिनेमा, ऑफ बीट फ़िल्म आदि अनेक नाम दिये गये हैं।

व्यावसायिक बड़े बजट की फार्मूलाबद्ध फ़िल्मों की तुलना में इन छोटे बजट वाली फ़िल्मों ने, जिनमें अधिकांश फ़िल्म वित्त निगम के ऋण से निर्मित हुई हैं, हिन्दी चलचित्रों के इतिहास में एक महत्त्वपूर्ण स्थान प्राप्त कर लिया है। 'सारा आकाश', 'रजनीगन्धा', 'अंकुर' और 'अनुभव' की आशातीत व्यावसायिक सफलता ने व्यावसायिक फ़िल्मों के उस दावे पर प्रश्न-चिह्न लगा दिया है कि दर्शक केवल फार्मूला फ़िल्में ही पसन्द करते हैं।

नव सिनेमा की सबसे बड़ी उपलब्धि एक ऐसे दर्शक वर्ग को, जो वर्षों से अच्छे स्तर की फ़िल्मों के लिए आकुल था, परितुष्ट करना है। साहित्य और रंगमंच में रुचि लेने वाला समाज का शिक्षित और सुसंस्कृत वर्ग सिनेमा से कितना कुछ अपेक्षा करता था, परन्तु सिनेमा के नाम पर उसे फूहड़, अश्लील, हिंसात्मक और अतिनाटकीय दृश्यों के अतिरिक्त कुछ नहीं मिलता था। कलात्मक अभिरूचि जागृत करने और उसका परितोष करने में सक्षम इन नव सिनेमावादी चित्रों को देखकर उसे लगा कि सिनेमा अब सही मार्ग पर चल पड़ा है, उसे अपनी दिशा का ज्ञान हो गया है। यूँ तो समय-समय पर अनेक फ़िल्मकारों ने यथार्थवादी और सिनेमीय चित्र बनाए हैं। चेतन आनन्द की 'नीचा नगर', महबूब की 'रोटी'. वी. शान्ताराम की 'पड़ोसी', 'डॉ. कोटनीस की अमर कहानी' और 'दो आँखें बारह हाथ', राज कपूर की 'जागते रहो' इसी श्रेणी की फ़िल्में हैं। परन्तु सामान्य स्तर की फ़िल्मों की भीड़ में वे अपवादस्वरूप ही रहीं। न तो उन्होंने किसी आन्दोलन का प्रवर्तन ही किया और न ही दूसरे फ़िल्मकारों ने उनसे कोई प्रेरणा ली। इसके विपरीत नया सिनेमा व्यावसायिक फ़िल्मों के विरोध में सिनेमा को सही अर्थ में मानने वालों का विद्रोह है, उसके खिलाफ एक संघर्ष है। व्यावसायिक सिनेमा, नया-सिनेमा की सामयिकता और क्षमता को पहचानता है। हर तरह से साधन सम्पन्न होकर भी नया-सिनेमा के सन्दर्भ में व्यावसायिक को किताबी कीड़े, जनता से कटे हुए, पर्सनल सिनेमा और न जाने क्या-क्या कहकर मखौल उड़ाया गया। इन फ़िल्मों को प्रदर्शित होने से रोका गया। फिर भी किसी प्रकार से ये फ़िल्में जनता तक पहुँची। जनता ने इन्हें पसन्द किया। फलस्वरूप नया-सिनेमावादी फ़िल्मों की अनेक सम्भावनाओं के द्वार खुल गये। नया सिनेमा के मार्ग पर अनेक अधूरे-पूरे प्रयत्न व्यावसायिक फ़िल्मकारों ने भी किये। 'खुशबू', 'कोशिश', 'मौसम', 'गुड्डी', 'पिया का घर', 'उपहार', 'दस्तक', 'चेतना', 'ज़रूरत' व 'कोरा कागज' आदि फ़िल्में इसका उदाहरण हैं।

हिन्दी चलचित्रों के इतिहास में यह पहला अवसर है जबकि साहित्य और सिनेमा का अपूर्व संगम हुआ। अधिकांश नया-सिनेमावादी फ़िल्में श्रेष्ठ साहित्यिक

कृतियों के रूपान्तर हैं। 'भुवन शोम' बनफूल के उपन्यास का, 'माया दर्पण' निर्मल वर्मा की कहानी का, 'बदनाम बस्ती' कमलेश्वर के उपन्यास का, 'रजनीगंधा' मन्नू भंडारी की कहानी का, और 'डाक बंगला' कमलेश्वर की कहानी का रूपान्तर है। उक्त तथ्य नव सिनेमावादी फ़िल्मकारों की साहित्यिक रुझान और निष्ठा का द्योतक है। ये फ़िल्मकार साहित्यिक कृतियों को सिनेमीय ढंग से प्रस्तुत करना चाहते हैं। इनके विचार से इसके पूर्व साहित्यिक कृतियों के जो रूपान्तर हुए वह गलत इसलिए थे कि रूपान्तरकार को सिनेमा की भाषा का सही ज्ञान नहीं था। ये रूपान्तर सिनेमा की भाषा में न होकर साहित्य की भाषा में किये गये थे। नव-सिनेमावादियों का दावा है कि मूल रचना को सिनेमा की भाषा में भली प्रकार प्रस्तुत किया जा सकता है। वे अपने को आधुनिक घोषित करते हैं। वे आधुनिक साहित्यिक जगत की गतिविधियों से भली-भाँति परिचित हैं। इसीलिए इन्होंने आधुनिक साहित्य की कृतियों को ही रूपान्तर के लिए चुना।

1955 में काफ़ी फ़िल्में बनीं परन्तु श्रेष्ठ फ़िल्में 'श्री 420', 'देवदास', 'कुन्दन', 'सीमा' और 'झनक-झनक पायल बाजे' कही गयी हैं। राज कपूर का 'श्री 420' जो एक शिक्षित एवं ईमानदार युवक की कहानी है जो इत्तेफाक से अपने ताश के खेल की मास्टरी के प्रभाव से तस्करी के चंगुल में फँस जाता है, वह चूँकि स्वयं एक ग़रीब आदमी होता है, इसीलिए ग़रीबों का मददगार भी रहना चाहता है। इसीलिए फ़िल्म के अन्त में जब उसे तस्करों की बदमाशी का पता लगता है तो वह बड़े कौशल से उनके हाथ से निकल कर ग़रीबों के धन को डूबने से बचाता है तथा तस्करों को पकड़वा देता है।

इस कथा का राज कपूर ने बखूबी निर्देशन किया और प्रभावशाली गीतों के तादात्म्य से फ़िल्म ने काफ़ी सफलता प्राप्त की। इस फ़िल्म के ये गीत—'मेरा जूता है जापानी', 'रमैया वस्ता मैया', 'प्यार हुआ इकरार हुआ', 'दिल का हाल सुने दिल वाला...' बड़े प्रसिद्ध हुए हैं। इस फ़िल्म के अन्य एक गीत 'ईचक दाना बीचक दाना' ने फ़िल्म के माध्यम से बच्चों को पढ़ाने व शिक्षा देने की नयी प्रणाली की शुरूआत तो की थी, फ़िल्म की उपयोगिता को भी उभारा।

विमल राय की फ़िल्म 'देवदास' भी इस वर्ष चर्चित रही, जिसने हिन्दी फ़िल्मों को बाँग्ला कला की प्रतिभाशाली, दक्ष सुचित्रा सेन नामक अभिनेत्री दी। यह वही पुरानी प्रेमकथा है जो दिलीप कुमार, सुचित्रा सेन और वैजयन्तीमाला आदि के उच्चकोटि के अभिनय के कारण काफ़ी लोकप्रियता हो गयी। इसका तवायफाना गीत—'वो न आयेंगे पलटकर, उन्हें लाख हम बुलायें' तो आज भी फरमाइशी गीत है। इसी वर्ष 'आलिफ लैला' नामक फ़िल्म ने सुप्रसिद्ध नृत्यांगना

हेलन को हिन्दी फ़िल्मों को प्रदान किया। सोहराब मोदी की 'कुन्दन' एक अच्छी व सफल फ़िल्म थी। 'झनक-झनक पायल बाजे' वी. शान्ताराम की अद्‌भुत संगीतमयी नृत्य प्रधान फ़िल्म थी, जिसके नायक गोपीकृष्ण स्वय भारत के एक विशिष्ट नर्तक रहे हैं। नृत्य के साथ शास्त्रीय संगीत के तालमेल ने फ़िल्म में चार चाँद लगा दिये। गीत 'झनक-झनक पायल बाजे' तथा 'ऐ दिल बता' ने गीतमाला में अपना उच्च स्थान बना लिया। शान्ताराम की भारतीय दर्शक की रुचि के लिए यह एक प्रायोगिक फ़िल्म थी। इसकी सिनेमेटोग्राफी उच्चकोटि की थी। ऐसी फ़िल्म इससे पहले कभी नहीं बनी। इसी प्रकार 'सीमा' का गीत 'कहाँ जा रहा है तू ए जाने वाले' भी अपने समय में लोकप्रिय हुआ था। इसमें एक समाज सुधारक परन्तु विक्षिप्त के जीवन संघर्ष की कथा फ़िल्माई गयी है। दिलीप कुमार और मीना कुमारी की 'आज़ाद' फ़िल्म का गीत 'राधा ना बोले ना बोले ना बोले रे' भी शास्त्रीय गीतों की धुन पर आधारित था जो आज भी प्रिय लगता है तथा फ़िल्म की विशेषता एक यह है कि दक्षिण भारत की तीन नर्तकी बहनों ने 'अपलम चपलम चपलाई रे' गीत के साथ जो अपना नृत्य दिया, वह निःसन्देह संगीतकार एवं नृत्य निर्देशक की दक्षता का परिचायक था।

इन सामाजिक फ़िल्मों के साथ-साथ भक्ति परम्परा की फ़िल्में भी कम नहीं थीं। यहाँ तक कि 'शिव भक्त' का गीत 'मुझे तो शिवशंकर मिल गये' एक आरती गीत बन गया तथा वामन अवतार का 'तेरे द्वार खड़ा भगवान' नामक गीत इस स्वर्ण श्रृंखला की एक मणि है। इसके अतिरिक्त कई अन्य फ़िल्में 'श्रीगणेश विवाह', 'प्रभु की माया', 'नवरात्रि', 'जगत गुरु शंकराचार्य', 'स्वामी विवेकानन्द', 'सावित्री सत्यवान', 'सती मदालसा', 'एकादशी', 'भागवत महिमा', 'बारादरी', 'वीर राजपूतानी', अदले जहाँगीर', 'बहुत दिन हुए', 'सम्राट', 'चोर बाजार', 'डंका', 'अलीबाबा और चालीस चोर', 'लालपरी', 'मीनार', 'आजाद', 'भेदी लुटेरा', 'कार्निवल क्वीन', 'डाकू', 'फरार', 'जासूस', 'हाउस नं. 44', 'उड़न खटोला', 'देवदास', 'इन्सानियत', 'मिलाप', 'मस्तानी', 'सीमा' आदि थी।

भारत के फ़िल्म उद्योग का रजत जयन्ती समारोह 1956 में बम्बई में फ़िल्म पत्रकारों द्वारा मोरारजी देसाई की अध्यक्षता में आयोजित हुआ, जिसमें फ़िल्म उद्योग के कुशल एवं नामवर व्यक्तियों ने प्रदर्शनी में नाना रूपों की एक भव्य रूपरेखा प्रस्तुत की। इस समारोह में निम्नलिखित कार्य सम्पन्न हुए—

(1) श्रेष्ठ फ़िल्म कृतियों, कलाकारों एवं शिल्पियों को पुरस्कृत किया गया।

(2) आगन्तुक अतिथियों में 'आलम आरा' फ़िल्म के नायक विट्ठल और नायिका जुबेदा की उपस्थित हुए, जिन्हें सम्मानित किया गया।

(3) इस समारोह में दिये जाने वाले पुरस्कार का नाम समीक्षक पुरस्कार रखा गया।

और इस समारोह की उपलब्धि रही–

(1) 'जल दीप' (बालचित्र) को प्रधानमन्त्री पुरस्कार के रूप में प्रमाण-पत्र मिला।

(2) सर्वोत्तम चलचित्र 'हम पंछी एक डाल के' को प्रधानमंत्री स्वर्ण पदक।

(3) बंदिश (दमिश्क के फ़िल्म समारोह में कांस्य पदक)।

1956 की महत्त्वपूर्ण फ़िल्मों में 'जागते रहो', 'एक ही रास्ता', 'चोरी चोरी', 'दो आँखें बारह हाथ', 'हलाकू' और 'बसन्त बहार' के नाम उल्लेखनीय हैं। 'जागते रहो' का नायक एक ग्रामीण व्यक्ति है। वह पूरी फ़िल्म में नहीं बोलता और इसका पूरा कथानक इस संवाद से मालूम होता है–'ख़बरदार जो भी आगे आयेगा, उसका लट्ठ मारके सिर फोड़ दूँगा....तुम लोग मुझे क्यों मारते हो? मेरा कसूर क्या है? ग़रीब किसान का बेटा हूँ, नौकरी ढूंढ़ने शहर में आया था, प्यास से मेरी छाती फट रही थी, दो घूंट पानी पीने आपके मकान में आ गया, यही मेरा कसूर है क्या, जो आप लोग मुझे चोर-चोर करके इस तरह पीछे पड़ गये? जैसे–मैं आदमी नहीं हूँ, बावला कुत्ता हूँ, मैं चोर हूँ, इतने बड़े मकान में मैं जहाँ भी गया हूँ वहीं हर रकम का चोर और रकम की चोरी मैंने देखी, अपनी घरवाली के जेवर चुराने वाले देखें, शराब बनाने वाले देखे, नकली नोट छापने वाले देखें, कितने पाप आपकी शराफत में भरे हैं यह मुझसे पूछो.....आप सब पढ़े-लिखे हैं, बड़े आदमी हैं, मुझ गंवार को यही शिक्षा दी कि बिना चोरी किये कोई बड़ा आदमी नहीं बन सकता, तो ठीक है, ग़रीब किसान के छोकरे ने आज यही सीखा कि चोर बनूँ, गुण्डा बनूँ, डकैती करूं, बेईमानी से पैसे कमाऊँ..... ।[17] इस फ़िल्म का यह गीत सच्चाई प्रकट करता है–

सच्चे फाँसी चढ़ते देखे, और झूठा मौज उड़ाये

यह फ़िल्म कार्लोवी वेरी अन्तर्राष्ट्रीय चल चित्रोत्सव में 1957 में 'ग्रैंड प्रिक्स' पुरस्कार से सम्मानित की गयी। उसके बाद भारतीय दर्शकों के मस्तिष्क में 'जागते रहो' क्या है, समझ में आयी। यह फ़िल्म हिन्दी बाँग्ला दो भाषाओं में बनी, जिसका निर्देशन शम्भू मित्रा तथा अमित मोयत्रा ने किया था। कला की दृष्टि से राज कपूर की अन्य फ़िल्मों से यह सर्वोत्तम थी। कहानी का नयापन, कसाव, अन्तर्निहित व्यंग्य और दर्शकों की देखने की उत्सुकता इस फ़िल्म की प्रमुख विशेषताएँ हैं।

'दो आँखें बारह हाथ' वी. शान्ताराम की एक प्रायोगिक फ़िल्म है, जिसने भारत सरकार के कैदियों के सुधारवादी कानून के उस प्रारूप की योजना पर बल दिया है, जिसके अन्तर्गत खूँखार कैदियों को खुला छोड़कर बिना हथकड़ी के यह प्रयोग किया जाता है कि वे सुधरते हैं या नहीं। सही मायने में इस प्रकार का कथानक समाज सुधार का विचित्र तथा जबर्दस्त तरीका था। फ़िल्म सुन्दर निर्देशन, प्रभावशाली गीत और अभिनय के कारण अच्छी फ़िल्मों में स्थान पाने में सफल हुई। आगे चलकर 1958 में राष्ट्रपति स्वर्णपदक से पुरस्कृत भी हुई। इसका गीत 'ऐ मालिक, तेरे बन्दे हम' भी सुधारवादी दृष्टिकोण का द्योतक है। सामाजिक फ़िल्म 'एक ही रास्ता' भी एक अच्छी फ़िल्म थी। 'चोरी-चोरी' फ़िल्म सामाजिक एवं हास्य प्रधान फ़िल्म थी, जो अपने गानों की सरसता के कारण बेहद पसन्द की गयी। इसमें राज कपूर, नरगिस, जॉनी वाकर, गोप, भगवानदास, मारूति, मुकरी आदि कलाकार थे। इसके गाने 'ये रात भीगी भीगी', 'पंछी बनूं उड़ती फिरूं', 'मनभावन के संग जाये गोरी', 'रसिक बलमा', ...आकर्षण के प्रमुख कारण थे। 'बसन्त बहार' अभिनय और गीतों की दृष्टि से तथा बेजोड़ संगीत के कारण एक सफल चित्र माना गया। इसके गीत भी क़ाफी मधुर थे।

इसी वर्ष जादुई चमत्कार और सनसनी फैला देने वाली दृश्ययुक्त फ़िल्में 'हातिमताई', 'बगदाद का चोर', 'सन ऑफ़ अलीबाबा', 'चिरागे चीन', 'हूरे अरब', 'अलीबाबा और चालीस चोर' आदि प्रमुख थीं। ऐसी फ़िल्में जो बनती आयी हैं, उनमें वही घिसी पिटी शैली है—उड़ती दरी का दिखाया जाना, सिमसिम कहकर दरवाजों का खुलना, चिराग के घिसते ही विशालकाय जिन्न का प्रकट होना और कहना—'हूँ हा हा हा, मेरे आका' आदि। इससे कुछ परिष्कृत और सहज ग्राह्य रूप धार्मिक फ़िल्मों में दिखाया जाता है जो सिनेमेटोग्राफी के चमत्कार का ही विकसित प्रमाण है। जादुई और धार्मिक फ़िल्मों की फोटोग्राफी में थोड़ा-सा अन्तर प्रतीत होता है। जादुई फ़िल्मों में चमत्कार के साथ डरावनी आवाज तथा भयानक सेट दिल दहलाने वाले होते हैं। पौराणिक फ़िल्मों में भगवान की असीम कृपा कर चमत्कार बताया जाता है जैसे—जल्दी-जल्दी सब्जी का काटना, पकवानों का तैयार होना, समुद्र में से भगवान का धरातल पर आना, आकाश मार्ग से भगवान का तथा देवी देवताओं का धरती पर प्रकट होना तो संगीत की टिक टिक टिक खन-खन खन ध्वनियों के साथ बारीक परन्तु प्रिय आवाज का जो सामंजस्य दिया जाता है, वह निःसन्देह प्रशंसनीय ही कहा जायेगा। इसे ट्रिक फोटोग्राफी कहा गया है। इस प्रकार हम देखते हैं कि 1931 से 1956 तक आते-आते सिनेमेटोग्राफी ने क़ाफी प्रगति की।

इस वर्ष की अच्छी फ़िल्मों में 'सी.आइ.डी.' तथा 'दीया और तूफ़ान' को भुलाया नहीं जा सकता। 'सी.आइ.डी.' का गीत 'लेके पहला पहला प्यार' तथा 'दीया और तूफ़ान' का गीत 'निर्बल से लड़ाई बलवान की' के कारण ये दोनों फ़िल्में अच्छी चली थी। फ़िल्म 'दशहरा' का गीत 'दूसरों का दुखड़ा दूर करने वाले' भी क़ाफी लोकप्रिय हुआ। इस वर्ष की फ़िल्में—'सती नागकन्या', 'द्वारकाधीश', 'सुदर्शनचक्र', 'गौरी पूजा', 'सती अनुसूया', 'बसन्त पंचमी', 'इन्कलाब', 'बगदाद का चोर', 'सन ऑफ़ अलीबाबा', 'चिरागे चीन', 'हूरे अरब', 'भागम भाग', 'इन्सपेक्टर', 'सुल्ताना डाकू', 'मि. लम्बू', 'नकाबपोश', 'पाकिटमार', 'दुर्गेशनंदिनी', 'देवता', 'यहूदी की बेटी', 'दिल्ली दरबार', 'तलवार का धनी', 'इंसाफ', 'बादल और बिजली' आदि की चर्चा मिलती है।

बाल शिक्षा युक्त फ़िल्म 'काबुली वाला' इस वर्ष की एक अच्छी फ़िल्म थी जो आगे चलकर 1957 में अन्तर्राष्ट्रीय फ़िल्म समारोह में पुरस्कृत भी हुई और भारत सरकार ने निर्देशक तपन सिन्हा को राष्ट्रपति पदक प्रदान कर सम्मानित किया। काबुली वाला के गीत भी अच्छे थे जैसे—'ए मेरे प्यारे वतन', तथा 'गंगा आये कहाँ से' आदि।

सामाजिक कथानकों की दृष्टि से 1957 में बहुत कम फ़िल्में बनीं पर जो भी बनीं वे अपना स्थायित्व छोड़ गईं, उनमें 'मदर इंडिया', 'प्यासा', 'शारदा', 'नया दौर', 'भाभी' ही गणमान्य है।

रंगीन फ़िल्म 'मदर इंडिया' का कथानक कोई नया नहीं है, किसानों के शोषण की कथा है परन्तु मधुर गीत एवं संगीत के कारण यह फ़िल्म वर्ष की श्रेष्ठ फ़िल्म मानी गयी और पुरस्कृत भी हुई। इस फ़िल्म के इस संवाद 'रूपा सारे गाँव की बेटी है, वह मेरी लाज है, बिरजू मैं बेटा दे सकती हूँ लाज नहीं' से पूरे कथानक का एहसास हो सकता है।

इसके चर्चित गीतों में 'दुख भरे दिन बीते रे भैया', 'उमरिया घटती जाये रे', 'नगरी नगरी द्वारे द्वारे', 'ओ मेरे लाल आ जा' आदि गीत विशेष उल्लेखनीय हैं। भारत माता के रूप में नरगिस के द्वारा सूखा, अकाल और बाढ़ से भयभीत गाँव छोड़कर जाने वाले ग्रामीणों को, 'ओ जाने वाले जाओ, न घर अपना छोड़ के, माता बुला रही है तुम्हें हाथ जोड़ के', गाने के आह्वान से पुनः बुलाकर माता की सही भूमिका को दर्शाया। यह भी सत्य है कि नर्गिस का यह आह्वान उसकी आत्मा से निकला था, इसलिए मदर इंडिया के रूप में नरगिस का अभिनय इतना स्वाभाविक था कि दर्शकों ने उसे माता ही अनुभूत किया। 1952 के लगभग भारत सरकार

की ओर से परिवार नियोजन का प्रथम शिविर आयोजित हुअ था, जिसमें भारत के तत्कालीन प्रधानमन्त्री पं. नेहरू ने परिवार नियोजन की आवश्यकता पर जोर देते हुए भारतवासियों को भविष्य में उसकी उपयोगिता का बोध कराया था। इसी भावधारा को एक गीत के माध्यम से 'मदर इंडिया' फ़िल्म में इंगित किया गया है। इसमें मास्टर साजिद द्वारा बिरजू की बाल भूमिका किया जाना एक अभूतपूर्व दक्षता कही जायेगी। परन्तु सुखी लाला की भूमिका में कन्हैयालाल ने भी अपनी अमिट छाप छोड़ दी, यहाँ तक कि वह हर एक आने वाली फ़िल्म के लिए भी ऐसे ही सेठ बन गये। इसी फ़िल्म के निर्माणकाल की एक घटना है कि गाँव के सेट में जहाँ आग लगाई गयी थी उसमें नरगिस फँस गयी और उसका बाहर निकलना भी मुश्किल हो गया। वहाँ खड़े लोगों में किसी ने उसे बाहर निकालने की हिम्मत नहीं की, परन्तु सुनील दत्त ने उसे आग से बाहर निकालकर अपनी बहादुरी का परिचय दिया। इससे नरगिस क़ाफी प्रभावित हुई। ऐसा कहा जाता है कि इसी घटना के कारण वे दोनों विवाह-सूत्र में बँधे।

कलाकार, निर्देशक एवं निर्माता स्व. गुरुदत्त सिनेमा जगत की हस्ती कहे जाते थे। 'प्यासा' उन्हीं की फ़िल्म थी, जिसमें एक कलाकार के हर रूप के शोषण को फ़िल्माया गया है। समाज जीवित कलाकारों को सम्मान नहीं देता, परन्तु मरने के बाद उसकी विशेषताओं को कुरेद-कुरेद कर ऊपर उठाता है और उसे अमरत्व प्रदान करता है, कैसी विधि विडम्बना है। और वह मरा हुआ कलाकार समाज से यह कहे कि मैं ही वह कलाकार हूँ तो वह लोग उसका मजाक बनाते हैं। यही कथानक था 'प्यासा' फ़िल्म का जिसमें स्वयं गुरुदत्त ने नायक की भूमिका की थी और स्व. साहिर लुधियानवी द्वारा गीतों के माध्यम से खींचे गये यथार्थ सामाजिक चित्रों को जो प्रस्तुत किया वह लाजवाब ही कहा जायेगा।

प्यासा के गीत–

ऐ महलों, तख्तों, ये ताजों की दुनिया
ये इन्साँ के दुश्मन, समाजों की दुनिया।

व

कहाँ है कहाँ है मुहाफ़िज़ ख़ुदी के
जिन्हें नाज़ है हिन्द पर वो कहाँ हैं।

उपरोक्त भावना की पुष्टि के प्रमाण हैं, इस प्रकार कवि तथा वेश्या की समस्या को बड़े गम्भीर और सुलझे हुए अन्दाज से फ़िल्माया गया था।

दोस्ती सम्बन्धी भावनाओं पर आधारित 'नया दौर' फ़िल्म के इन गीतों—

ये देश है वीर जवानों का
उड़े जब जब जुल्फें तेरी
साथी हाथ बढ़ाना...
रेशमी सलवार...

के कारण ये फ़िल्म अपने समय में क़ाफी प्रशंसित हुई।

गृह कलह के पारम्परिक रूप पर आधारित फ़िल्म 'भाभी' भी एक श्रेष्ठ फ़िल्म थी। यद्यपि कथानक में कोई नवीनता नहीं थी, परन्तु गाने अच्छे थे, जिनमें—'चल उड़ जा रे पंछी' आज भी प्रसिद्ध है।

एक अन्य फ़िल्म 'शारदा' अवश्य ही मस्तिष्क को झकझोरने वाली थी। इसमें मीना कुमारी का अभिनय अत्यधिक सुन्दर था। अन्य सामाजिक फ़िल्मों में विशेष तौर से बाल फ़िल्म 'अब दिल्ली दूर नहीं' में भी समाज में व्याप्त धोखाधड़ी, झूठे इल्जाम का चित्रण है, परन्तु साथ ही यह भी बताया गया है कि जब बेगुनाह की कोई नहीं सुनता तो उसके लिए दिल्ली के दरवाजे खुले रहते हैं बस पहुँचने वाले की देर है, न्याय अवश्य मिलता है। फ़िल्म में बताया गया है कि तत्कालीन प्रधानमंत्री बच्चों के चाचा नेहरू मासूम बच्चों और उनके बेगुनाह माता-पिता की पुकार को अवश्य सुनते थे और उन्हें न्याय मिलता था। यही भारतीय राजनीति का गौरव कहा गया है। इस फ़िल्म के गीत राष्ट्रीयता से ओत-प्रोत हैं—'ये चमन हमारा अपना है' पर साथ में—'माता ओ माता जो तू आज होती' आकर दर्शकों को रूला देने की क्षमता भी इस फ़िल्म में थी। बच्चों का गीत 'चूँ-चूँ करती आयी चिड़िया' तो आज भी बच्चों का अमर गीत है।

'देख कबीरा रोया' भी एक सामाजिक फ़िल्म है जो गीतों के कारण अच्छी चली जैसे—'कौन आया मेरे मन के द्वारे' इसका बहुचर्चित गीत है। इस वर्ष पौराणिक फ़िल्में भी बहुत बनी परन्तु फ़िल्में भी स्पर्धा में कम नहीं थीं। इसी दौर में 'अंजलि', 'मोहनी', 'नागमणी', 'लक्ष्मीपूजा', 'भक्त ध्रुव', 'हनुमान जन्म', 'नरसी भक्त', 'चण्डी पूजा', जय अम्बे', 'सन्त रघु', 'सती परीक्षा', 'जनम जनम के फेरे' तथा जादुई फ़िल्में 'हातिमताई', 'अरब का सौदागर', 'बसरे की हूर', 'बगदाद का जादू', 'गुल-ए-बकावली', 'खुल जा सिमसिम', 'लाल ए चमन' तथा अन्य फ़िल्में 'चंगेज खाँ', 'अमरसिंह राठौर', 'मुमताज महल', 'मेरा सलाम', 'परदेशी', 'राजहठ', 'सिपहसलार', 'आगरा रोड', 'अपराधी कौन', 'बेगुनाह', 'क़ाफी हाउस', 'दिलेर डाकू', 'नौ दो ग्यारह', 'कैदी', 'शेख', सिल्वर किंग', 'उस्ताद' आदि फ़िल्में आयी।

सांस्कृतिक आदान-प्रदान को दृष्टि में रखते हुए भारत के कुछ निर्माता, निर्देशकों ने भारतीय फ़िल्म के कलेवर को एक नया रूप प्रदान करने के लिए विदेशी और भारतीय कलाकारों की संयुक्त फ़िल्म बनाने पर बल दिया। 'परदेशी' फ़िल्म इसी का एक प्रमाण है, इसमें रूसी कलाकारों व शिल्पियों तथा भारतीय कलाकारों को लेकर एक मिलाजुला रूप प्रस्तुत किया गया है। यह सिनेमा-जगत के विकास में एक कड़ी है जिसका श्रेय ख़्वाजा अहमद अब्बास को है। इस फ़िल्म का नायक रूसी तथा नायिका भारतीय थीं, इस फ़िल्म के नयेपन को देखकर भारतीय दर्शकों में भी रूस के प्रति प्रेम-भाव जागृत हुआ। इसके बाद भारत में देश-विदेश की संस्कृति से भारतीय जनता को अवगत कराने की दृष्टि से भारत सरकार ने सांस्कृतिक आदान-प्रदान योजना को एक स्थाई स्वरूप दे दिया जिसके फलस्वरूप आज भी भारत के कई कलाकार विदेश जाते हैं और विदेशी कलाकार भारत आते हैं। यद्यपि इस प्रकार की भावनाओं को जागृत करने में राज कपूर की फ़िल्मों 'आवारा' तथा 'श्री 420' को श्रेय है। यह फ़िल्में रूस में क़ाफी लोकप्रिय हुई और वहाँ के लोगों में, विशेष तौर पर कलाकारों में भारतीय फ़िल्मों के प्रति आकर्षण, लगाव, मैत्री की इच्छा और भारतीय फ़िल्मों में काम करने की जिज्ञासा को जागृत किया। इसका गीत—'ये हिन्दुस्तान है प्यारे' भी बहुत प्रसिद्ध हुआ।

'मुसाफ़िर' फ़िल्म को भी प्रयोगवादी फ़िल्म कहा गया, इस फ़िल्म के कुछ गीत अच्छे थे परन्तु इससे भी बढ़कर फ़िल्म 'हातिमताई' का गीत 'परवर दिगारे आलम', 'चंगेज खाँ' का 'मुहब्बत मर नहीं सकती', 'राजहठ' का 'ये वादा करो चाँद के सामने' तथा 'जनम जनम के फेरे' का 'जरा सामने तो आ ओ छलिये' क़ाफी प्रचलित हुए।

गीत और संगीत

संगीत की सुमधुर लहरों से आच्छादित 1958 का वर्ष फ़िल्म जगत के इतिहास में माधुर्य युग कहा जाए तो अतिशयोक्ति न होगी। किसी शहर में 'यहूदी' का 'ये मेरा दीवानापन है' तो किसी में अदालत का गीत—'यूँ हसरतों के दाग मुहब्बत में धो लिए' तथा 'उनको ये शिकायत है कि हम कुछ नहीं कहते' और कहीं पर 'काला पानी' का गीत 'हम बेखुदी में तुमको पुकारे चले गये' तथा 'नज़र लागी राजा तोरे बंगले पर' तो किसी जगह 'साधना' का 'औरत ने जन्म दिया मर्दों को' और कहीं पर फागुन का गीत 'एक परदेशी मेरा दिल ले गया' तथा 'तुम रूठ के न जाना' और कहीं पर मधुमती का गीत 'आजा रे परदेशी',

'सुहाना सफर और ये मौसम हंसी', 'जुल्मी संग आंख लड़ी' तथा 'टूटे हुए ख्वाबों में' तो कहीं पर परवरिश का 'आँसू भरी हैं ये जीवन की राहें', तथा 'मस्ती भरी है समा' तो कहीं फिर सुबह होगी के गीत 'वो सुबह कभी तो आयेगी' तथा 'आसमा पे है ख़ुदा और जमीं पर हम', 'जेलर' का सोने की चिड़िया का 'रात भर का है मेहमां अन्धेरा', 'स्वर्ण सुन्दरी' का 'मुझे ना बुला छुपछुप छलिया रे', 'लाईट हाउस' का 'किस जगह जायें किसको समझायें' और 'तलाक' फ़िल्म के 'बिगुल बज रहा है आजादी का' तथा 'हर घर को तुम स्वर्ग बनाना' आदि गीतों का बजना इस वर्ष को माधुर्य युग कहे जाने की पुष्टि करते हैं।

इन फ़िल्मों के अतिरिक्त निम्नलिखित अन्य फ़िल्मों ने भी इस वर्ष को माधुर्य युग कहलाने में सहयोग प्रदान किया है। 'नागचम्पा', 'राम लक्ष्मण', 'राम लक्ष्मण विभीषण', 'भक्त गोपाल भैया', 'साखी गोपाल', 'दुर्गामाता', 'हरिश्चन्द्र', 'तीर्थयात्रा', 'समुन्दर', 'अलादीन का चिराग', 'पति परमेश्वर', 'साधना', 'फागुन' आदि।

इस दौर में अपराध कथाओं पर भी आधारित फ़िल्में बनीं। जिनका उदाहरण है फ़िल्म 'कानून'। इस फ़िल्म में अशोक कुमार द्वारा जो एडवोकेसी की गयी है वह अपराध जगत और सनसनी खेज़ पूर्ण विवादों के वकीलों के लिए एक सही मार्ग दर्शन है। शैली की दृष्टि से भी इस गति विहीन फ़िल्म में नयापन था, समूची कथा न्याय और न्यायालय के बीच में ही घूमती रहती है। दूसरी अपराध जगत की अन्य फ़िल्मों में 'जाली नोट', 'काला बाजार' आदि का नाम उल्लेखनीय है। काला बाजार फ़िल्म स्वयं इस बात का सबूत थी कि इस फ़िल्म के तीस साल से पूर्व से लेकर अब तक दर्शकों का सिनेमा की ओर झुकाव कितना बढ़ गया। यहाँ तक कि फ़िल्म देखना और वह भी प्रथम दिन चाहे टिकट ब्लैक में क्यूँ न खरीदना पड़े। दर्शकों में स्वयं ही ब्लैक मार्केटिंग की प्रवृत्ति बढ़ी। देवानन्द ने फ़िल्मों के टिकट ब्लैक में बेच-बेच कर लखपति बनने का गुण लोगों को सिखाया। कुछ भी हो तीस साल के लम्बे अर्से में दर्शकीय रुचि में एक नया मोड़ अवश्य आया। इसी वर्ष कुछ फ़िल्में ऐसी आयी जिनमें सामाजिक प्रचलित कथानकों का ताना-बाना था, परन्तु इनमें से कई फ़िल्मों के गीत 'तेरी राहों में खड़े हैं दिल थाम के', 'मेरे टूटे हुए दिल से', 'बम्बई का बाबू' फ़िल्म का 'चल री सजनी अब क्या सोचे', 'दिल भी तेरा हम भी तेरे' का 'मुझको इस रात की तन्हाई में' ए.वी.एम. की 'भाभी' के गीत—'चल उड़ जा रे पंछी', 'चली चली रे पतंग' गुरुदत्त की 'चौदहवीं का चाँद' फ़िल्म तथा कोहिनूर के गीतों के क्रमशः 'मेरा यार बना है दूल्हा, 'बरसात की रात' फ़िल्म की कब्वाली 'ये इश्क इश्क है' ख़ूब प्रसिद्ध हुई। सामाजिक प्रभावपूर्ण कथानकों वाली दो फ़िल्में 'हीरा-मोती'

और 'अनुराधा' क्रमशः अन्तर्राष्ट्रीय एवं राष्ट्रपति पुरस्कारों से सम्मानित हुईं। इतना ही नहीं 'जिस देश में गंगा बहती है' और 'मुग़ले आज़म' ने तो अपना एक नया कीर्तिमान स्थापित किया। राज कपूर कृत 'जिस देश में गंगा बहती है' सर्वोदय भावना की ओर इंगित करती है, परन्तु अभिनय और गीत की दृष्टि से यह फ़िल्म हिट थी।

नायक राज कपूर व नायिका पद्मिनी के अभिनय तो यथार्थ की सीमा को छूते थे परन्तु डाकू राका के रूप में प्राण का अभिनय खलनायक की भूमिका होते हुए भी अद्वितीय सिद्ध हुआ। राज कपूर की फ़िल्मों की बहुत बड़ी विशेषता यह है कि प्रत्येक फ़िल्म के गीत अजर अमर होते हैं। जैसे इस फ़िल्म के 'होठों पे सच्चाई रहती है', 'बेगानी शादी में', 'ओ बसन्ती पवन पागल', 'आ अब लौट चलें', 'मेरा नाम राजू' आदि गीत उल्लेखनीय हैं। यह भी अनुभव किया गया है कि राज कपूर स्वयं को इन गीतों की आत्मा में उतार लेते हैं। इस वर्ष की एक अन्य बेहतरीन फ़िल्म 'मुग़ले आज़म' थी जो बहुत बड़ी लागत (सवा करोड़) से निर्मित हुई। कहा जाता है कि इस फ़िल्म के बनाने से पूर्व शीश महल का एक विशाल सेट तैयार किया गया जो फ़िल्माये जाने के बाद क़ाफी समय तक दर्शकों के लिए रखा गया। यह भी जनश्रुति है कि हिन्दुस्तान के निर्माता मुस्लिम संस्कृति की फ़िल्में जितनी बेहतरीन बनाते हैं, उतनी मुस्लिम मुल्क भी नहीं बनाते। मुग़ले आज़म उसी का एक नमूना है। कहा जाता है कि इस फ़िल्म के निर्माण में लगभग 14 वर्ष लगे। भारतीय निर्माताओं और निर्देशकों का कौशल और धैर्य भी विचारणीय विषय है कि 14 वर्ष के लम्बे अर्से के बाद भी कितनी कठिनाइयों से गुजर कर यह फ़िल्म बनाई गयी, जिसके लिए निर्माता निर्देशक के. आसिफ बधाई के पात्र हैं। तकनीकी पक्ष की दृष्टि से शीश महल में दिखाया गया नृत्य शीशे के सभी टुकड़ों में होता हुआ दिखाया था अर्थात् नृत्य का प्रतिबिम्बित रूप काबिले तारीफ था। इसी प्रकार युद्धभूमि में विशाल सेना का युद्ध प्रदर्शन भी भगीरथ कार्य कहा जाये तो अतिशयोक्ति नहीं होगी। इसका श्रेय निर्देशक व सिनेमेटोग्राफर दोनों को है। इसमें मधुबाला का अभिनय अच्छा, दिलीप का अभिनय ठीक और पृथ्वीराज का अभिनय श्रेष्ठ था। इतना ही कह देना क़ाफी होगा कि यदि इस फ़िल्म में से पृथ्वीराज कपूर को हटा दिया जाता तो सम्भव है कि इसे इतनी प्रशंसा नहीं मिलती। पृथ्वीराज का अभिनय श्रेष्ठ था। पृथ्वीराज कपूर अपने व्यक्तित्व, भारी आवाज और अभिनय दक्षता से साक्षात अकबर लग रहे थे। उन्हें देखकर अकबर के व्यक्तित्व का आभास होने लगा था। इस फ़िल्म के संवाद उन दिनों क़ाफी प्रचलित हुए जिनमें एक तो यदा कदा लोगों की जुबाँ पर सुना जाता है–

'अनारकली हम तुम्हें जीने नहीं देंगे और सलीम तुम्हें मरने नहीं देगा' वेशभूषा तो पात्रानुकूल थी ही परन्तु गाने बेहद अच्छे थे, जिनमें—

मोहब्बत की झूठी कहानी पे रोये...
बेबस पर करम कीजिए...
जब प्यार किया तो डरना क्या...
मोहे पनघट पे नन्दलाल...
तेरी महफिल में क़िस्मत...।

पृथ्वीराज कपूर के अनुसार उनके जीवन में उनकी सर्वश्रेष्ठ भूमिका जो स्वयं उन्हें बहुत पसन्द आयी थी वह मुग़ले आज़म में शहंशाह अकबर की भूमिका थी। उस स्मृति को चिरस्थायी बनाने के लिए उसी वेशभूषा में खींची गयी पूरी तस्वीर को फ्रेम करवा कर अपने पृथ्वी झोपड़े में रखा था। ऐसी आशा की जाती है कि यह फ़िल्म हर नये प्रिंट के रूप में आकर युग युगों तक प्रभावशाली बनी रहेगी। चाहे वह देश में चले या विदेशों में यही इस युग का सौन्दर्य था। इस वर्ष 320 फ़िल्में बनीं जो एक नया रिकार्ड था। इस प्रकार भारत ने विश्व फ़िल्म निर्माण प्रतिस्पर्धा में द्वितीय स्थान बना लिया।

नया सिनेमा के प्रवर्तकों में भी सिनेमा के रूप और उद्देश्य को लेकर मतभेद है। कुछ लोगों ने इस मतभेद को ख़ूब उछालने का प्रयत्न किया है। परन्तु स्वाधीन चिन्तन के क्षेत्र में मतभेद होना स्वाभाविक है। मतभेद के बावजूद उनमें सिनेमा की अवधारणा सम्बन्धी आन्तरिक एकता है, जो नया-सिनेमा की सबसे बड़ी शक्ति है।

एक बड़ी कठिनाई इन फ़िल्मों के प्रदर्शन की है। वितरण की व्यवस्था पर फ़िल्म व्यवसायियों का एकाधिकार होने के कारण अनेक प्रायोगिक और नया सिनेमा के केटेगरी में आने वाली फ़िल्में अभी तक प्रदर्शित ही नहीं हो सकी है। यह सचमुच एक चिन्ताजनक स्थिति है।

यद्यपि सन् 1969 से ही नव सिनेमा चर्चा का विषय बना हुआ है, फिर भी अब तक प्रदर्शित हिन्दी फ़िल्मों में नव-सिनेमावादी फ़िल्मों की संख्या दाल में नमक के बराबर है। इस युग में जहाँ एक ओर 'बॉबी' जैसी रोमांटिक फ़िल्मों को भारी सफलता मिली है, वहीं 'सन्तोषी माता' जैसी पौराणिक फ़िल्मों ने रिकॉर्ड तोड़े हैं। यदि एक ओर समस्याओं के नाम पर धन जुटाने वाली फ़िल्म 'रोटी कपड़ा और मकान' है, तो वहीं दूसरी ओर मार-धाड़ और दहशत वाली फ़िल्म 'शोले' है, जिसने दोनों हाथों से पैसे बटोरे हैं। इन सबके बीच नया-सिनेमा की पतली ही सही पर शीतल जलधारा का प्रवाहित होना शुभ लक्षण है।

The book is a film that takes place in the mind of the reader. That's why we go to movies and say, 'Oh, the book is better.'

– ***Paulo Coelho,*** *Novelist*

अध्याय-3

सिनेमा और साहित्य

औसत साहित्य-समीक्षक की दृष्टि में फ़िल्म उपन्यासों, कहानियों और नाटकों को मनोरंजक रूप में प्रस्तुत करने का साधन है, या अधिक से अधिक साहित्य के दृश्य पक्ष का किंचित् विस्तार है। वह नाटकों और उपन्यासों के उन फ़िल्मी रूपान्तरों से बहुत प्रसन्न होता है, जिसमें मूल रचना को कैमरे के माध्यम से यथावत् फ़िल्मांकित किया गया हो। उसकी दृष्टि में रूपान्तरित नाटक या उपन्यास ही अच्छी फ़िल्म हो सकते हैं। वह इस तथ्य से अनभिज्ञ है कि गत पचास वर्षों में फ़िल्म ने एक स्वतन्त्र कला-विधा के रूप में अपने का स्थापित कर लिया है, जिसका निजी सौन्दर्यशास्त्रीय आधार है। आज अन्तर्राष्ट्रीय स्तर पर ऐसी अनेक श्रेष्ठ फ़िल्में उपलब्ध हैं, जिन्हें महान कला सृष्टि की संज्ञा दी जा सकती है, जो किसी भी उच्चस्तर की कलाकृति से कम नहीं है, और पहले से प्रतिष्ठित कलाओं के मुकाबले उन कृतियों का रसास्वादन, अध्ययन और विश्लेषण समान स्तर पर किया जा सकता है। इन श्रेष्ठ फ़िल्म कला-कृतियों के सृष्टा के रूप में ग्रिफिथ, आइज़नस्टाइन, पुडोवकिन, दोव्ज़ेन्को, फ्लैहर्टी, ड्रेयर, रेनॉय, चैपलिन, जॉनफोर्ड, बर्गमन, डी सिका, फेलिनी, ऐन्तोनियोनी, मिजोगुची, कुरोसावा, त्रुफो, गोदार और सत्यजित राय आदि सुप्रसिद्ध फ़िल्मकारों की उपलब्धि, ख्याति और महत्त्व अपने समकालीन साहित्यिक लेखक बन्धुओं से किसी प्रकार भी कम नही है। विभिन्न देशों और कई पीढ़ियों के इन फ़िल्मकारों ने फ़िल्म को कलात्मक ऊँचाइयों तक पहुँचाने में महत्त्वपूर्ण योगदान किया। फ़िल्म समीक्षा के क्षेत्र में सिद्धान्त स्थापन और सौन्दर्यशास्त्रीय निरूपण की दृष्टि से पुडोवक्रिन, आइज़नस्टाइन, बेला बालाज़, अर्नेस्ट लिन्ग्रेन, सिगफ्रायड क्राशर आदि के नाम उल्लेखनीय हैं। व्यावहारिक फ़िल्म समीक्षा का स्तर भी साप्ताहिक, पाक्षिक या मासिक पत्रों में

फ़िल्म सम्बन्धी परिचयात्मक या प्रचारात्मक लेखन से ऊपर उठकर सैद्धान्तिक और सर्वमान्य आधार की ओर प्रवृत्त हो रहा है। शिक्षाशास्त्रियों का भी ध्यान फ़िल्म की ओर आकृष्ट हुआ कि क्यों न विद्यालयों और विश्वविद्यालयों में साहित्य, संगीत, चित्रकला आदि के साथ ही सिनेमा का भी एक पाठ्यक्रम हो। कलात्मक फ़िल्मों के प्रचार एवं प्रसार में फ़िल्म सोसाइटी आन्दोलन का योगदान बहुत ही महत्त्वपूर्ण है। ये सोसायटियाँ विभिन्न देशों की श्रेष्ठ फ़िल्मों का आयात कर उनका प्रदर्शन करती हैं और सदस्यों के बीच उनके गुण-दोषों की विवेचना करती हैं। स्तरीय कला-पारखी सिने-दर्शकों को तैयार करने में फ़िल्म सोसाइटी की भूमिका बहुत महत्त्वपूर्ण है। विश्व स्तर के श्रेष्ठ फ़िल्मकार सत्यजित राय फ़िल्म सोसाइटी की ही देन हैं। भारत सरकार द्वारा पुणे में 1960 में स्थापित 'फ़िल्म और टेलीविज़न' संस्थान ने सर्वप्रथम इस दिशा में पहल की। फ़िल्म 'आर्काइव ऑफ़ इंडिया' के साथ मिलकर फ़िल्म एप्रेसियेशन कोर्स से दर्शको में भारतीय ही नहीं अपितु विश्व सिनेमा के प्रति जानकारी समृद्ध हुई है।

फ़िल्म की भाषा

शाब्दिक भाषा की भाँति फ़िल्म की भी एक भाषा है। यद्यपि व्यापक अर्थ में भाषा शब्द का प्रयोग सम्प्रेषण के सन्दर्भ में चित्रकला और वास्तु कला के लिए भी हो सकता है, किन्तु फ़िल्म की आख्यानपरक प्रवृत्ति के कारण फ़िल्म की भाषा का निर्माण 20वीं सदी के दूसरे दशक में ही हो गया था। भाषा में शब्दावली, व्याकरण और वाक्य रचना होती है। शब्दावली में वस्तु और भाव का प्रतिनिधित्व करने वाले शब्द होते हैं, जबकि व्याकरण और वाक्य रचना के द्वारा शब्द-योजना की जाती है। फ़िल्म की शब्दावली का निर्माण छायांकित बिम्बों से होता है, जबकि फ़िल्म का व्याकरण और वाक्य रचना एडिटिंग, कटिंग और मोंटाज की प्रक्रिया है, जिसके द्वारा शॉट योजना की जाती है। शब्द की तरह प्रत्येक शॉट का स्वतन्त्र अर्थ होता है। परन्तु निश्चित क्रम में रखने से वे उसी प्रकार अर्थ देते हैं, जैसे एक मुहावरा। फ़िल्म की शब्दावली विशाल और असीम है। प्रारम्भ में ही उसकी समस्या शाब्दिक भाषा के सदृश फ़िल्म व्याकरण के निर्माण की रही है। कैमरे के प्रयोग के आधार पर कुछ नियम बनाये गये।

ध्वनि के आगमन से फ़िल्म की भाषा अधिक संश्लिष्ट हो गयी। ध्वनि के पूर्व शॉट फ़िल्म की आधारभूत इकाई थी। एकाकी-शॉट शब्द का समानार्थी था और सम्पादन की प्रक्रिया फ़िल्म व्याकरण का आधार भी थी। ध्वनि के आगमन से फ़िल्म

की शब्दावली पूरी हो गयी और अब एकाकी शॉट और एकाकी ध्वनि दोनों फ़िल्म शब्दावली का आधार बने। ध्वनि ने फ़िल्म की आधारभूत शब्दावली का संवर्द्धन किया और फ़िल्म के व्याकरण को भी विस्तृत और विविधतापूर्ण बनाया। क्रियाओं के प्रयोग के सन्दर्भ में इसे भली प्रकार समझा जा सकता है। क्रियाओं का अधिक प्रयोग गद्य को प्रभावशाली बनाता है। नया लेखक विशेषणों के अधिक प्रयोग द्वारा गद्य को संवर्द्धित करना चाहता है। परन्तु गद्य में शक्ति और गतिशीलता क्रियाओं के प्रयोग से आती है। शक्ति और गतिशीलता के लिए फ़िल्म प्रारम्भ से ही प्रयत्नशील रही है। गतिशील वस्तुओं का चित्रांकन फ़िल्म का सहज गुण है। सिनेमा गतिशीलता का माध्यम कहा जाता है। सिनेमा में गतिशीलता अनेक रूपों में दिखाई देती है।

(1) कैमरे के सम्मुख गतिशील वस्तुओं के कारण
(2) स्थिर वस्तुओं के सामने कैमरे के गतिशील होने के कारण
(3) सम्पादन के द्वारा विभिन्न स्थिर शॉटों के संयोजन द्वारा गतिशीलता पैदा की जा सकती है। (हिचकॉक इस कला का विशेषज्ञ है। धूप से चमकती रेल की पटरियाँ, प्रतीक्षा करते लोग, रेलवे घड़ी, खाली सड़कें और सिपाही का चेहरा कुछ भी गतिशील नहीं है, परन्तु इनका संयोजन गतिशीलता उत्पन्न करता है।)
(4) शब्दों, संवादों और ध्वनि के द्वारा भी गतिशीलता उत्पन्न की जा सकती है। यह गतिशीलता सिनेमा की मौलिक विशेषता है।

बिम्ब के रूप में ही शब्दों की रचना हुई है, चाहे वे वस्तुवादी हों या भाववादी। फ़िल्म शब्दावली वस्तुतः बिम्बों का भण्डार है। क्योंकि भाषा स्वभाव से ही बिम्ब या प्रतीक निर्मात्री प्रक्रिया है। अतः भाषा सर्वदा ही इनके प्रभावशाली एवं चेतन, प्रयोग में समर्थ रही है। इस विषय पर पर्याप्त लिखा गया है। यदि हम फ़िल्म को यथार्थ का मात्र खण्डित अंकन न मानकर उसे यथार्थ के प्रतिरूप या बिम्ब रूप में ग्रहण करें, तो देखेंगे कि फ़िल्म में भी बिम्ब-विधान के चेतन प्रयोग की सम्भावना का क्षेत्र उतना ही व्यापक है। फ़िल्म के बिम्ब-विधान की तुलना सामान्य रूप से साहित्यिक बिम्ब-विधान से की जा सकती है। किन्तु अब फ़िल्म के बिम्ब-विधान का स्वरूप बदल रहा है। नयी सम्पादन तकनीक से उसकी शक्ति में वृद्धि हो रही है। बिम्ब-विधान का प्रयोग जीवन्तता और महत्त्व स्थापना के लिए किया जाता है। साहित्य के सम्मुख महत्त्वपूर्ग और दृश्य रूप देने की और फ़िल्म के सम्मुख दृश्य रूप को महत्त्वपूर्ण बनाने की समस्या रही है।

पुडोवूकिन ने अपनी फ़िल्म 'द मदर' में एक युवक के जेल से छूटने की घटना को प्रभावशाली बनाने के लिए बिम्ब-विधान का प्रयोग किया है।

फ़िल्म की श्वेत-श्याम और रंगीन फोटोग्राफी के गुण-दोषों पर काफी चर्चा हुई है। समीक्षकों का विचार है कि रंगीन चित्रों से सिनेमा की शक्ति का ह्रास ही हुआ है। रंगीन फ़िल्म के बिम्ब भौतिक जगत के यथार्थ और प्राकृतिक स्वरूप को प्रकट करते हैं, जबकि श्वेत-श्याम फ़िल्म के बिम्ब यथार्थवादी होते हुए भी यथार्थ स्वरूप को प्रकट नहीं करते। श्वेत-श्याम फ़िल्म में सारी भौतिक सृष्टि दो रंगों में सिमट जाती है। नायिका की वेणी और उसकी लिपिस्टिक के रंग में कोई अन्तर नहीं रह जाता। सुनहरे और सफेद बाल एक से लगते हैं। श्वेत-श्याम फ़िल्म में आगमन से फ़िल्म का ऐच्छिक प्रयोग का गुण क्षतिग्रस्त हुआ है। चित्रकला और फ़िल्म दो भिन्न कलाएँ हैं और अन्तर होना स्वाभाविक ही है। परन्तु फ़िल्म और फोटोग्राफ़ी में भी अन्तर है। फ़िल्म शॉट और स्थिर फोटोग्राफी में अन्तर यह है कि फ़िल्म में दर्शक भौतिक वास्तविकता को उसी के मध्य स्थित होकर देखता है। छायांकित चित्र को देखने वाला व्यक्ति दीवाल, पुस्तक या मेज पर उससे असम्पृक्त रहकर देखता है। इसके विपरीत फ़िल्म का दर्शक अँधेरे बन्द विशाल कक्ष में बैठकर रजत-पट पर फ़िल्म देखता है। परन्तु वह फ़िल्म से सम्पृक्त रहता है अर्थात् जिस रूप में फ़िल्मांकन किया गया है, उसी रूप में दर्शक फ़िल्म देखता है। यदि कैमरा नदी के बीच में रखकर फ़िल्मांकन किया गया है, तो दर्शक नदी के बीच देखता है, यदि कैमरा पहाड़ की चोटी पर रखकर फ़िल्मांकन किया गया है, तो दर्शक पहाड़ की चोटी से देखता है। इसीलिए कैमरे को दर्शक के मस्तिष्क की आँख की संज्ञा दी गयी है। उसी प्रकार माइक्रोफोन को दर्शक के मस्तिष्क का कान कहा गया है। कैमरे की विभिन्न स्थितियों में रखकर विभिन्न कोणों से फ़िल्मांकन किया जाता है। इसलिए प्रेक्षक अपने को उक्त फ़िल्मांकित कार्य व्यापार के मध्य उपस्थित अनुभव करता है। फलतः दर्शक हमेशा फ़िल्म से जुड़ा रहता है। यह फ़िल्म की अद्भुत विशेषता है, जो दिवास्वप्न का सा आनन्द देती है। इसीलिए फ़िल्म इडस्ट्री को दिवास्वप्नों की फैक्ट्री कहा जाता है।

फ़िल्म की पूर्ण दर्शनीयता पर समीक्षकों ने आपत्ति उठाई है। फ़िल्म भौतिक यथार्थ का यथावत् और पूर्ण अंकन करती है। एक ओर यह फ़िल्म की ऐसी विशेषता है जिसे दूसरी कला प्राप्त नहीं कर सकती, दूसरी ओर यह इस अर्थ में दोष भी है कि फ़िल्म सब कुछ स्वयं ही प्रत्यक्ष कर और दर्शक के लिए कुछ भी शेष न रहने देकर दर्शक की कल्पनाशक्ति को कुण्ठित करती है।

साहित्य में सार्वकालिक सत्य होने का गुण है, परन्तु यथार्थपरक भौतिक चित्र के कारण फ़िल्म काल-निबद्ध हो जाती है। फ़िल्म के लिए परिधान, वेशभूषा आदि का बड़ा महत्त्व है। अर्थात् फ़िल्म की वास्तविकता अपरिवर्तित है। फ़िल्म का यथार्थ काल-सापेक्ष और साहित्य का काल-जयी होता है।

जीवित जागृत यथार्थ फ़िल्म की सबसे बड़ी विशेषता है। फ़िल्म में अमूर्त कुछ भी नहीं है। फ़िल्म बाह्य यथार्थ का चित्रण करती है। व्यवहारवादी मनोवैज्ञानिकों की दृष्टि से तो फ़िल्म आदर्श रूप है। क्योंकि फ़िल्म जगत और मनुष्य दोनों के बाह्य स्वरूपों का चित्रण करती है। परन्तु मनुष्य के ज्ञान का विकास, स्थूल से सूक्ष्म की ओर, बाह्य से आभ्यन्तर की ओर हुआ है। साहित्य में जहाँ लेखक मानव मन की अतल गहराई में प्रविष्ट होकर चेतन-अचेतन मन की परतें उधाड़ता चला जाता है, फ़िल्म मनुष्य के बाह्य आकार से ही टकराकर रह जाती है। सर्वशक्तिमान होकर भी फ़िल्म की यह सीमा उसे साहित्य की तुलना में द्वितीय स्थान पर ही रखती है।

आधुनिक सौन्दर्यशास्त्र के निर्माण में सिनेमा और साहित्य दोनों का पर्याप्त योगदान है। सिनेमा के उदयकाल से ही फ़िल्म पर साहित्य क प्रभाव सर्वमान है। परन्तु आधुनिक साहित्य का फ़िल्म का प्रभाव भी क़ाफी गहराई तक लक्षित हो रहा है। एक ओर जहाँ फ़िल्म विधा और साहित्य-विधा में पर्याप्त समानता है, वहीं फ़िल्म-तकनीक और साहित्यिक-शिल्प में भी विशेष अन्तर नहीं है। फ़िल्म-विधा का ज्ञान जहाँ समीक्षक को श्रेष्ठ रचना में दृश्य-श्रव्य गुणों के उद्घाटन का अवसर देता है, वहीं साहित्य ज्ञान फ़िल्म-समीक्षा में गहराई और दृष्टि प्रदान करता है। मूलतः फ़िल्म और साहित्य कथा कहने की कलाएँ हैं।

फ़िल्म और साहित्य के सम्बन्ध की चर्चा बहुत पुरानी है। फ़िल्म एडीसन और उसके बाद के आविष्कारों की देन मात्र नहीं है। उसके पीछे साहित्य और सभ्यता की एक अविरल प्रवाहमान परम्परा है। यदि कोई साहित्य को कहता है कि अक्षरों और शब्दों के कारण उसका विशेष रूप निर्मित होता है, तो हमें स्वीकार करना होगा कि फ़िल्म साहित्य नहीं है। वाक् फ़िल्मों के लिए चाहें-न-चाहें, लेकिन मूक फ़िल्मों के लिए तो यह स्वीकार करना ही होगा। यदि हम साहित्य को आख्यानमूलक कला के रूप में और पाठक के मस्तिष्क मे बिम्बों और ध्वनियों के सर्जक के रूप में देखें, तो निश्चित ही फ़िल्म साहित्य के क़ाफी निकट प्रतीत होगी। फ़िल्म आख्यानमूलक कला का बहुत ही रम्य और परिवर्द्धित रूप मालूम पड़ेगी।

आख्यानपरक रूप में सिनेमा और साहित्य में क़ाफी समानता है। फ़िल्म में दृश्य पक्ष की प्रधानता होते हुए भी उसकी और साहित्य की आख्यानात्मक तकनीक में पर्याप्त साम्य है। साहित्य और सिनेमा के सम्बन्ध में अपने विचार प्रकट करते हुए हरबर्ट रीड ने कहा है–

"जो लोग पट-कथा और साहित्य में कोई सम्बन्ध नहीं रखते हैं, मेरे विचार से फ़िल्म और साहित्य दोनों के सम्बन्ध में उनकी धारणा गलत है। यदि आप मुझसे पूछें तो श्रेष्ठ लेखकों की एक मात्र विशेषता है–दृश्यात्मकता, शब्दों के माध्यम से बिम्बों को सम्प्रेषित करना, मस्तिष्क को देखने के लिए प्रेरित करना। साहित्य का कार्य मस्तिष्क के अन्तःपट पर वस्तुओं और घटनाओं के चल-चित्र प्रक्षेपित करना है। होमर से लेकर शेक्सपीयर और आधुनिक कवियों का यही प्राप्य रहा है। अच्छी फ़िल्म का भी यही लक्ष्य है।"

कुछ लोग फ़िल्म को साहित्य के अन्तर्गत रखे जाने पर आपत्ति करते हैं। ऐसे लोगों के दो वर्ग हैं। पहले वर्ग के अन्तर्गत साहित्याभिमानी वे समीक्षक हैं, जो फ़िल्म को घटिया स्तर का मनोरंजन समझते हैं। वे फ़िल्म को साहित्य में स्थान दिये जाने के प्रयत्न को साहित्य का अपमान समझते हैं। दूसरे वर्ग में वे समीक्षक हैं, जो आधुनिक साहित्यिक प्रयासों के परिप्रेक्ष्य में फ़िल्म पर आपत्ति करते हैं। एक समय था जब साहित्य के अन्तर्गत काव्य के अतिरिक्त अन्य शास्त्र भी आते थे। परन्तु बीसवीं सदी के साहित्य के अन्तर्गत केवल काव्य, नाटक और कथायें जाती हैं। पश्चिमी देशों के विश्वविद्यालयों में नाटक विभाग खुलने से साहित्य केवल काव्य तथा कथा तक ही सीमित किया जा सकता है। दूसरी ओर सृजनात्मक विधा के नाते नाटकीय फ़िल्मों की साहित्य के अन्तर्गत अध्ययन की बात जोर पकड़ रही है। साहित्य के व्यापक अर्थ के अन्तर्गत लिखित सामग्री के रूप में सिने पट-कथा भी रखी जा सकती है। इस सन्दर्भ में फ़िल्म को साहित्य की एक शाखा के रूप में स्वीकार किया जा सकता है क्योंकि कुछ फ़िल्में साहित्य के अत्यधिक निकट होती हैं।

उपन्यास, नाटक और कविता

साहित्य में महाकाव्य, नाटक, कविता, उपन्यास आदि साहित्य-विधाओं की अपनी विशेषताएँ और स्थान है और जिस प्रकार नाटक को कविता में और उपन्यास को महाकाव्य में परिवर्तित करना सम्भव नहीं है, उसी प्रकार फ़िल्म को भी दूसरी साहित्य विधाओं में परिवर्तित नहीं किया जा सकता है। फ़िल्मों में क़ाफी संख्या

में असफल रूपान्तर हुए हैं। नाटक, उपन्यास और कविताओं तक के रूपान्तर हुए हैं। जिस प्रकार अनुवाद मूल रचना की प्रतिच्छवि मात्र होता है, उसी प्रकार रूपान्तर भी मूलकृति के स्तर को कभी प्राप्त नहीं कर पाता। ऐसे रूपान्तर, जो मूल रचना के प्रति अधिक निष्ठावान प्रतीत होते हैं, वस्तुतः कैमरे के माध्मय से उक्त रचना का उल्था मात्र होते हैं। ये छायांकित उपन्यास, नाटक होते हैं। उन्हें फ़िल्मी उपन्यासों और फ़िल्मों नाटकों की संज्ञा दी जा सकती है, परन्तु वे अच्छी फ़िल्म नहीं होते। अच्छी फ़िल्म वही होती है, जो कथ्य को अपने माध्यम से प्रस्तुत करती है। फ़िल्म और साहित्य में दृश्य और श्रव्य का जो विभाजक अन्तर है, वह दोनों माध्यमों के उपयोग की क्षमता को सीमांकित करता है। रूसी कवि अलेक्जेंडर ब्लाक के सिनेमा के सम्बन्ध में ऐसे विचार थे–

"मैंने सिनेमा के लिए कई बार लिखना चाहा। मेरा ख्याल है कि इसके लिए नयी तकनीक आवश्यक है। मेरे विचार से फ़िल्म नाटक से भिन्न है, न वे सम्बन्धित हैं, न उनमें प्रतियोगिता है, न ही एक-दूसरे से खतरा है। सिनेमा और नाटक की चर्चा मुझे मात्र फैशन और यथार्थ से परे लगती है।"

प्रसिद्ध फ़िल्मकार एलेन ने तो स्पष्ट कहा था–"मैं उपन्यास का रूपान्तर करना पसन्द नहीं करता। मेरे विचार से लेखक ने उपन्यास में अपने को पूर्णतया अभिव्यक्त किया है। उस पर फ़िल्म बनाने का अर्थ ठण्डे खाने को दुबारा गर्माने के समान है।

साहित्य की गोद में पनपे एवं पल्लवित-पुष्पित हुए सिनेमा का इतिहास बहुत ही दिलचस्प है। प्रसिद्ध रूसी निर्देशक सर्जी आइजन्स्टाइन ने सर्वप्रथम फ़िल्मों पर चार्ल्स डिकेन्स के उपन्यासों और सुप्रसिद्ध अमरीकी फ़िल्म निर्देशक डॉ. डब्ल्यू ग्रिफिथ की फ़िल्मों की तुलना करते हुए विशेष रूप से उपन्यास के शिल्प और फ़िल्म तकनीक का अध्ययन प्रस्तुत किया।

प्रारम्भ में उपन्यास की अपेक्षा नाटक की ओर फ़िल्म का झुकाव अधिक था। बेला बालाज़ के शब्दों में "रंगमंचीय प्रदर्शन को फ़िल्म के माध्यम से प्रस्तुत करना और उसका व्यापक प्रसार करना फ़िल्म का उद्देश्य था। जब तक फ़िल्म मूक रही, नाटक का अनुकरण ठीक से नहीं हो सका। बाध्य होकर फ़िल्म को दूसरे मार्ग (चित्र कथा) पर चलना पड़ा। नाटक का पूर्ण रूपान्तरण फ़िल्म में ध्वनि के आगमन पर ही सम्भव हो सका, परन्तु तब तक फ़िल्म तकनीक बहुत आगे बढ़ चुकी थी। यद्यपि सैद्धान्तिक और व्यावहारिक स्तर पर फ़िल्म और नाटक में अन्तर है, फिर भी फ़िल्म ने नाटक से काफी कुछ लिया और एक ऐसी दृश्य

विधा को जन्म दिया, जो नाटककारों के लिए कल्पना का विषय थी। 19वीं सदी में जब कि नाटक का ह्रास हो रहा था, रंगमंचीय नाटक दृश्यों की रमणीयता के कारण अधिकाधिक ग्राह्य होने लगा। 19वीं सदी के अनेक कवियों–शेली, कीट्स कालरिज आदि ने नाटक लिखे। इन नाटकों का ग्रिफिथ के माध्यम से फ़िल्मों पर प्रभाव पड़ा। सच तो यह है कि फ़िल्मों पर जितना प्रभाव इन नाटकों का पड़ा, रंगमंचीय नाटकों का नहीं। बायरन के 'मैनफ्रेड' से अर्नाल्ड के 'इमपेडोक्लिस आन ईटना' तक हम देख सकते हैं कि पाठ्य-पुस्तक के द्वारा लेखक जहाँ और जब चाहता है, क्रिया व्यापार करता है, सहज और मुक्त ढंग से दृष्टिकोण बदलता है और पाठक का ध्यान दृश्यों और सूक्ष्म विवरणों की ओर ले जाता है। टामस हार्डी के काव्य नाटक 'The Dynasts' में आख्यानपरक रूप के स्थान पर हार्डी द्वारा नाटकीय कला को वरीयता देने के तीन प्रमुख कारण हैं–

(1) शीघ्रता से स्थान परिवर्तन।
(2) ऐतिहासिक सिद्धान्तों एवं विचारों को प्रस्तुत करना।
(3) शीघ्रता से परिवर्तन होने वाले दृष्टिकोण का स्वतन्त्रतापूर्वक प्रयोग।

हार्डी का यह काव्य-नाटक फ़िल्म के दृश्य-परिवर्तन के क़ाफी निकट है। जिस प्रकार क्रेन पर कैमरा घूमता है, उसी प्रकार हार्डी का दृष्टिकोण लगातार बदलता रहता है। ग्रिफिथ की फ़िल्म 'द बर्थ ऑफ़ द नेशन' पर हार्डी के 'द डायनास्ट' का प्रयोग एवं प्रभाव स्पष्ट लक्षित होता है।

साहित्य की आधुनिक विधाओं में कविता फ़िल्म के सर्वाधिक निकट है। विशेष रूप से बिम्ब योजना और साहचर्यगत तर्क शृंखला जैसे शिल्पगत प्रयोग कविता और फ़िल्म दोनों में समान रूप से देखे जा सकते हैं। हम आधुनिक कविता की चर्चा 19वीं सदी से प्रारम्भ करने के अभ्यस्त हैं। इस युग की कविता में भी आधुनिक फ़िल्म कला के कुछ मन्त्र खोजे जा सकते हैं। वाल्ट ह्विटमैन की महत्त्वपूर्ण उपलब्धियों का प्रयोग समान रूप से आधुनिक कविता और फ़िल्म विधा पर पड़ा है। ह्विटमैन ने तत्कालीन काव्य रूढ़ियों के खिलाफ विद्रोह किया। उसने निश्चित, तुकान्त और व्यवस्थित छन्द रचना के विपरीत छन्द के बन्धन से मुक्त अतुकान्त कविता को प्रतिष्ठित किया। उसने कविता के अर्थ की अपेक्षा प्रभाव पर अधिक जोर दिया। हिट्मैन का इस मुक्त कविता का प्रभाव यदि एक ओर एजरा पाउन्ड और डब्ल्यू.सी. विलियम्स आदि कवियों पर है, तो दूसरी ओर डी.डब्ल्यू. ग्रिफिथ जैसे निर्देशकों पर भी। हिट्मैन तर्क के स्थान पर समानान्तर कथन के अगणित प्रकारों द्वारा सम्पन्न हुआ। हिट्मैन ने बिम्बों को इस प्रकार

संयोजित किया कि उनकी स्वतः तर्क शृंखला निर्मित हो सके। वृत्तचित्रों में जिस प्रकार की विविधता और विवरण होता है, वही बात हिट्मैन की रचना में दिखाई देती है। हिट्मैन के अनुसार कवि वस्तुओं का सर्जक नहीं है, वह द्रष्टा भी नहीं है, न वह तार्किक है और न ही वाक्वीर और न ही शिक्षक। सहज स्वीकृति का भाव लिए वह केवल वस्तुओं का साक्षी है। चित्रात्मक कविता जिसका सर्वोत्तम विकास बिम्बवादियों द्वारा हुआ और फ़िल्म पर जिसका प्रभाव पड़ा, हिट्मैन की कविता में उसे लक्षित किया जा सकता है।

19वीं सदी के अन्त तक कविता अन्तर्मुखी एवं स्वानुभूतिपरक हो चुकी थी, जो निश्चय ही पूर्ववर्ती विषय प्रधान कविता से श्रेष्ठतर थी। रिम्बाड ने ऐसी विविधतापूर्ण बिम्ब रचना की, जिसे मस्तिष्क की दशा विशेष के बिम्ब कहा जा सकता है और जिन्हें भली प्रकार व्याख्यायित नहीं किया जा सकता है। यह कोई नयी बात नहीं थी। कॉलीरज के क्रिस्टावेल और शेक्सपीयर के गीतों में भी यह बात मिल सकती है। रिम्बाड की तकनीक का उपयोग फ़िल्मों में ज्यों का त्यों आधुनिक फ़िल्मकारों ने किया है। राबर्ट ब्राउनिंग के नाटकीय-स्वगत ब्राउनिंग की दृष्टि से तिर्यक कोण और सामान्यतया उपेक्षित विवरण के प्रति उसके आकर्षण को प्रकट करते हैं। ब्राउनिंग की पद्धति फ़िल्म की भाषा के अनुसार साउंड ट्रैक पर निर्भर करते हैं। उसकी रचना में ध्वनि, चित्र के समानान्तर नहीं चलती बल्कि पूरक होती है। वह व्याख्या करती है, जिसके कथ्य में गहराई और उत्कृष्टता आती है। टी.एस. इलियट ने भी ब्राउनिंग की तरह दृश्य और ध्वनि का चित्र के पूरक के रूप में प्रयोग किया, फ़िल्म में भी वही किया गया। उदाहरणार्थ, दरवाजा बन्द होने की बात दृश्य द्वारा न दिखाकर 'खटाक' ध्वनि द्वारा पूरी कर ली गयी।

19वीं सदी के अन्तिम दशक के कवि जी.एम. हाकिंस, जिनकी रचनाओं का प्रकाशन 1918 में हुआ, के विश्व के प्रति यथार्थपरक दृष्टिकोण और वाक्यों के प्रयोग सम्बन्धी वस्तुओं को विशिष्टता प्रदान करने वाले दृष्टिकोण की तुलना आग्ने वार्दा की फ़िल्म 'क्लियो फ्रॉम 5 टू 7' से की जाती है, जिसमें पेरिस की भव्य फोटोग्राफी है। फ़िल्म में लगता है मानो प्रत्येक पत्थर, वृक्ष, खिड़की, सीढ़ियों आदि का स्वतन्त्र अस्तित्व और व्यक्तित्व है। हाकिन्स की शब्द-योजना और वाक्य विन्यास की तुलना त्रुफो या लेलाउच के फ़िल्म सम्पादन से की जा सकती है।

आधुनिक कविता और फ़िल्म का वास्तविक सम्बन्ध वस्तुतः 1910-20 में बिम्बवादियों की रचनाओं से हुआ। प्राच्य विद्या विशेषज्ञ अर्नेस्ट फेनोलोसा के अनुसार चीनी भाषा में शब्दों का निर्माण चित्रात्मक हुआ है। इससे चित्र लेखन

का विचार विकसित हुआ, जिसे भाव-चित्र कहते हैं। पाउन्ड, जिसकी चित्रलेखन शास्त्र में अभिरुचि थी, इसके प्रति काफ़ी आकृष्ट था। बीसवीं सदी की कविता पर पाउन्ड और फेनोलोसा के इस विचार का काफ़ी प्रभाव है। फेनोलोसा चित्रभाषा की सम्प्रेषण सम्भावनाओं के प्रति इतना आश्वस्त था कि उसने वाक्य रचना के सिद्धान्त को ही चुनौती दे डाली। पाउन्ड ने फेनोलोसा के कार्य को 'समस्त सौन्दर्यशास्त्र के मूलाधार का अध्ययन' की संज्ञा दी। विशेषणों का ग्रहण या त्याग, गद्य भाषा के प्रति उदासीनता या विद्रोह, जो भी रहा हो, हमें यह स्वीकार करना होगा कि नयी कविता शब्दों की चित्रात्मक शक्ति को खोजने और उसका उपयोग करने का प्रयत्न कर रही थी। 1920 तक फ़िल्म और साहित्य भली-भाँति सम्पृक्त हो चुके थे। 1920 के बाद का इतिहास फ़िल्म पर साहित्य के और व्यापक एवं प्रगाढ़ प्रभाव का युग है। ध्वनि के आगमन से फ़िल्म एक बार तो फ़िल्म थियेटर हो गयी। परन्तु ज्यों ही फ़िल्मकार ने विजुअल शॉट की तरह साउन्ड शॉट के उपयोग को जाना, फ़िल्म की शक्ति का नया द्वार खुला और फ़िल्म ने शब्द और बिम्ब के संयोजन द्वारा अधिक प्रभाव वृद्धि की क्षमता प्राप्त कर ली।

फ़िल्म पर साहित्य के प्रभाव के सन्दर्भ में ध्यान देने योग्य है कि अनेक बड़े लेखकों ने फ़िल्म के लिए लिखा है, यथा Faulkner, DyLan Thomas, James Agee, Jean Paul Sartre, Isherwood, Malcohm आदि। परन्तु कुछ अपवादों को छोड़कर शायद ही इन लेखकों द्वारा फ़िल्म-विधा या फ़िल्म तकनीक पर कोई प्रभाव पड़ा हो। अधिकांश लेखक पैसे के लिए हॉलीवुड गये और उसमें से कोई भी फ़िल्म के व्यावसायिक ढाँचे को बदलने में समर्थ नहीं हुआ।

इधर न्यू फ्रेन्च सिनेमा के उदय के साथ आस्ट्रिक, एजेन्स वर्दा, और मार्कर आदि ने साहित्यिक विचारों और तत्सम्बन्धी बातों को विशेष महत्त्व दिया। फ्रांस ने हमेशा साहित्यिक अभिरूचि के निर्देशक, यथा रेन क्लेयर आदि दिये हैं। परन्तु नये फ्रेंच सिनेमा और इसके वक्तव्यों में साहित्यिक आग्रह अत्यधिक है। बिम्ब का महत्त्व सीमित है। सिनेमा लिखने का माध्यम बनने और लिखित साहित्य की तरह लचीला एवं व्यापक बनने के लिए निश्चय ही दृश्य, बिम्ब, आख्यायिका और स्थूल के बन्धन से अपने को मुक्त कर लेगा। फ़िल्म केवल साहित्य में ही प्रयुक्त होने वाले विचारों, उपादानों और युक्तियों का उपयोग अपने लिए करती आयी है, जिसे साहित्य और फ़िल्म के सादृश्य द्वारा दिखलाया जा सकता है। अब देखना है कि समान भूमि पर स्थित साहित्य और फ़िल्म के किस प्रकार भिन्न माध्यमों से अपने समान अनुभवों की अभिव्यक्ति करते हैं।

एक साहित्यिक रचना पाठक की कल्पना और मनन-शक्तियों द्वारा काम करती है और शब्दों का संकेत लेकर वह कथानक और पात्रों को अपनी तरह पुनः रचता है : यह पुनर्रचना जहाँ शब्दों की सांकेकिकता को अधिक मूर्त रूप देती है वहाँ शब्दों के अभिप्राय को सीमित भी करती है—स्थान विशेष, वस्तु विशेष और अभिनेता विशेष की ठोस अनिश्चितता में। सिनेमा की अपेक्षा नाटकों की प्रस्तुति नें यह स्थूलीकरण और भी ज़्यादा होता है।

—**कुँवर नारायण,** *कवि और सिनेमा चिन्तक*

अध्याय-4

नाटक बनाम सिनेमा

नाटक साहित्य की दृश्य विधा है और सिनेमा मूलतः दृश्यकला। साहित्य के व्यापक अर्थ में यदि सिनेमा को साहित्य की एक विधा के रूप में स्वीकार करने का आग्रह करें, तो हम उसे भी दृश्य-विधा कह सकते हैं। परन्तु सिनेमा केवल दृश्य-विधा ही नहीं है, वह अभिव्यक्ति का स्वतन्त्र माध्यम है। फ़िल्म वैजयन्तीमाला का नृत्य, भीमसेन जोशी का गायन, पं. रविशंकर का सितार वादन, दारा सिंह और किंगकांग की कुश्ती, किसी विदेशी राजनयिक की भारत यात्रा या कोई भी घटना यथावत नाटक माध्यम नहीं है। नाटक यह कार्य नहीं कर सकता, क्योंकि नाटक माध्यम नहीं है। नाटक को फ़िल्म में रूपान्तरित किया जा सकता है। सिनेमा की मूलप्रवृत्ति विविधतापूर्ण विश्व के अंकन की हे। इसलिए वृत्तविधा सिनेमा की मूल विधा है। फ़िल्म कैमरे का उपयोग भौतिक पदार्थ को चित्रबद्ध करने के उपकरण के रूप में करती है। फ़िल्म रंगमंच के सीमित दायरे के बाहर उन्मुक्त विश्व को चित्रबद्ध करती है। नाटकीय कथानक में आबद्ध होकर सिनेमा दृश्यविधा का रूप लेता है, अन्यथा उसका स्वरूप वृत्तात्मक होता है। फ़िल्म के जन्मदाताओं ल्यूमियर ओर मेलिये के कुछ मिनटों वाले लघुचित्र वृत्तात्मक हैं। अपने विकास के प्रथम चरण में ही फ़िल्म ने यह अच्छी तरह समझ लिया कि उसकी मुख्य धारा आख्यानमूलक है। फ़िल्म की वृत्तात्मक विधा के अतिरिक्त जो अवृत्तात्मक विधा विकसित हुई, यह कथा-चित्र है। कथा-चित्रों को दो श्रेणियों में रखा जाता है—नाटकीय-कथा और सिने-कथा। नाटकीय कथा का पहला उदाहरण सन् 1908 में एक फ्रेंच फ़िल्म कम्पनी फ़िल्म आर्ट द्वारा निर्मित फ़िल्म 'एसेसिनेशन ऑफ़ द डियू डी गाइज़' है। इस फ़िल्म के द्वारा सिनेमा को साहित्य के समकक्ष एक कला माध्यम के रूप में प्रस्तुत करने का प्रयत्न किया गया।

इस फ़िल्म के द्वारा निर्माता यह सिद्ध करना चाहते थे कि फ़िल्म नाटकीय या औपन्यासिक कहानियों को अपने ढंग से अपनी भाषा में प्रस्तुत करने में पूर्णतया सक्षम है। यह सर्वथा नवीन फ़िल्म पट कथा एक विद्वान ने लिखी थी। उस समय के लोकप्रिय अभिनेताओं ने इसमें अभिनय किया था और सुप्रसिद्ध समीक्षकों की उत्साहवर्द्धक समालोचनाएँ प्रमुख पत्रों में प्रकाशित हुई थीं। इस प्रकार पहली बार सिनेमा को निम्न स्तर से उठाकर साहित्य और रंगमंचीय कला के समकक्ष बैठाने का प्रयत्न किया गया। संस्कृति और सभ्यता के दावेदारों के लिए इस फ़िल्म को हेय दृष्टि से देखने का कोई आधार नहीं था। इस फ़िल्म का उद्देश्य सिनेमा को कला के रूप में स्थापित करना था। क्योंकि इस फ़िल्म के कर्ता, रंगमंच के विशेषज्ञ थे, इसलिए उन्होंने सिनेमा को नाटक के पदचिह्नों पर ही ले जाने का प्रयास किया। इस फ़िल्म की क्रियाशीलता और दृश्य-योजना ऐतिहासिक नाटकों जैसे है। प्रेक्षक के स्थान पर कैमरा रखकर इस फ़िल्म का फ़िल्मांकन किया गया है। इस फ़िल्म के दृश्य कैमरे द्वारा चित्रबद्ध होकर भी नाटक की कृत्रिमता का आभास देते हैं। नाटकीय कथा होने पर भी इसमें भिन्न माध्यमों का अन्तर स्पष्ट लक्षित होता है। डयूक के विरुद्ध षड्यन्त्र और अन्ततः उसकी हत्या की कहानी को सिनेमा के ढंग से प्रस्तुत किया गया है। नाटकीय दृश्य-योजना के स्थान पर इसमें धारावाही चित्रवत्ता है। अभिनेताओं का झुकाव भी आंगिक क्रियाओं की ओर कम और चरित्र-चित्रण के मूलभाव की ओर विशेष है। स्पष्ट है कि फ़िल्म हूबहू नाटक नहीं है। इस फ़िल्म को भारी सफलता मिली और इसके बाद तो इस ढंग की फ़िल्मों के निर्माण का द्वार ही खुल गया। नाटकों पर आधारित इस प्रकार की फ़िल्मों को प्रसिद्ध नाटकों पर आधारित एवं उच्च संस्कृतियुक्त फोटो से आदि विशेषणों से प्रचारित किया गया। फ़िल्म निर्माताओं, वितरकों और प्रदर्शकों ने अनुभव किया कि कला के नाम पर व्यवसाय की सम्भावनायें बहुत अधिक हैं। साहित्यिक कृतियों की अनुकृति या उस पर आधारित फ़िल्मों के प्रति सभ्यता एवं संस्कृति-अभिमानी उच्च-वर्ग, जो फ़िल्म को निहायत ही निम्नस्तरीय मनोरंजन समझता था, आकृष्ट हुआ। आज भी नाटकीय कथा-फ़िल्मों की परम्परा अविरल धारा के रूप में प्रवाहमान है। केवल रूपान्तर ही नहीं, सिनेमा के लिए विशेषरूप से लिखी गयी कहानियाँ भी यही आदर्श लेकर चलीं।

नाटकीय कथा-चित्रों की व्यापक सफलता और सिनेमा के मुख्यतः आख्यानमूलक विधा के रूप में प्रतिष्ठित हो जाने के फलस्वरूप विभिन्न विद्वानों और समीक्षकों ने भी सिनेमा पर ध्यान दिया। सैद्धान्तिक और सौन्दर्यशास्त्रीय आधार पर सिनेमा और नाटक की तुलनात्मक विवेचना की गयी।

इन समीक्षकों ने मुख्य रूप से यह प्रश्न उठाया कि क्या नाटक और सिनेमा दो सर्वथा भिन्न विधायें हैं? या उनके बीच कोई सामंजस्य या सम्बन्ध सूत्र है? अधिकांश समीक्षक शुद्धतावादी हैं। वे नाटक और सिनेमा की मौलिक विशेषताओं के आधार पर ही विचार करते हैं। सिनेमा की मौलिक विशेषताओं को ध्यान में रखते हुए उसके सिनेमावादी रूप के अस्तित्व की स्वीकृति और उसकी सम्प्रभुता का आग्रह अधिकांश फ़िल्म समीक्षकों में है। फ़िल्म के प्रारंभिक काल में सिनेमा के दो अनाटकीय प्रकार मिलते हैं। पहला प्रकार वृत्तात्मक है और दूसरा कल्पनात्मक। सिनेमा के इस कल्पनात्मक रूप का उद्देश्य भ्रम उत्पन्न करना है। जार्ज मेलिए इस कल्पनात्मक रूप का जनक है। फ़िल्म के माध्यम से जादू के करिश्में, काल्पनिक यात्रायें, कटे सिर, उड़ते घोड़े, बादलों के बीच से गुजरती ट्रेन आदि को रजत पट पर प्रस्तुत करने का श्रेय उसी को है। यद्यपि मेलिए कार्य-व्यापार के सम्मुख कैमरा रखकर फ़िल्मांकन करता था और कैमरे को स्थानांतरित नहीं किया था, फिर भी उसकी रचनाएँ नाटकीय नहीं हैं।

सिनेमा और नाटक का अन्तर मुख्यतया सामग्री के प्रस्तुतीकरण में देखा जा सकता है। सिग्रफ्रायड क्राशर के शब्दों में "सिनेमा कैमरे के माध्यम से भौतिक यथार्थ का उद्‌घाटन करता है।" सिनेमा यथार्थ के अंकन के लिए प्रतिबद्ध है, जबकि नाटक का आधार आदर्शवादी है। फ़िल्म समीक्षक यथार्थ जीवन के फ़िल्मांकन को कृत्रिम सज्जा के फ़िल्मांकन की अपेक्षा अधिक वास्तविक और सिनेमा को प्रकृति के अनुकूल मानते हैं। स्टूडियों का फ़िल्मांकन और वास्तविक वस्तुओं और स्थानों के फ़िल्मांकन में समीक्षकों ने स्टूडियों की सीमा से मुक्त फ़िल्मांकन को ही वरीयता दी है।

सिनेमा जनतांत्रिक युग की देन है। फ़िल्म को 'जनतांत्रिक कला' और 'जन समुदाय की कला' की संज्ञाओं से अभिहित किया गया है। पैनोपस्की और क्राशर जैसे समीक्षक चाहते हैं कि सिनेमा जनतांत्रिक कला होने की शर्त पूरी करे अर्थात् उसका स्तर जन सामान्य के स्तर के अनुकूल ही हो। सिनेमा एक ही साथ श्रेष्ठ कला और जनसाधारण की कला है, जबकि नाटक उच्च अभिरुचि वाले उच्च वर्ग की कला है।

नाटक की उम्र दो हजार वर्ष है। परन्तु न तो नाटक वृद्ध हुआ, न ही अप्रचलित हुआ, और न ही उसकी प्रतिष्ठा में कोई कमी आयी है। यान्त्रिक युग की यान्त्रिक कला उपलब्धियों—फ़िल्म और टेलीविजन के अपरिमित प्रचार, प्रसार और सहज सुलभ होने के बावजूद नाटक की लोकप्रियता कम नहीं हुई हैं

आख़िर नाटक में ऐसी क्या विशेषता है, जो उसे फ़िल्म की कड़ी प्रतियोगिता के होते हुए भी अविचल और अडिग रखे हुए हैं? इस प्रश्न का उत्तर देते हुए 'द ऐसेन्स ऑफ़ थियेटर' में हेनरी गोहियर ने लिखा है–

"नाटक का सबसे बड़ा आकर्षण अभिनेता की सशरीर उपस्थिति है। रंगमंच में एक अभिनेता को छोड़कर सब कुछ भ्रमपूर्ण एवं मिथ्या हो सकता है, जबकि सिनेमा में अभिनेता की भौतिक उपस्थिति को छोड़कर सब कुछ वास्तविक होता है।"

अभिनेता की उपस्थिति की चर्चा में यह प्रश्न उठना स्वाभाविक है कि उपस्थिति की अवधारणा क्या है? और सिनेमा में अभिनेता की उपस्थिति का स्वरूप क्या है? नाटक में उपस्थिति की अवधारणा बहुत प्राचीन है और फोटोग्राफ़ी के उदय के पूर्व की है। उपस्थिति को समय और स्थान के परिप्रेक्ष्य में पारिभाषित किया जा सकता है। किसी की उपस्थिति का तात्पर्य हमारे इन्द्रिय-बोध की सीमा में उसका होना है। ऐसा नहीं है कि सिनेमा हमें अभिनेता की उपस्थिति का बोध करा सकने में असमर्थ है। सिनेमा यह कार्य एक दर्पण के समान करता है। जिस प्रकार हम दर्पण में वास्तविकता का दर्शन करते हैं। उसी प्रकार हम पर्दे पर अभिनेता की उपस्थिति का अनुभव करते हैं। इस उपस्थिति को हम 'दर्पण वास्तविकता' की संज्ञा दे सकते हैं। पर्दे पर मृत्यु का दृश्य जितना वास्तविक और प्रभावोत्पादक होता है, नाटकों में नहीं। जहाँ तक उक्त दृश्य के इन्द्रियबोध का प्रश्न है, रजतपट का दृश्य अधिक उत्तेजनात्मक होता है।

नाटक की दूसरी प्रमुख विशेषता नाटक के आनन्द की है। नाटक और सिनेमा के आनन्द में अन्तर होता है। नाटक देखकर जो आनन्द प्राप्त होता है, वह नैतिक मूल्यों पर आधारित होता है, इसलिए फ़िल्म के सन्तुष्टि प्रदान करने वाले आनन्द की अपेक्षा अधिक सात्विक और विवारोत्तेजक होता है। नाटक से हम एक विशिष्ट चेतना लेकर लौटते हैं। दूसरी ओर, अच्छी से अच्छी फ़िल्म में भी लगता है, कि कुछ खटक रहा है। यह अन्तर अति सामान्य रंगमंचीय नाटक और उच्च स्तरीय श्रेष्ठ फ़िल्म में समान रूप से देखा जा सकता है। सन् 1937 में रोजेन क्रेन्त्ज़ ने इस समस्या का पर विचार करते हुए लिखा है–

"पर्दे के चरित्र सहज भाव से तादात्म्य का विषय होते हैं, जबकि रंगमंच के चरित्र मानसिक विरोध के विषय होते हैं। क्योंकि उनकी वास्तविक उपस्थिति उन्हें वस्तुपरक वास्तविकता प्रदान करती है। उनको काल्पनिक संसार में स्थापित करने के लिए प्रेक्षक को अपनी मानसिक शक्ति का विशेष उपयोग करना पड़ता है या यों कहें कि उनकी भौतिक वास्तविकता को अमूर्त रूप देना पड़ता है। यह अमूर्तिकरण एक बौद्धिक प्रक्रिया है, जो किसी चैतन्य व्यक्ति द्वारा ही सम्भव है।"

दूसरी ओर फ़िल्म दर्शक एक मनोवैज्ञानिक प्रक्रिया द्वारा फ़िल्म के नायक से तादात्म्य स्थापित करता है। यह फ़िल्म दर्शकों की भीड़ में सम्मिलित होकर समान प्रतिक्रिया करता है। सभी दर्शक समान रूप से एक ही संवेगात्मक प्रतिक्रिया करते हैं। उदाहरण के लिए रंगमंच और पर्दे पर नृत्यांगनाओं के समूह नृत्य को लें। पर्दे पर नृत्यांगनाएँ दर्शक की अचेतन काम-भावनाओं को सन्तुष्ट करती हैं। नृत्यांगनाओं के बीच नायक की उपस्थिति से दर्शक सन्तुष्टि का अनुभव करता है, क्योंकि इसका कारण दर्शक का नायक से तादात्म्य है। यह तादात्म्य जितना प्रगाढ़ होगा, सन्तुष्टि भी उतनी ही अधिक होगी। इसके विपरीत रंगमंच पर नृत्यांगनाएँ प्रेक्षक को प्रत्यक्ष रूप में उत्तेजित करती हैं, जैसा कि वास्तविक जीवन में घटित होता है। फलतः प्रेक्षक का नायक से तादात्म्य नहीं होता, उल्टे वह ईर्ष्या और शत्रुता का विषय बन जाता है। दूसरे शब्दों में, सिनेमा प्रेक्षक को उत्तेजनामुक्त और नाटक उत्तेजित करता है। नाटक एक चैतन्य क्रियाशील प्रेक्षक की अपेक्षा करता है, जबकि फ़िल्म एक शान्त प्रतिक्रियाहीन दर्शक की। नाट्य का आनन्द सिनेमा से ही नहीं, उपन्यास के आनन्द से भी भिन्न है। उपन्यास का पाठक भी फ़िल्म दर्शक की भाँति नायक से तादात्म्य स्थापित करता है और वैसा ही आनन्द प्राप्त करता है।

नाटक में एक ओर जहाँ दर्शक को अभिनेता की सशरीर उपस्थिति का ज्ञान रहता है, वहीं अभिनेता को भी दर्शकों की उपस्थिति का पता रहता है। नाटक में दर्शक और अभिनेता दोनों ही पक्ष जीवित और चैतन्य हैं। स्वाभाविक है कि वे परस्पर प्रभावित होते और प्रतिक्रियाएँ व्यक्त करते हैं। अपने प्रिय अभिनेता की उपस्थिति से जहाँ दर्शक आह्लादित होता है, वहीं अभिनेता दर्शकों से प्रशंसा पाकर उत्साहित होता है। सुस्त और अरसिक दर्शन जहाँ अभिनेत का मूड ख़राब करते हैं, वहीं चैतन्य और रसिक दर्शन अभिनेता का उत्साहवर्धन करते हैं। दर्शकों की अनुकूल या प्रतिकूल प्रतिक्रियाओं का अभिनेता के अभिनय पर असर पड़ता है। इसके विपरीत सिनेमा में दर्शक तो होते हैं, परन्तु पर्दे पर अभिनेता के गतिशील ही सही पर निर्जीव चित्र होते हैं। वहाँ परस्पर आदान-प्रदान की स्थिति नहीं होती। फ़िल्म अभिनय और नाटक के अभिनय में इस दृष्टि से अन्तर होता है कि नाटक का अभिनय प्रेक्षकों की नज़रों के सामने रहता है और सिनेमा का अभिनय ऐसा है, जैसे कोई व्यक्ति दर्पण के सामने अभिनय करे।

कहानी या उपन्यास का नायक मनुष्येतर कोई प्राणी हो सकता है। पशु-पक्षियों की कहानियाँ लोक-जीवन और साहित्य दोनों में प्रचलित हैं। कृश्न चन्दर की 'एक गधे की आत्मकथा' क़ाफी लोकप्रिय है। परन्तु नाटक मनुष्यों का खेल है।

बिना मनुष्य के नाटक का अस्तित्व ही सम्भव नहीं। इसके विपरीत फ़िल्म का नायक मनुष्येतर कोई प्राणी (कुत्ता या घोड़ा), कोई प्रागैतिहासिक काल का कल्पित जीवन, कल्पित यन्त्र जीव (इलेक्ट्रॉनिक उपकरणों से सुसज्जित यान्त्रिक शार्क) उड़न तश्तरी या कुछ भी हो सकता है। नाटक की तरह सिनेमा में मनुष्य की स्थिति सर्वोपरि न होकर गौण है।

नाटक की क्रियाशीलता समय और स्थान की सीमा में बद्ध है, जबकि सिनेमा के लिए ऐसा कोई बन्धन नहीं है। कैमरा मुक्त आकाश में विचरण कर सकता है। विश्व में ऐसी कोई वस्तु नहीं है, जिसे कैमरे के माध्यम से प्रस्तुत न किया जा सके। सिनेमा कैमरे द्वारा खींचे गये चित्रों को पर्दे पर प्रक्षेपित करता है। प्रेक्षागृह और छविगृह, की रचना प्रायः एक सी होती है। प्रेक्षागृह में साज-सज्जायुक्त मंच बना रहता है और सिनेमागृह में एक बड़ा पर्दा लगा रहता है। दर्शक की दृष्टि से सिनेमा या नाटक या प्रदर्शन एक निश्चित स्थान में होता है। फ़िल्म का पर्दा किसी चित्र के चौखटे के समान नहीं है। यह एक खिड़की के समान है, जिसमें एक भिन्न संसार का दृश्य दिखलाई पड़ता है। फ़िल्म का समस्त कार्य व्यापार इस खिड़की या प्रेम के माध्यम से ही दिखाई देता है। फ़िल्म निर्देशक द्वारा इच्छित दृश्य ही फ्रेम पर उभरता है, शेष पृष्ठभूमि में रहता है। यदि नायक फ्रेम के एक ओर से आकर दूसरी ओर चला जाये, तो सभी उसकी उपस्थिति का अहसास समाप्त नहीं होता। दर्शक जानता है कि यद्यपि वह फ्रेम में नहीं है, फिर भी आस-पास कहीं मौजूद है। सिनेमा की मनचाहे दृश्य दिखा सकने की क्षमता शिल्प की दृष्टि से बहुत महत्त्वपूर्ण है। अपराध चित्रों में इसका उपयोग कौतूहल बनाये रखने के लिए किया जाता है। उदाहरणार्थ—"आवाज़ होती है। नायिका को शक होता है कि बगल वाले कमरे में कोई घुस आया है। वह उठकर खिड़की तक जाती है। खिड़की खोलती है, कमरे में झाँकती है। नायिका की दृष्टि के साथ ही कैमरा कमरे का एक किनारे से दूसरे किनारे तक पर्यवेक्षण करता है। कैमरा बाथरूम के पर्दे पर रुकता है। पर्दा हिल रहा है। कैमरा पर्दे को ऊपर से नीचे तक देखता है—एक जोड़ी काला जूता झाँक रहा है।"

इस प्रकार के दृश्य हर अपराध चित्र में मिल जायेंगे। कौतूहल बनाये रखने के लिए फ़िल्म निर्देशक वास्तविक अपराधी या मुखिया को पूरे रूप में नहीं दिखलाता। या तो हम उसके जूते देखते हैं, या उसके शरीर का कोई और अंग। दृश्य वस्तु को खंण्डित कर मनचाहे रूप में दिखाने की क्षमता केवल सिनेमा में है। नाटक अभिनेता और उसके क्रियाकलाप को पूर्णता में प्रदर्शित करता है, वह सिनेमा की तरह दृश्य को खंण्डित कर नहीं दिखला सकता।

सिनेमा के यथार्थ का आधार उसकी यथावत् छायांकन करने की प्रवृत्ति है। यथार्थ का आग्रह फ़िल्म में इतना अधिक है कि काल्पनिक और चमत्कारपूर्ण बातों को भी यथार्थपरक ढंग से रखा जाता है। इसलिए सिनेमा का भ्रम नाटक के भ्रम से भिन्न होता है। नाटक प्रतीकात्मक होता है। पारंपरिक प्रतीकों से परिचित होने के कारण दर्शक अपनी कल्पना शक्ति के उपयोग द्वारा उन्हें समझ लेता है। इसके विपरीत सिनेमा की रचना का आधार बिम्ब-योजना है। ये बिम्ब यथार्थपरक होते हैं। इसलिए भ्रम उत्पन्न करने के लिए भी फ़िल्म को यथार्थ का ही सहारा लेना पड़ता है। अदृश्य व्यक्ति भी मायवी नहीं होता। उसके भी आँख पर चश्मा और उँगलियों में सिगरेट होती है। इससे यह निष्कर्ष निकाला जा सकता है कि सिनेमा भौतिक यथार्थ के प्रति प्रतिबद्ध है। और यथावत् वास्तविकता न हो, तो भी कम से कम उसमें बाह्य सत्य को होना ही चाहिए। सिनेमा में चाहे जितनी कृत्रिमता दिखाई जाये, परन्तु उसकी प्रतीति यथार्थ की होनी चाहिए। हेनरी गौहियर के अनुसार, "रंगमंच में मात्र उपस्थिति ही वास्तविक होती है, (शेष सब भ्रम हो सकता है) जबकि सिनेमा चाहे जितना वायवी या काल्पनिक हो उसक पांव धरती पर ही टिके रहते हैं।" जिन फ़िल्मों में फ़िल्म की यथार्थवादी प्रवृत्ति की उपेक्षा की जाती है; अर्थात् जिनमें कृत्रिमता होती है, वे फ़िल्में असफल होती हैं। नाटक के रूपान्तर की सबसे बड़ी समस्या रंगमंचीय दृश्य-सज्जा को एक भिन्न विश्व की खिड़की के रूप में परिवर्तन करने की है।

स्थान के उपयोग की निरन्तरता नाटक की महत्त्वपूर्ण विशेषता है, जबकि सिनेमा सम्पादन की क्रिया के कारण (जिसमें शॉट बदलते रहते हैं) स्थान का निरन्तर उपयोग नहीं कर पाता। नाटक में या तो पात्र मंच पर होते हैं, या नहीं होते। जब वे रंगमंच पर होते हैं, तो एक-दूसरे को दृष्टिगोचर होते हैं। सिनेमा में यह सम्भव नहीं है। सिनेमा की विशेषता कैमरे की स्थिति बदलना या केवल शॉट परिवर्तन करना नहीं है, इसका कार्य फ़िल्म-बिम्बों को ढंग से सजाना है। उदाहरणार्थ—जिसने केवल स्थिर कैमरे का ही प्रयोग किया, फ़िल्म-बिम्बों को जोड़ने की कला में प्रवीण था। उसने देखा कि फ़िल्म सम्पादन द्वारा वह कार्य किया जा सकता है, जो एक जादूगर कर सकता है। मेलिये का विश्वास था कि फ़िल्म के द्वारा सब कुछ दिखाया जा सकता है। उसकी फ़िल्मों में स्थान की निरन्तरता नहीं है। कैमरे के अत्यन्त यथार्थवादी उपयोग में भी स्थान की निरन्तरता का क्रम भंग होता है। काक्त्यू भी क्रम-भंग के महत्त्व को स्वीकार करते हुए कहता है—"फ़िल्म के सम्बन्ध में मेरा पहला कार्य बिम्बों को प्रवाहमान होने से रोकना है। उनको जोड़कर एक संगीत का रूप देना है।"

स्थान की निरन्तरता के अतिरिक्त नाटक और सिनेमा का अन्तर यह भी है कि नाटक तीन आयाम वाले स्थान का उपयोग करता है। समय और स्थान का उपयोग करने की नाटक की क्षमता सिनेमा की अपेक्षा कहीं अधिक श्रमसाध्य है। नाटक सिनेमा की बिम्बों को सजाने, दोहराने और अनेक रूपों में परिवर्तन करने की विशेषता की समता नहीं कर सकता।

कुछ समीक्षकों के विवार से रंगमंचीय नाटक मध्यवर्ती कला है। क्योंकि रंगमंचीय-नाटक किसी पाठ्य नाटक पर आधारित होता है, और विभिन्न नाट्य मंडलियों द्वारा वह अभिनीत हो चुका होता है, अतः उस नाटक के अनेक रूप हो सकते हैं। इसके विपरीत सिनेमा माध्यम है और सिनेमा के चरित्रों का अभिनेताओं के अतिरिक्त कोई सौन्दर्यशास्त्रीय अस्तित्व नहीं है। पैनोपस्की की दृष्टि में–

"सिनेमा और साहित्य में एक महत्त्वपूर्ण अन्तर दर्शक के दृष्टिकोण का है। रंगमंचीय नाटक में स्थान स्थिर होता है। स्थान चाहे, रंगमंचीय हो, या दर्शक की सीट, दोनों ही अपरिवर्तित और निश्चित होते हैं। जबकि सिने-दर्शक का स्थान भौतिक दृष्टि से भले ही स्थिर हो, परन्तु सौन्दर्यशास्त्रीय दृष्टि से दर्शक हमेशा गतिशील होता है। क्योंकि उसकी दृष्टि कैमरे के साथ (जो दूरी और दृष्टिकोण बदलता रहता है) घूमती रहती है।"

सूसन सोंटैग के विचार से पैनोपस्की की धारणा पुरानी पड़ती सी जा रही है। उसकी तुलना का आधार साहित्यिक रंगमंच और मूक-सिनेमा है, जिसकी सारी विशिष्टता चाक्षुष अनुभव तक सीमित थी। एक ओर जहाँ सिनेमा में ध्वनि का आगमन हो चुका है, वहीं रंगमंचीय नाटक भी पुरानी रूढ़ियों को तोड़कर आगे बढ़ चुका है। आज पाठ्य नाटक और रंगमंचीय नाटक का अन्तर क़ाफी स्पष्ट हो चुका है।

पैनोपस्की सिनेमा पर नाटक के प्रभाव को स्वीकारते हुए यह भी कहता है कि "ऐतिहासिक दृष्टि से फ़िल्म पर केवल नाटकों का ही नहीं, अन्य कलाओं का भी प्रभाव पड़ा है। नाटक तो उनमें से केवल एक है। यही कारण है कि नाटक के अत्यधिक प्रभाव के बावजूद सिनेमा फोटो प्ले या स्क्रीन प्ले नहीं कहलाया, अपितु उसे चलचित्र की ही संज्ञा दी गयी।" चलचित्र में गतिशील फोटोग्राफ चित्र या यथार्थ बिम्ब होते हैं। बिम्बों का संयोजन ही सिनेमा की मौलिक विशेषता है। पैनोपस्की सिनेमा के चाक्षुष अनुभव पर इतना अधिक बल देता है कि यथार्थ बिम्बों के अतिरिक्त अन्य सभी उपादानों को वह गौण मानता है।

उसके विचार से, "फ़िल्म में यदि कोई कवित्वपूर्ण-भाव या विचार, कोई साहित्यिक-कल्पना या कोई संगीत-रचना उसकी दृश्यता से मेल नहीं खाती है, तो वह व्यर्थ या पैबन्द प्रतीत होती है। ध्वनि के आगमन के पूर्व सिनेमा चाक्षुष अनुभव की जिस ऊँचाई पर पहुँच चुका था, बाद में नाटक के रूपान्तर की होड़ में सिनेमा की उक्त गुणवत्ता का क़ाफी ह्रास हुआ।

निकोल कहता है कि जब हम नाटक देखने जाते हैं, तो नाटक के अतिरिक्त और कुछ नहीं चाहते। नाटक के कृत्रिम संसार में प्रवेश करने के बाद हम उसी कृत्रिमता के आवरण में सोचने लगते हैं। नाटक का आरोपित सत्य ही दर्शक का सत्य हो जाता है। दूसरी ओर सिने-दर्शक और सिनेमा दोनों ही यथार्थ के समान धरातल पर होते हैं। फ़िल्म अभिनेता और उसका कथागत चरित्र एक साथ होता है। दोनों ही वास्तविकता की समान भूमि पर स्थित होते हैं। नाटक का सत्य आरोपित सत्य है, जबकि फ़िल्म के सत्य का आधार जीवन की वास्तविकता है।

जड़ रूप में सिनेमा एक वस्तु है और नाटक एक प्रदर्शन। चित्रकला, मूर्ति कला हो या संगीत और नाटक की तरह 'प्रदर्शन-कला' सभी अभिव्यक्ति का माध्यम है। परन्तु पैनोपस्की सिनेमा और नाटक में वस्तु और प्रदर्शन के रूप में जो अन्तर करता है, उसका आधार यह है कि वह मानता है कि नाटक की तुलना में पर-कथा का स्वतन्त्र-रूप से, प्रदर्शन से परे कोई सौन्दर्यशास्त्रीय अस्तित्व नहीं है। ये तो फ़िल्म अभिनेता हैं, जो उसे मूर्त रूप देते हैं। नाटक का पाठ्य रूप तो निश्चित होता है, किन्तु उसका रंगमंचीय स्वरूप परिवर्तित होता रहता है, जबकि फ़िल्म का प्रदर्शित रूप परिवर्तित नहीं होता है। निर्मित फ़िल्म पुस्तक की भाँति एक जड़ वस्तु है। फ़िल्म-निर्माण जड़ वस्तु का निर्माण ही है, जिस पर उसके कर्ता का पूर्ण नियन्त्रण रहता है। परन्तु रंगमंचीय नाटक पर उसके निर्देशक का नियन्त्रण बहुत शिथिल होता है।

कुछ निर्देशकों के विचार से, जिनमें सत्यजित राय भी हैं, सुनियोजित ढंग से निर्मित फ़िल्में ही श्रेष्ठ होती हैं। कुछ दूसरे ऐसे हैं, जिनके विचार से सहज प्रेरणा सुनियोजित कार्य की अपेक्षा अधिक शक्तिशाली होती है। सुनियोजित होकर भी यदि योजना गलत हो, तो अच्छे फल की अपेक्षा कैसे की जा सकती है? फिर भी यह निश्चित है कि फ़िल्म-निर्माण बहुत ही श्रमसाध्य है। नाटक की तुलना में फ़िल्म निश्चित ही अधिक सशक्त और दुष्कर है। अपनी तमाम सांस्कृतिक विरासत, गौरवशाली परम्परा, लम्बी उम्र, उच्चवर्ग का संरक्षण, अभिनेता की सशरीर

उपस्थिति आदि अनेक विशेषताओं के बावजूद सिनेमा की कड़ी प्रतियोगिता में आज नाटक आत्मरक्षा में प्रवृत्त दिखाई देता है।

सिनेमा की एक विशेषता अपने प्राचीन स्वरूप को सुरक्षित रखने की भी है। चाहे उसकी उम्र बहुत ही कम है, फिर भी ल्यूमियर का प्रथम चित्र 'एराइवल ऑफ़ द ट्रेन' आज भी सुरक्षित है। दूसरे, दो वर्ष बाद ही नयी फ़िल्म भी पुरानी होकर इतिहास का अंग बन जाती है, और पुरानी कृतियों का सा आनन्द देने लगती है, जबकि रंगमंचीय नाटक अपने हर प्रदर्शन में नया होता है।

फ़िल्म निर्देशक वैज्ञानिक उपलब्धियों, सामाजिक और राजनीतिक परिवर्तनों, साहित्यिक वादों, विचारों और नव-चेतना के प्रति जितना सजग और सचेत होता है, उतना रंगमंच का निर्देशक नहीं। फ़िल्मकार निश्चित ही अधिक जागरूक, शिक्षित, चैतन्य और समर्थ होता है।

जिस द्रुत गति से फ़िल्म का विकास हुआ है, और हो रहा है, उसे देखते हुए सभी समीक्षक एक मत हैं कि सिनेमा की सम्भावनाएँ असीम हैं। क्योंकि विज्ञान की सम्भावनाएँ अनन्त हैं, और सिनेमा वैज्ञानिक कला है, इसलिए उसकी सम्भावनाओं को सीमाबद्ध नहीं किया जा सकता। सिनेमा की तुलना में नाटक की सम्भावनाएँ बहुत ही क्षीण हैं। मेयरहोल्ड ने इसीलिए सुझाव दिया है कि "क्यों न हम नाटक का ही फ़िल्मीकरण कर डालें। रंगमंचीय नाटक का क्यों न औद्योगीकरण करें, और क्यों न कोई ऐसी युक्ति निकालें कि नाटक दर्शकों की संख्या सैकड़ों से बढ़कर हजारों तक पहुँच जाय।"

कालक्रम से अनेक कला-विधायें परित्यक्त होकर अप्रचलित हो चुकी हैं। कुछ लोगों को यह खतरा रंगमंचीय नाटक के लिए भी प्रतीत हो रहा है। सिनेमा ही इसका सबसे प्रमुख कारण है। क्योंकि ऐसा कार्य जिस पर नाटक का एकाधिकार था, सिनेमा ने अपनाकर नाटक को निष्प्रभ बना दिया है। नाटक को आसन्न मृत्यु समझने वालों को यह नहीं भूलना चाहिए कि कभी यही स्थिति फोटोग्राफी की थी और चित्रकला फोटोग्राफी की समता नहीं कर सकती थी। इसलिए उसने शीघ्र ही अपना पथ-परिवर्तन कर लिया। चित्रकला अमूर्त चित्रण की ओर उन्मुख हो गयी। कुछ समीक्षकों का विवार है कि क्योंकि नाटक यथार्थ प्रस्तुतीकरण में सिनेमा की समता नहीं कर सकता, इसलिए उसे अपने पारम्परिक स्वरूप को छोड़कर अमूर्त स्वरूप की ओर उन्मुख हो जाना चाहिए। जिस प्रकार फोटोग्राफी और चित्रकला का समानान्तर विकास हुआ है, उसी प्रकार नाटक और सिनेमा का भी समानान्तर विकास सम्भव है।

एक ओर जहाँ सिनेमा पर नाटक के प्रभाव की बात निर्विवाद रूप से स्वीकार की जाती है, वहीं नाटक पर विशेष रूप से रंगमंचीय नाटक पर भी सिनेमा का प्रभाव उतना ही स्पष्ट है। रंगमंचीय प्रकाश योजना, छायाचित्र, घूमने वाले दृश्य-पट आदि अनेक यान्त्रिक युक्तियाँ सिनेमा की ही देन हैं। लगता है, इस समय यातायात एकतरफा है। अर्थात् नाटक पर ही सिनेमा के प्रभाव की बात सर्वत्र देखी जा रही है। यूरोप के देशों विशेष रूप से फ्रांस में सिनेमा की तकनीक पर आधारित रंगमंचीय नाटक खेले जा रहे हैं। कुछ रंगमंचीय नाटकों में पृष्ठ प्रक्षेपण द्वारा सिनेमा और रंगमंचीय नाटक का मिला-जुला रूप प्रस्तुस्त किया जा रहा है। मेरीनेटी वह पहला व्यक्ति है, जिसने सन् 1914 ई. के आसपास नाटक को अनेक कलाओं का संश्लिष्ट रूप मानते हुए उसमें सिनेकला को सम्मिलित कर लेने का आग्रह किया था। आज समीक्षकों के दो वर्ग हैं। पहला वर्ग पैनोपस्की, ह्यूगो मन्स्टरबर्ग और सूसन सोंटैग जैसे शुद्धतावादियों का है, जो सिनेमा और नाटक को अलग-अलग रखना चाहते हैं, और दूसरी ओर वेगनर, मेरीनेटी आरटाड और जॉन केज जैसे समन्वयवादी लोग हैं, जो रंगमंचीय नाटक को इतना व्यापक बना देना चाहते हैं कि उसमें साहित्य, चित्रकला, वास्तुकला, संगीत और यहाँ तक कि सिनेमा भी समाहित हो जाय। ह्यूगो मन्स्टरबर्ग ने 1916 में फोटो प्ले और रंगमंचीय नाटक की तुलना करते हुए कहा था—

"भौतिक यथार्थ का प्रस्तुतीकरण सिनेमा का नहीं, नाटक का कार्य है। सिनेमा के रजत-पट पर बाह्य जगत अपना वास्तविक स्वरूप खो बैठा है। वह स्थान, समय और कार्य-कारण सम्बन्ध की पारम्परिक सीमा में आबद्ध नहीं रहा, वह हमारी चेतना के रूपों में आवृत्त कर दिया गया है। नाटक प्राकृतिक नियमों से परिचालित होता है। लेकिन सिनेमा का स्वरूप मस्तिष्क की आन्तरिक गतिविधियों द्वारा निर्धारित होता है।"

मन्स्टरबर्ग जो रंगमंचीय नाटक की शुद्धता का पक्षधर है, नाटक में सिनेमा की किसी तकनीक आदि के प्रयोग किये जाने का विरोधी है। मन्स्टरबर्ग के विचार से (क्लोज अप) का कार्य प्रकृति का सन्निकट दृश्य दिखलाना नहीं, अपितु मानसिक दशा को प्रस्तुत करना है। नाटक में मनुष्य की सशरीर उपस्थिति का हमारा अनुभव सामान्य जीवन के अनुभव से भिन्न नहीं होता। जो घटनाएँ रंगमंच पर घटित होती हैं, वे वस्तुपरक होती हैं, और हमारी कल्पना, स्मृति और वैयक्तिकता से नहीं जुड़ पातीं। यदि फ़िल्म का यही उद्देश्य अर्थात् प्रकृति का अनुकरण करना ही है, तो सिनेमा कभी नाटक की समता नहीं कर सकता।

"रजत-पट पर प्राकृतिक जगत का रंग मिट चुका है। व्यक्ति वाणीहीन है। दृश्य की गहराई अवास्तविक प्रतीत होती है। गति की स्वाभाविक विशेषता नष्ट हो गयी है और सबसे ऊपर घटनाओं का वस्तुपरक स्वरूप मिथ्या हो गया है।"

उपर्युक्त विवेचन मूक युग की फ़िल्मों की कृत्रिमता का चित्र प्रस्तुत करता है। मन्स्टरबर्ग के अनुसार सिनेमा की उत्कृष्टता प्रकृति के अनुकरण में नहीं, बल्कि मस्तिष्क की पदार्थ पर विजय की उद्घोषणा में है।

सिनेमा का आख्यानक रूप निश्चित हो जाने के कारण उसका साहित्य की ओर उन्मुख होना स्वाभाविक था। साहित्य के पद-चिह्नों पर चलने की इच्छा के फलस्वरूप नाटकों और उपन्यासों के फ़िल्मी रूपान्तर हुए। सर्वप्रथम रूपान्तर साहित्य के प्रति सिनेमा की निष्ठा का प्रमाण था। परन्तु व्यवसायिक दृष्टि से किसी बहुचर्चित नाटक या उपन्यास का फ़िल्मी रूपान्तर क़ाफी लाभप्रद था और उसमें जोखिम भी कम था। साहित्यिक कृतियों के नाम पर सिनेमा हाल में अधिक से अधिक दर्शकों को जुटा लेना निर्माता का उद्देश्य था। अच्छी फ़िल्मी कहानियों का अभाव और कुछ साहित्यिक कृतियों में फ़िल्मी विशेषताओं के कारण भी रूपान्तर के लिए आग्रह किया गया। रूपान्तर के गुण, दोष, सफलता-असफलता आदि पर चाहे जितनी चर्चा की जाये, सौन्दर्यशास्त्रीय दृष्टि से रूपान्तर सिद्धान्ततः गलत और अकलात्मक प्रयत्न है। रूपान्तर के विरोध का सैद्धान्तिक आधार यह है कि प्रत्येक कला में रूप और अन्तर्वस्तु में एक रचनागत सम्बन्ध होता है और एक विशेष अन्तर्वस्तु किसी विशेष रूप में ही समुचित रूप से अभिव्यक्त हो सकती है। इसलिए उस अन्तर्वस्तु को दूसरी रूपविधा में रूपान्तरित करने से व्यावहारिक कठिनाई उत्पन्न हो जाती है, और रूपान्तर सफल नहीं होता। रूपान्तर विरोधियों का सैद्धान्तिक आधार सही होने पर भी गलत इसलिए है कि श्रेष्ठ साहित्यिक कृतियों के सफल रूपान्तरों से स्वयं साहित्य का इतिहास भरा पड़ा है। बेला बालाज़ का विश्वास है कि–

"सही रूपान्तर सम्भव है। उसके अनुसार ग्रीक साहित्य की अनेक श्रेष्ठ कृतियाँ प्राचीन महाकाव्यों के रूपान्तर हैं, और स्वयं शेक्सपीयर के कितने ही नाटक इटली की लोककथाओं के रूपान्तर हैं। इस पृष्ठभूमि में सिनेमा में नाटक या उपन्यास के रूपान्तर से कैसे इनकार किया जा सकता है? फिर भी वह इस विचार से सहमत है कि अन्तर्वस्तु एक रूपविधा से दूसरी रूपविधा में परिवर्तन नहीं की जा सकती, क्योंकि प्रत्येक अन्तर्वस्तु की अपनी रूपविधा होती है।"

रूपान्तर की सम्भावना और अन्तर्वस्तु के अन्य रूपविधा में स्थानान्तरित न होने के प्रश्न को बेला बालाज़ इस तर्क से हल करना चाहता है–

"सफल रूपान्तर में कलाकार वस्तुतः अन्तर्वस्तु को स्थानान्तरित नहीं करता है। उसका विचार है कि रूपान्तरकार मूल रचना की सामग्री से उन तत्त्वों को (ये तत्त्व घटनाएँ, चरित्र या उस रचना के संवाद हो सकते हैं, या वह अनावृत्त यथार्थ, जिनसे उपर्युक्त सामग्री ग्रहण की गयी है) चुनता है, जो सिने-रूपविधा के उपयुक्त होते हैं। फलतः यह सामग्री सिने-रूपविधा के लिए नयी अन्तर्वस्तु बन जाती है। रूप और अन्तर्वस्तु की अपृथकता का सिद्धान्त सिनेमा-रूपान्तर में भी अक्षुण्ण रहता है।"

आन्द्रे बैज़िन रूपान्तर की सार्थकता को स्वीकार करता है। उसके विचार से शेक्सपीयर के हेनरी पंचम का लारेंस ओलिवर कृत रूपान्तर और काक्त्यू का सिने-रूपान्तर श्रेष्ठ फ़िल्में हैं। परन्तु वह बेला बालाज़ के इस विचार से सहमत नहीं है कि सफल रूपान्तर के लिए सामग्री का चुनाव मूल सामग्री से किया जाता है। उसकी दृष्टि में श्रेष्ठ रूपान्तर वही होता है, जिसमें उक्त रचना के मूल विचार की रक्षा की गयी हो। उपर्युक्त दोनों फ़िल्में रूपान्तर प्रतीत नहीं होतीं। वे सिनेमा के माध्यम से नाटक का मंचीय स्वरूप प्रतीत होती हैं। आन्द्रे बैज़िन अनुभव करता है कि यदि रंगमंचीय नाटक के प्रभाव के लिए अभिनेता की उपस्थिति अपरिहार्य है, तो ऐसी स्थिति में सिनेमा के माध्यम से किसी नाटक का सफल मंचन असम्भव है। इसलिए वह तर्क देता है कि पर्दे-पट पर अभिनेता की उपस्थिति को दर्पण-छवि के रूप में स्वीकार किया जा सकता है। वस्तुतः मंच और पर्दे-पट का अन्तर जीवित व्यक्तियों का न होकर स्थापत्य का है। आन्द्रे बैज़िन के विचार से नाटकीय संवादों के फ़िल्मी रूप की असफलता का कारण यह है कि वे भिन्न कृत्रिम संसार के लिए लिखे जाते हैं। नाटक के रूपान्तर की मुख्य समस्या जहाँ एक ओर दृश्य-सज्जा और रंगमंचीय स्थापत्य की है, जिसके लिए संवाद-योजना की जाती है, वहीं दूसरी ओर सिनेमा के स्वाभाविक यथार्थ को बनाए रखने की है। पैनोपस्की के विचार से नाटक के मूलतः शाब्दिक स्रोत सिनेमा में स्थानान्तरित करने का कोई भी प्रयत्न इस सिद्धान्त की उपेक्षा करता है कि जो बात दृश्य रूप में प्रकट की जा सकती है, वह शब्दों से अभिव्यक्त नहीं की जा सकती। जहाँ रंगमंचीय नाटक स्थान का सीमाबद्ध उपयोग करता है, वहीं सिनेमा स्थान का गतिशील प्रयोग और सह अभिव्यक्ति क्षमता के सिद्धान्त

(फ़िल्म में संवादों के साथ ही अभिनेता उक्त भाव को अभिनय द्वारा भी प्रदर्शित करता है) का अनुसरण करता है। पैनोपस्की के विचार से यही कारण है कि रूपान्तर सफल नहीं हो पाता है। सिनेमा का कार्य रंगमंचीय सज्जा नहीं, अपितु वास्तविक भौतिक यथार्थ का अंकन करना है। अपनी तमाम तकनीकी उपलब्धियों यथार्थपरक अंकन, समय और स्थान के असीमित प्रयोग आदि के बावजूद सिनेमा अपनी नाटकीय विरासत की उपेक्षा नहीं कर सकता है। नाटकों के रूपान्तर में इस तथ्य पर विशेष रूप से ध्यान दिया जाना चाहिए।

सामान्य उपन्यास का फ़िल्मीकरण अधिक सुविधाजनक होता है, क्योंकि उसके साथ ज़्यादा-से-ज़्यादा आज़ादी ली जा सकती है, जबकि एक क्लासिक अपने आप में इतने दृढ़ और निश्चित व्यक्तित्व वाला होता है कि उसको किसी दूसरे माध्यम में 'अनुवाद' भर ही किया जा सकता है, उसकी पुनर्रचना दुस्साहस ही मानी जायेगी।

—**इस्तवान साबो,** *हंगेरियन फ़िल्मकार*

अध्याय-5

सिनेमा और उपन्यास

सन् 1896 में जब ल्यूमियर बन्धुओं ने फ़िल्म का प्रथम प्रदर्शन किया, तभी यह स्पष्ट हो गया था कि गतिशील वस्तुएँ और मनुष्य ही इस नये माध्यम की विषय-वस्तु होंगे। फ़िल्म के सामने मुख्य समस्या यह थी कि वह अपनी विषय-वस्तु को किस रूप में प्रस्तुत करे? फ़िल्म का उद्देश्य स्पष्ट नहीं था। यह भी स्पष्ट नहीं था कि फ़िल्म की मौलिकता क्या है? उसकी ऐसी क्या विशेषता है जो उसे अन्य कलाओं से पृथक या स्वतन्त्र रूप प्रदान कर सकती है? अनिश्चितता की इस स्थिति से उबरने का इतिहास बहुत लम्बा नहीं है। सभी फ़िल्म इतिहासकार इस तथ्य से सहमत हैं कि फ़िल्म के विशिष्ट स्वरूप अर्थात् फ़िल्म-विधा का विकास क्रमशः जार्ज मेलिये, एडविन एस. पोर्टर से होता हुआ ग्रिफिथ और आइज़न्स्टाइन की फ़िल्मों के माध्यम से हुआ। इस विकास का सूत्र फ़िल्म द्वारा अपनी आख्यानपरक शक्ति की पहचान और उसका समुचित उपयोग है। मेलिये मूलतः एक जादूगर था। उसको फ़िल्म में भ्रम उत्पन्न कर सकने की पर्याप्त सम्भावना दिखाई दी। मेलिये पहला व्यक्ति था, जिसने देखा कि फ़िल्म का कार्य केवल यथार्थ का अंकन ही नहीं हैं, उसमें कल्पना के प्रयोग के लिए क़ाफी गुंजाइश है। मेलिये के कार्य की उपलब्धि यह है कि पहली बार फ़िल्म को एक माध्यम के रूप में इस्तेमाल किया गया। जिससे यह निष्कर्ष निकला कि फ़िल्म मात्र यान्त्रिक उपकरणों का संचालन नहीं है। कैमरे के पीछे बैठा हुआ व्यक्ति अर्थात् फ़िल्मकार विषय को अपने दृष्टिकोण के अनुसार प्रस्तुत कर सकता है। फ़िल्मकार में यह आत्मविश्वास उत्पन्न हुआ कि फ़िल्म माध्यम पर उसका नियन्त्रण है और वह जो चाहेगा वही दर्शक देखेगा। यद्यपि मेलिये की फ़िल्में जादू के करिश्में, कटे सिर, उड़ने वाले

व्यक्ति और ऐसे ही अनेक असम्भव कार्यों से भरी पड़ी हैं, परन्तु उनके निष्कर्ष फ़िल्म के सैद्धान्तिक पक्ष की दृष्टि से बहुत ही महत्त्वपूर्ण हैं।

फ़िल्म के कथावृत्त के विकास का दूसरा चरण एडविन एस. पोर्टर की फ़िल्म 'द ग्रेट ट्रेन रॉबरी' है। इस फ़िल्म के पूर्व होता यह था कि कैमरा एक निश्चित स्थान पर रखा रहता था। पात्र उसके आगे जो अभिनय करते या जो घटना घटित होती, कैमरा उसका छायांकन कर लेता था अर्थात् जिस प्रकार प्रेक्षक थियेटर में बैठकर देखता है, उसी रूप में कैमरा फ़िल्मांकन करता था। परन्तु यह कहानी ऐसी थी, जिसका फ़िल्मांकन भिन्न स्थानों पर करना पड़ा और कहानी के क्रम के लिए उन्हें जोड़ना पड़ा। इससे चित्रों को संयोजित करने की कला का जन्म हुआ और यहीं से फ़िल्म भाषा का प्रारम्भ हुआ। जिस प्रकार भाषा शब्दों के संयोजन से बनती है, उसी प्रकार विभिन्न शॉट को संयोजित कर फ़िल्म- भाषा का निर्माण हुआ। 'द ग्रेट ट्रेन रॉबरी' की एक महत्त्वपूर्ण उपलब्धि यह है कि कैमरे को अनेक स्थानों पर रखकर विभिन्न कोणों से फ़िल्मांकन किया जाने लगा। इसका परिणाम यह हुआ कि नाटक और सिने-दर्शक की एक निश्चित स्थान पर बैठकर देखने की स्थिति में अन्तर आ गया। सिने-दर्शक की एक निश्चित स्थिति सिनेमा-हाल में न होकर कैमरे के साथ हो गयी। वस्तु को कैमरा जिस रूप में अंकित करता, सिने-दर्शक उसी रूप में उसे देखता। दृश्यवस्तु की मनचाहे ढंग से दिखाने की यह विशेषता उपन्यास की है। यहीं से फ़िल्म नाटक की सीमा से निकल कर उपन्यास की ओर उन्मुख होती है और सिने-दर्शक थियेटर के बन्द हाल से निकलकर मुक्त आकाश में विचरण करने लगता है।

फ़िल्म के कथा वृत्त के अगले सोपान के रूप में ग्रिफिथ की 'द बर्थ ऑफ़ द नेशन' और 'इनटॉलरेंस' आदि फ़िल्मे हैं। ग्रिफिथ ने एक शिल्पी के रूप में फ़िल्म की स्पष्ट और समर्थ मूलभाषा का विकास किया। बेला बालाज़ के अनुसार, "अमेरिका में फ़िल्म कला का जन्म ग्रिफिथ के हाथों हुआ। ग्रिफिथ के अनुसार कैमरे का उद्देश्य वस्तु स्थिति या वास्तविकता का अंकन नहीं, अपितु उनकी व्याख्या करना है।" ग्रिफिथ ने फ़िल्म को उपन्यास की ओर मोड़ दिया। सर्जी आइज़न्स्टाइन ने अपने निबन्ध 'डिकेन्स ग्रिफिथ एण्ड द फ़िल्म टुडे' में फ़िल्म पर उपन्यास के प्रभाव की चर्चा की है। डिकेन्स और ग्रिफिथ के तुलनात्मक अध्ययन के द्वारा आइज़न्स्टाइन ने उपन्यास के उपादानों, युक्तियों, चरित्रों आदि के फ़िल्म पर पड़े प्रभाव का सोदाहरण उल्लेख किया है। फ़िल्म का कथावृत्त, वस्तु और उसका विस्तार, सीमा-मुक्त वातावरण, दृष्टिकोण की वैयक्तिकता

आदि सभी उपन्यास के मार्ग पर चल पड़े। फ़िल्म को औपन्यासिक रूप देने में ग्रिफिथ का अत्यधिक योगदान है।

'आन्द्रे बैज़िन' और सूसन सोन्टैग जैसे फ़िल्म समीक्षकों की दृष्टि में सिनेमा नाटक की अपेक्षा उपन्यास के अधिक निकट है। उपन्यास की यथार्थपरक प्रवृत्ति, भौतिक जगत का विस्तृत और अनावृत्त वर्णन, अपने दृष्टिकोण से ग्रहीता को देखने देना आदि विशेषताएँ सिनेमा और उपन्यास दोनों के समान रूप से हैं। सिगफ्रायड क्राशर के अनुसार "सिनेमा उपन्यास की भाँति जीवन को समग्र और पूर्णरूपेण चित्रित करता है।" 'मैडम बावरी' और 'वार एण्ड पीस' जैसे महान उपन्यास यथार्थ का व्यापक और विशाल चित्रण करते हैं। ऐसा प्रतीत होता है, मानों उनके चित्रण और वर्णन का विस्तार उपन्यास की लघु सीमा में सभा नहीं रहा है। उपन्यासकार के सम्मुख यह समस्या होती है कि वह कथा को किस रूप में प्रस्तुत करें। क्योंकि कहानी में कसाव होना चाहिए, शिथिलता नहीं। घटनाओं और शब्दों का उपयोग सुनियोजित ढंग से होना चाहिए। दूसरी ओर, उसे यह भी ध्यान में रखना होता है कि कहीं उपन्यास नाटक की तरह सीमाबद्ध न हो जाये। फ़िल्मकार के सम्मुख भी यही समस्या होती है कि फ़िल्म में कसाव हो, कुछ भी व्यर्थ न हो और फ़िल्म नाटक की तरह सीमित न हो। दूसरी ओर उसमें उपन्यास का सा खुलापन और मानव-जीवन का विस्तृत चित्रण हो।

आधुनिक उपन्यास पारम्परिक कथा-योजना से मुक्त होकर एक निरन्तर प्रवाहमान धारा के रूप में जीवन का चित्रण करना चाहता है। पुराने ढंग की सुखान्त या दुखान्त की परिपाटी को उपन्यास त्याग चुका है। वह कथा को उलझाकर बीच में ही छोड़ देता है। इसका उद्देश्य पाठक को झकझोरना, उत्तेजित करना और सोचने के लिए बाध्य करना है। 'न्यू वेव' सिनेमा उपन्यास के इसी मार्ग का अनुसरण कर रहा है। आधुनिक सिनेमा किसी भी साहित्यिक या गैर साहित्यिक सीमा में आबद्ध होकर नहीं रहना चाहता। क्राशर की दृष्टि में जीवन की व्यापकता का अन्तहीन चित्रण ही ऐसी विशेषता है, जो सिनेमा और उपन्यास दोनों में समान रूप से विद्यमान है। आधुनिक उपन्यास अधिकाधिक अन्तर्मुखी होता जा रहा है। उसकी दिशा बाह्य क्रिया व्यापार के आन्तरिक चिन्तन की ओर, कथा से चरित्र की ओर और सामाजिक यथार्थ से मनोवैज्ञानिक यथार्थ की ओर है। उपन्यास में अन्तर्मुखता और गुप्त या रहस्यात्मक जीवन की चर्चा विशेषरूप से होने लगी है। गुप्त जीवन का चित्रण आधुनिक उपन्यास का उद्देश्य हो गया है। गुप्त जीवन पूर्णतया गुप्त होता है। यदि वह बाह्य संकेतों से प्रकट

हो जाय तो वह गुप्त न रहकर क्रिया व्यापार का अंग हो जाता है। आधुनिक उपन्यासकार की सबसे बड़ी समस्या शब्दातीत अनुभूति को शब्दों में आबद्ध कर उपस्थित करना है। आधुनिक उपन्यास अधिकाधिक वैयक्तिक और चेतना प्रधान होता जा रहा है। आधुनिक उपन्यास और सिनेमा का अन्तर दो भिन्न माध्यमों का होना है। यद्यपि बेला बालाज़ के अनुसार मनुष्य के चेहरे में, जिसे फ़िल्म में 'क्लोज़ अप' के द्वारा दिखाया जाता है, व्यक्तिगत भावों और विचारों को अभिव्यक्त करने की अपूर्व क्षमता है, फिर भी प्रदर्शन-प्रधान माध्यम होने के कारण (संवादों के उपयोग को छोड़कर) फ़िल्म सवाक् विधाओं की समता नहीं कर सकती। जहाँ उपन्यास वार्ता-प्रधान है, वहीं सिनेमा चित्र-प्रधान है। हमारी आँखें हमारे मस्तिष्क से कमज़ोर हैं, क्योंकि उनमें दृश्यबिम्बों को धारण करने की क्षमता नहीं है। यह कार्य कल्पना द्वारा ही सम्भव है। फ़िल्म के प्रस्तुतीकरण की क्षमता भौतिक यथार्थ या बाह्य जगत तक सीमित है, भाषा के समान वह मानसिक दशाओं—स्मृति, स्वप्न, कल्पना आदि को प्रस्तुत नहीं कर सकती। चेतन प्रवाह को प्रस्तुत करना फ़िल्म के लिए जितना कठिन है, मानसिक दशाओं को प्रस्तुत करना उससे कहीं अधिक मुश्किल है।

फ़िल्म-बिम्ब, अवधारणात्मक बिम्बों की तुलना में यथार्थ और ध्यानपरक होते हैं। इसलिए उन्हें अवधारणात्मक बिम्बों के रूप में परिवर्तित नहीं किया जा सकता। यही कारण है कि व्यक्ति चेतना से उद्भूत स्मृतियों और स्वप्नों का स्थानपरक प्रस्तुतीकरण सम्भव नहीं होता। फ़िल्म की मुख्य विशेषता स्थानपरक होने के कारण उसमें विचारों का अंकन असम्भव है। क्योंकि ज्यों ही विचार को मूर्त रूप दिया जाता है, वह विचार नहीं रह जाता। फ़िल्म अपने ढंग से विचारों की ओर संकेत कर सकती है, परन्तु वह विचारों को प्रत्यक्षतः प्रस्तुत नहीं कर सकती। फ़िल्म पात्रों को सोचते, अनुभव करते और बोलते दिखा सकती है, परन्तु विचारों और भावनाओं को नहीं। यही कारण है कि रजत-पट पर स्मृतियों और स्वप्नों का प्रस्तुतीकरण सर्वदा निराशाजनक होता है। पर्दे पर स्मृति या स्वप्न दिखलाये जाने के लिए अनेक युक्तियों का प्रयोग किया जाता है। ये युक्तियाँ स्थानपरक होती हैं। उन्हें हम भले ही फ़िल्म रूढ़ियों के रूप में स्वीकार कर लें, वे स्मृतियों और स्वप्नों को प्रत्यक्ष रूप में प्रस्तुत नहीं कर सकतीं।

यद्यपि उपन्यास और फ़िल्म दोनों ही जीवन के प्रवाह का चित्रण करते हैं, परन्तु उनके केन्द्र-बिन्दु भिन्न हो सकते हैं। फ़िल्म ऐसे जीवन का चित्रण करती है, जो भौतिक पदार्थों से घनिष्ठ रूप से जुड़ा हुआ है। ये भौतिक पदार्थ संवेगात्मक

और बौद्धिक अन्तर्वस्तुएँ उत्पन्न करते हैं। सिनेमा इन तथ्यों का उपयोग अदृश्य और अमूर्त को सांकेतिक ढंग से व्यक्त करने में करता है। उदाहरणार्थ—'द डायरी ऑफ़ ए कन्ट्री प्रीस्ट' में युवा पादरी का चेहरा उसके आन्तरिक संघर्ष और पीड़ा को जिस प्रकार व्यक्त करता है, वह बात उसकी डायरी के पन्नों से सम्भव नहीं है। फ़िल्म द्वारा चित्रित जीवन मुख्यतः भौतिक सातत्य है। उपन्यास भी भौतिक वास्तविकताओं, मनुष्यों, वस्तुओं और दृश्यों का वर्णन करता है। परन्तु ये औपन्यासिक संसार का एक छोटा अंश मात्र है। उपन्यास जीवन की आन्तरिक घटनाओं को, जिनका सम्बन्ध भावों और विचारों से होता है, तथा मनोवैज्ञानिक द्वन्द्वों और बौद्धिक उलझनों को शब्दों के माध्यम से व्यक्त करता है। उपन्यास का आन्तरिक क्रियाओं, प्रतिक्रियाओं और मनोदशाओं को चित्रित करने में विशेष रुचि होता है। उपन्यास का संसार मूलतः मानसिक सातत्य है। उपन्यास के मानसिक सातत्य में कुछ ऐसे घटक होते हैं, जो सिनेमा की पकड़ के बाहर होते हैं, क्योंकि उन्हें भौतिक वास्तविकता में आबद्ध नहीं किया जा सकता, यद्यपि यह कहा जाता है कि संवादों द्वारा उक्त कमी को पूरा किया जा सकता है। परन्तु सिनेमा मुख्यतः दृश्य-माध्यम है और शब्दों की प्रधानता होने से उसकी मौलिकता क्षतिग्रस्त होती है। नाटक और सिनेमा के दो भिन्न संसार हैं, शायद इसलिए कि वे दो भिन्न माध्यम हैं।

एक फ्रेंच सौन्दर्यशास्त्री के अनुसार उपन्यास की कुछ ऐसी रचनात्मक विशेषताएँ हैं, जिनको सिनेमा की भाषा में प्रस्तुत करना दुष्कर कार्य है। जहाँ उपन्यास समय का लचीला और मनचाहा उपयोग करता है, सिनेमा में समय के उपयोग की सीमा बहुत ही संकुचित है। उपन्यास में समय को वर्तमान, भूत, भविष्य और उनके संश्लिष्ट रूपों को अनेक प्रकार से दिखाया जा सकता है। फ़िल्म में यह सम्भव नहीं है जैसा कि बेला बालाज़ ने कहा है—'फ़िल्म में काल नहीं होता।' फ़िल्म देखने का अनुभव प्रत्यक्ष देखने के समान है, जो वर्तमान का अनुभव है। फ़िल्म में केवल वर्तमान काल होता है, भूत और भविष्य नहीं। कुछ लोग यह तर्क देते हैं कि फ़िल्म में संवाद और संगीत के माध्यम से भूत और भविष्य दर्शाया जा सकता है। पर्दे का कोई पात्र संवाद के द्वारा भूत की चर्चा कर सकता है और इस प्रकार वर्तमान में भूत को निबद्ध कर सकता है। परन्तु संवाद अन्ततः भाषा है और भाषा में काल सन्दर्भित होता है। दूसरे, सिनेमा में भाषा का स्थान द्वितीय महत्त्व का है और प्रमुखता स्थानगत बिम्ब की ही है। कल्पना कीजिए कि फ़िल्म में कोई व्यक्ति अपनी दुखभरी कहानी सुना रहा है।

एक ओर जहाँ हम उसकी कहानी सुनते हैं, वहीं हमारी आँखें उसके चेहरे पर भी टिकी रहती हैं। उसके चेहरे पर उभरती रेखाओं के माध्यम से हम उसकी दुख-कथा तक पहुँचना चाहते हैं। उसकी आवाज की अपेक्षा उसके चेहरे के बिम्ब का महत्त्व अधिक है। इसी को पैनोपस्की सह-अभिव्यक्ति का नियम कहता है, जिसके अनुसार एक गतिशील चित्र भले ही बोल सकता हो, अपनी चित्रवत्ता त्यागकर लेखन का विषय नहीं बनता। यही कारण है कि शेक्सपियर के फ़िल्म रूपान्तर, जो रंगमंचीय जड़ता को सिनेमा की गतिशीलता में परिवर्तित नहीं कर पाते हैं, स्थैतिक और वाचाल प्रतीत होते हैं। उपन्यास में संवाद एकाकी होते हैं, परन्तु सिनेमा में शब्दों के साथ स्थानगत बिम्ब भी जुड़ा रहता है। उपन्यास में जो बात संवाद के माध्यम से कही जाती है, वही बात फ़िल्म में दोहरे ढंग से प्रकट की जाती है। अर्थात् पात्र के संवाद और उसके चेहरे के भाव दोनों सम्मिलित रूप से उस बात को प्रकट करते हैं। फ़िल्म में केवल संवाद पर निर्भर रहकर चेहरे की अभिव्यक्ति की उपेक्षा नहीं की जा सकती। बेला बालाज़ के अनुसार, "अच्छा या बुरा जो भी सुनते हैं, हमारे देखने से गुँथा रहता है। श्रवण की अपेक्षा हमारे नेत्रों की प्रधानता अधिक है।"

समय के प्रवाह को व्यक्त करने की संवाद और संगीत की असमर्थता के कारण फ़िल्म उसे स्थानगत बिम्ब की दो विशेषताओं के द्वारा व्यक्त करती है। पहली विशेषता पहचान की है, जो प्रथम परिचय में वस्तु के बोधगत बिम्ब से जुड़ जाती है। फ़िल्म के स्थानगत बिम्ब की दूसरी विशेषता गति का नैरन्तर्य है, जिसके द्वारा समय के प्रवाह को आंशिक रूप से ही सही, व्यक्त किया जा सकता है। सिनेमा में प्रोजेक्टर के माध्यम से फ़िल्म हमारे सम्मुख धारा-प्रवाह रूप में खुलती चली जाती है। इस अनवरत क्रिया में बिम्ब एक-दूसरे में मिटते हुए आगे बढ़ते जाते हैं। स्टर्ट की वर्तमान के विश्लेषण की अवधारणा के परिप्रेक्ष्य में इस प्रक्रिया में वर्तमान भूत से निबद्ध होकर 'काल' के नियम का अतिक्रमण कर जाता है। फ़िल्म के वर्तमान की गति अद्वितीय है। गति और निरन्तरता सिनेमा की मौलिक विशेषताएँ हैं। साहित्य के अतिरिक्त अन्य कलाओं को छोड़कर केवल फ़िल्म में ही समय के प्रवाह को व्यक्त करने की सामर्थ्य है, जो पैनोपस्की के शब्दों में, स्थान के गत्यात्मक उपयोग द्वारा ही सम्भव है।

यद्यपि सिनेमा उपन्यास के समय के अबाधित और मनचाहे उपयोग की क्षमता की समता नहीं कर सकता, फिर भी फ़िल्म में समय का एक सीमा तक उपयोग तो किया ही जा सकता है। एक फ़िल्म में एक पात्र जब भी कोई निर्णय

लेना होता है, सिक्का उछाल कर निर्णय करता है। सिक्का उछालने की यह क्रिया प्रथम दर्शन में वर्तमान काल की लगती है, परन्तु पुनरावृत्ति होने से उसका स्वरूप एक आदत का बन जाता है, और उसमें भूतकाल का समावेश हो जाता है। 'पथेर पांचाली' में प्रासंगिक कथा के घटनाक्रम को इस प्रकार कालानुक्रम से रखा गया है कि दर्शक पूर्व-घटित को अनुभव करता रहता है। जिस प्रकार कपड़े की बुनाई में धागा आगे-पीछे होता है, उसी प्रकार दर्शक की कल्पना आगे-पीछे होती रहती है। सत्यजित राय पर्दे पर घटित होने वाली घटनाओं को कालक्रम से रखने का कोई प्रयत्न नहीं करते हैं। एक ऐसी स्थिति उत्पन्न हो जाती है कि उसमें भूत और वर्तमान एकाकार हो जाते हैं।

फ़िल्म में भूतकाल दिखाने की एक पारम्परिक युक्ति है—फ्लैशबैक, जिसको फ़िल्म में कथा-प्रवाह को बाधित कर पूर्व-घटना के दृश्य के रूप में दिखाया जाता है। सोरियो फ्लैशबैक को एक निहायत ही भोंड़ी युक्ति मानता है। परन्तु कुछ ऐसे भी फ्लैशबैक के उदाहरण हैं, जिनका उपयोग केवल भूत का दर्शन कराने के लिए ही नहीं, अपितु वास्तविकता से जोड़ने के लिए किया जाता है। अकीरा कुरोसावा की फ़िल्म 'राशोमान' में कथित अपराध के चित्रात्मक पुनर्निर्माण का प्रसंग कथा से इस प्रकार जुड़ा हुआ है कि उसे तब तक समझ पाना मुश्किल है, जब तक कि आपको यह न मालूम हो कि इसकी प्रासंगिकता सत्य की खोज के लिए है। यह प्रत्यावलोकन वर्तमान का ही अंग है। इतना ही नहीं, फ़िल्म उपन्यास के आरक्षित क्षेत्र में प्रवेश कर सकती है, और अतीत के व्यक्ति को प्रत्यक्ष दिखा सकती है।

सोनियो के अनुसार, "उपन्यासकार अपने पात्रों में से किसी एक के माध्यम से अपने विचारों, भावों और दृष्टिकोण को प्रस्तुत करता है। किसी एक पात्र से उसका पूर्ण तादात्म्य रहता है। फ़िल्मकार के लिए यह कार्य असम्भव है। उपन्यास की भाँति फ़िल्म में कैमरे द्वारा किसी चरित्र से तादात्म्य स्थापित कर पाना सम्भव नहीं है। अधिक से अधिक वह दृश्य-वस्तु और उसकी अनुभूति के संकेत दे सकता है।" 'Caligari' नामक फ़िल्म में कहानी सुनाने वाला अन्य चरित्रों के साथ घुलमिल जाता है। लेकिन हम यह अनुभव करते हैं कि वे चरित्र उसकी काल्पनिक सृष्टि हैं। समस्त फ़िल्म उसके आन्तरिक जीवन का प्रत्याख्यान प्रतीत होती है। 'रोशोमान' फ़िल्म में विभिन्न दृष्टिकोणों से कई वर्णनकर्ताओं ने अपने-अपने ढंग से हत्या और बलात्कार की घटना का वर्णन किया है। इसमें यह समझ पाना कठिन है कि फ़िल्मकार का दृष्टि क्या है?

अन्तर्मुखता फ़िल्म से सर्वथा बहिष्कृत नहीं है और यथाअवसर फ़िल्म में उसका उपयोग किया जाता है। इससे यह निष्कर्ष निकाला जा सकता है कि सिनेमा और उपन्यास की रचनात्मक विशेषताओं का अन्तर केवल सीमा का अन्तर है। इसलिए सिनेमा और साहित्य की समानताओं के परिप्रेक्ष्य में उनका कोई विशेष महत्त्व नहीं है। ये अन्तर द्वितीय महत्त्व के हैं। आन्द्रेबैज़िन और सूसन सौन्टैग के अनुसार सिनेमा नाटक की अपेक्षा उपन्यास के अधिक निकट है। उपन्यास और सिनेमा के स्थान के गतिशील प्रयोग, केन्द्रीभूत आख्यानपरक नियन्त्रण, संवादों के द्वारा विवरण परिवर्तन करने की क्षमता, आदि समान विशेषताओं को लिया जा सकता है। फ़िल्मों में नाटक की अपेक्षा उपन्यास का रूपान्तर अधिक हुआ है।

इसके विपरीत जार्ज ब्ल्यू स्टोन के विचार सिनेमा और उपन्यास मूलतः भिन्न हैं। उपन्यास मूलतः शब्द माध्यम हैं, जबकि फ़िल्म प्रारंभिक रूप से दृश्य माध्यम है। डी.डब्ल्यू. ग्रिफ़िथ और जोसेफ कोनार्ड के अनुसार फ़िल्म का उद्देश्य दर्शकों को चाक्षुष प्रतीति कराना है। देखने के नाम पर हम वाक्य में शब्दों के अतिरिक्त कुछ भी नहीं देखते। हम अवधारणात्मक योजना के अभाव में फ़िल्म विचारों, स्वप्नों, स्मृतियों आदि को सिने-माध्यम से प्रस्तुत नहीं कर सकती। इन्हें केवल भाषा ही शाब्दिक माध्यम से व्यक्त कर सकती है। बेला बालाज़ ने सुझाव दिया है कि "रूपान्तरकार को चाहिए कि उपन्यास को उत्पाद्य सामग्री के रूप में ग्रहण करे और उससे फ़िल्म का अपना रूप और अन्तर्वस्तु निर्मित करे, जो मूल उपन्यास की भाँति वार्ता-प्रधान और अवधारणात्मक न होकर संवेद्य और इन्द्रियगोचर हो।"

अधिकांश फ़िल्म रूपान्तर मूल साहित्यिक रचना की आत्मा की उपेक्षा कर देते हैं। ऐसे रूपान्तरों की कमी नहीं है, जिनके प्रचार में नाम तो किसी साहित्यिक रचना का लिया जाता है, परन्तु वे सामान्य मनोरंजन-प्रधान फ़िल्मों से भिन्न नहीं होते। ये रूपान्तर शुद्ध व्यावसायिक दृष्टिकोण से किसी लोकप्रिय रचना के नाम पर अधिकाधिक धनोपार्जन के लिए किये जाते हैं। इनके सम्बन्ध में विशेष चर्चा अपेक्षित नहीं है। यहाँ केवल ऐसे ही रूपान्तरों की चर्चा अपेक्षित है, जो कलात्मक दृष्टि से किये गये हैं और जिनमें निष्ठापूर्वक मूल रचना को सिनेमा के माध्यम से प्रस्तुत करना ही फ़िल्मकार का उद्देश्य है। पूर्णनिष्ठा से किये गये रूपान्तर भी मूल रचना को तद्वत् विचिन्तित नहीं कर पाते और अन्तर बना ही रहता है। अन्तर का कारण प्रयत्न या सामर्थ्य की कमी नहीं, अपितु दो भिन्न माध्यमों का होना है। रूपान्तर में प्रमुख विचारणीय प्रश्न यह

होता है कि उपन्यास किस सीमा तक फ़िल्म माध्यम की आवश्यकता की पूर्ति कर सकता है। विभिन्न फ़िल्म रूपान्तरों को देखने से यह ज्ञात होता है कि उपन्यास और सिनेमा के गुणों में मौलिक अन्तर के कारण हो अपेक्षित स्तर के रूपान्तर नहीं हो पाते।

उपन्यास के मानसिक सातत्य में कुछ ऐसे तत्त्व होते हैं, जो सिनेमा द्वारा आत्मसात् नहीं किये जा सकते। यह कोई आवश्यक नहीं है कि प्रत्येक उपन्यास में ऐसे तत्त्वों की प्रमुखता हो ही। जिन उपन्यासों में ऐसे तत्त्व विद्यमान होते हैं, वे जीवन के उस पक्ष को चित्रित करते हैं, जिसे सिनेमा की भाषा में अभिव्यक्त करना असम्भव होता है। दूसरों ओर, वे उपन्यास है, जहाँ यह समस्या नहीं होती।

साहित्यकार की अनुभूति या अन्तःप्रेरणा का प्रश्न व्यक्तिगत है। इसलिए हम प्रायः देखते हैं कि फ़िल्म की प्रेरणा का स्रोत कोई कहानी, उपन्यास, नाटक, या 'कोई विचार' होता है। साहित्य जितना वैयक्तिक होता है, फ़िल्म उतनी वैयक्तिक नहीं होती। इसलिए उसका प्रेरणा-स्रोत कहीं से भी हो सकता है। प्रेरणा-स्रोत चाहे जो हो फ़िल्मकार को उसे फ़िल्म की भाषा में प्रस्तुत करना होता है, जो एक बहुत ही कठिन कार्य है। कुछ ऐसे भी फ़िल्मकार हुए हैं, जिन्होंने अपने एक बहुत बड़े व्यक्तिगत अनुभव के आधार पर फ़िल्म बनाई हैं, जो बिना साहित्यिक आधार के भी उतनी ही सशक्त हैं। उदाहरण के लिए फ्लैहर्टी का 'नानक ऑफ़ द नार्थ' चित्र लिया जा सकता है, जो एस्कीमों के जीवन पर आधारित एक बड़ा ही उत्कृष्ट चित्र है। प्रायः सुनने में आता है कि अमुक महान रचना की सृष्टि किसी खास मूड या विशेष मनःस्थिति में अभिव्यक्ति के अनवरत् प्रवाह के रूप में बहुत ही अल्प कालावधि में हुई। जिससे इस धारणा को बत मिलता है कि शायद महान् रचना की सृष्टि विशेष भाव-दशा (चेतन या अर्द्धचेतन) में ही होती है। इस पर टिप्पणी करते हुए सुप्रसिद्ध फ़िल्मकार सत्यजित राय ने कहा है कि उपर्युक्त कथन साहित्य या चित्रकला के लिए भले ही सत्य हो, परन्तु फ़िल्म के लिए यह प्रयुक्त नहीं होता। फ़िल्म अत्यन्त संश्लिष्ट कला सृष्टि है जो एक व्यक्ति द्वारा नहीं, अपितु समूह द्वारा की जाती है। फ़िल्म-निर्माण अत्यन्त श्रम-साध्य है, जिसके लिए फ़िल्मकार का मात्र श्रेष्ठ कलाकार होना ही पर्याप्त नहीं है, बल्कि एक कुशल प्रबन्धक एवं ऐसा समायोजक होना आवश्यक है, जो अन्य कलाओं के विशेषज्ञों का उपयोग फ़िल्म को एक निश्चित रूप देने में कर सके। अन्य कला कर्म की तुलना में फ़िल्म-निर्माण बहुत व्यवस्थित एवं सुनियोजित ढंग से होता है।

फ़िल्म के प्रारम्भिक मूक चित्रों के युग में फ़िल्म निर्माण की प्रक्रिया बहुत सरल थी। फ़िल्मकार कहानी सुनने के बाद कुछ अभिनेताओं को बटोर लेता था और सहायक कैमरा- मैन की मदद से या स्वयं ही फ़िल्मांकन कर लेता था। परन्तु आज फ़िल्म निर्माण एक अत्यन्त जटिल निर्माण प्रक्रिया बन चुका है, जिसमें हर कार्य के लिए विशेषज्ञ नियुक्त किये जाते हैं। विशेष रूप से अमेरिका में जहाँ कि फ़िल्म निर्माण चौथा सबसे बड़ा उद्योग बन गया है, फ़िल्मकार की स्वतन्त्रता बहुत सीमित कर दी गयी है। हिचकॉक या हाक्स जैसे महान् फ़िल्म निर्देशक भी फ़िल्मस्रष्टा की कोटि में नहीं रखे जा सकते। प्रारंभिक फ़िल्मकारों के लिए इतना पर्याप्त था कि वे किसी दिलचस्प घटना को रंगमंच पर अभिनीत कराकर उसका फ़िल्मांकन कर लेते थे। लेकिन आज फ़िल्म निर्माण अनेक चरणों में और विभिन्न विभागों द्वारा किया जाता है। कहानी और प्रमुख अभिनेताओं के चयन का कार्य निर्माता करता है। उसके लिए एक कुशल पट-कथा-लेखक फ़िल्म की पट-कथा तैयार करता है। उसके बाद एक डिजाइनर फ़िल्म में प्रयुक्त होने वाले सज्जा का निर्माण करता है और निदेशक कैमरा मैन के सम्मुख फ़िल्मांकन के लिए कार्य-व्यापार प्रस्तुत करता है। उसके बाद समस्त सामग्री को फ़िल्म सम्पादक काट-छाँट के बाद प्रदर्शन योग्य फ़िल्म का रूप देता है।

फ़िल्म में साहित्यिक उपादानों के उपयोग और उसके आख्यानपरक रूप के कारण उसकी लोकप्रियता में अतिशय वृद्धि हुई। फ़िल्म के नियमित दर्शक करोड़ों की संख्या में हो गये। व्यावसायिक दृष्टि से यह बहुत ही लाभप्रद स्थिति थी। फ़िल्म व्यवसाय बड़ी तेजी से आगे बढ़ा और उसने कई देशों मुख्यतः अमेरिका में एक बड़े उद्योग का रूप ले लिया। फ़िल्म निर्माण के लिए एक नगर ही बस गया। हॉलीवुड मानो फ़िल्म उद्योग का पर्याप बन गया। हिन्दुस्तान में भी यह इण्डस्ट्री खूब फला फूला। हॉलीवुड की तर्ज पर बॉलीवुड बना और मुम्बई में फ़िल्मसिटी। आर्थिक सफलता से प्रेरित होकर फ़िल्म व्यवसायी फ़िल्म को और अधिक आकर्षक बनाने के लिए नित नये साधन जुटाता रहा। फ़िल्म को व्यवसाय मानकर ऐसा किया गया। फ़िल्म व्यवसायी के एक ओर वैज्ञानिक था और दूसरी ओर कलाकार। यद्यपि वैज्ञानिक प्रत्यक्ष रूप से फ़िल्म निर्माण से जुड़ा हुआ नहीं था, फिर भी वह फ़िल्म के विकास के लिए नित नये आविष्कार करता रहा और उसके द्वारा आविष्कृत यन्त्रों का उपयोग फ़िल्म निर्माण में होता रहा। फ़िल्म की प्रगति के तीन वाहकों वैज्ञानिक, कलाकार और व्यवसायी, में वैज्ञानिक सबसे आगे था। फ़िल्म को आधुनिक बनाने या उसको अभिव्यक्ति का सर्वाधिक सशक्त

माध्यम बनाने का श्रेय वैज्ञानिक के आविष्कारों को है। वैज्ञानिक ने फ़िल्मों में ध्वनि का प्रवेश सन् 1926 ई. में ही करा दिया था। कालान्तर में रंगों की विधि के आविष्कार के फलस्वरूप श्वेत-श्याम के स्थान पर प्राकृतिक रंग वाले रंगीन चित्र बनने लगे। आगे चलकर सिनेमास्कोप, 75 मिलीमीटर, सिनेरामा, थ्री डाइमेन्शन्स, स्टीरियोफोनिक ध्वनि आदि आविष्कारों ने सिने कला को नये रूपों में प्रस्तुत किया। फ़िल्म के विकास में वैज्ञानिक के योगदान को सर्वोपरि महत्त्व देते हुए सुप्रसिद्ध सिनेमा चिंतक इरविन पैनापस्की ने कहा है—"फ़िल्म कला का इतना त्वरित विकास कलात्मक प्रेरणा से नहीं अपितु तकनीकी आविष्कारों के कारण हुआ है।" यद्यपि फ़िल्म कला के विकास में वैज्ञानिक के योगदान से असहमति किसी की भी नहीं हो सकती, परन्तु फिर भी कुछ ऐसे समीक्षक हैं, जो वरीयता क्रम में वैज्ञानिक को प्रथम स्थान नहीं देना चाहते। जैसा कि आर्थर नाइट ने कहा है—"यदि बात केवल वैज्ञानिक तकनीक तक ही सीमित रहती, तो फ़िल्म कुछ मिनटों के प्रदर्शन से अधिक न बढ़ पाती। प्रदर्शक ने उसे मनोरंजन का रूप दिया और कलाकार ने उसे कला के उच्च शिखर तक पहुँचाया।"

यद्यपि फ़िल्म की लोकप्रियता अत्यधिक है, विश्व में उसके करोड़ों नियमित दर्शक हैं और वह हमेशा चर्चा का विषय बनी रहती है, फिर भी दर्शक उसे कला की उच्च भूमि पर प्रतिष्ठित नहीं करता। मनोरंजन के अन्यान्य साधनों की तरह फ़िल्म भी मनोरंजन का एक साधन है।

The best movies are rooted in reality.

—**Seth Gordon,** *American film director*

अध्याय-6

सिनेमा और यथार्थवाद

यथार्थवाद एक व्यापक क्षेत्रीय विचारधारा है। इसका सम्बन्ध वाङ्मय की अनेक विधाओं से है। साहित्य के क्षेत्र में यथार्थवाद मानव-जीवन के उस रूप के चित्रण पर बल देता है जो वास्तविक सत्ता से युक्त हो। व्यावहारिक दृष्टिकोण से साहित्य में मानव-जीवन और मानव-समाज का समग्र रूपात्मक चित्रण प्रस्तुत किया जाता है। एक यथार्थवादी साहित्यकार मानव-जीवन और मानव-समाज के आदर्शपरक और कल्पित स्वरूप की उपेक्षा करके अपनी रचनाओं में केवल यथार्थ चित्रण पर ही बल देता है, भले ही वह यथार्थ कुरूप और हीन हो तथा पाठक के हृदय पर उसको पढ़कर कोई सद्‌भावना न जाग्रत हो। इस दृष्टि से यथार्थवादी साहित्य किसी सीमा तक भौतिकवादी साहित्य कहा जा सकता है, क्योंकि वह मानव-जीवन और मानव-समाज की भावनात्मक और कलात्मक सत्ता से पृथक् उसकी वास्तविक सत्ता का बोध कराता है। एक साहित्यकार के अतिरिक्त एक चित्रकार अथवा विचारक भी यथार्थवादी दृष्टिकोण का अनुगामी हो सकता है परन्तु उसके यथार्थ चित्रण का क्षेत्र भिन्न हो जाता है। साहित्य में जिस यथार्थवाद का चित्रण किया जाता है, वह मुख्य रूप से वस्तु जगत् और भाव जगत् का पूरी ईमानदारी के साथ यथार्थ चित्रण प्रस्तुत करता है। इस दृष्टिकोण से साहित्य के क्षेत्र में जो प्रमुख विचारधाराएँ प्रमुख हैं उनमें यथार्थवाद भी एक है। यथार्थवाद साहित्य की भूति केवल कल्पना और आदर्श पर ही आधारित नहीं होता वरन् वास्तविक जगत् को उसकी सम्पूर्णता के साथ चित्रित भी करता है।

हिन्दी साहित्य की विभिन्न गद्यात्मक और पद्यात्मक विधाओं के क्षेत्र में यथार्थवाद का आंशिक रूप में समावेश पूर्व भारतेन्दु युग से ही दृष्टिगत होता है, परन्तु एक विशिष्ट विचारधारा के रूप में इसे प्रेमचन्द युगीन साहित्य में ही

प्रश्रय दिया गया। हिन्दी कहानी, उपन्यास, नाटक, एकांकी तथा कविता आदि के क्षेत्रों में यथार्थवाद का समावेश और विकास इन साहित्यिक माध्यमों के विकास के समानान्तर ही हुआ है। जहाँ तक हिन्दी कहानी का सम्बन्ध है, उसमें यह विचारधारा बहुत सुनियोजित रूप में उपलब्ध होती है। पूर्व भारतेन्दु युग तथा भारतेन्दु युग की कहानी में जहाँ यथार्थ का पुट यत्र-तत्र अंशतः ही उपलब्ध होता था, वहाँ प्रेमचन्द युग की कहानी में उसका स्पष्ट स्वरूप समाविष्ट हुआ। प्रेमचन्दोत्तर तथा स्वातन्त्र्योत्तर कहानी में उसकी प्रसार चेतना दृष्टिगत होती है। नयी कहानी में भी यथार्थवाद के विभिन्न रूपों का समावेश कहानी के विविध उपकरणों के क्षेत्र में स्पष्ट रूप से दृष्टिगत होता है।

यथार्थवाद साहित्य की एक महत्त्वपूर्ण विचारधारा है। आधुनिक हिन्दी साहित्य के क्षेत्र में यथार्थवाद का जो स्वरूप दृष्टिगत होता है, वह वास्तव में पाश्चात्य साहित्य से प्रभावित है। व्यावहारिक दृष्टिकोण से यथार्थ के समुचित चित्रण के लिए कहानी बहुत उपयुक्त साधन माना जा सकता है। सैद्धान्तिक दृष्टि से यदि विचार किया जाये तो यथार्थवाद पाश्चात्य साहित्य में उद्भूत और विकसित विचारधारा है, परन्तु यदि व्यापक दृष्टिकोण से इस पर विचार किया जाय तो हम इस निष्कर्ष पर पहुँचेंगे कि यथार्थवाद साहित्य की एक नैसर्गिक प्रवृत्ति है। जहाँ तक आधुनिक हिन्दी कहानी में यथार्थवाद के समावेश का प्रश्न है, इसके विषय में यहाँ पर यह संकेत करना असंगत न होगा कि आधुनिक कहानी का ही विकास यथार्थवाद के समानान्तर हुआ है। यथार्थवाद का उद्भव एक साहित्यिक विचारधारा के रूप में पाश्चात्य देशों में हुआ। वहाँ पर इस विचारधारा के मूल में साहित्य में अभिव्यंजित विषय के यथातथ्य की प्रवृत्ति विद्यमान है।

साहित्य की एक विशिष्ट विचारधारा के रूप में यथार्थवाद जीवन के यथार्थ अंकन पर बल देता है। यथार्थवाद की परिभाषा करते हुए विभिन्न आलोचकों ने इसके विभिन्न पक्षों की व्याख्या की है। प्रसिद्ध योरोपीय साहित्यिक इतिहासकार कजामियाँ ने यथार्थवाद के विषय में अपने इस मन्तव्य का प्रतिपादन किया है कि यथार्थवाद साहित्य में कोई विशिष्ट शैली नहीं है, वरन् एक विचारधारा अथवा प्रवृत्ति है। यहाँ पर कजामियाँ के इस मन्तव्य के सन्दर्भ में इस तथ्य का उल्लेख करना अप्रासंगिक न होगा कि योरोप में जोला तथा मोपांसा जैसे कथाकारों ने भी यथार्थवादी आन्दोलन के विकास में जो योग दिया है वह उसकी इसी प्रवृत्तिगत विशिष्टता के कारण है। राबर्ट लुई स्टीवेन्सन जैसे विचारकों का यह मत है कि यथार्थवाद साहित्य में अभिव्यक्ति यथार्थ में विशेष सम्बन्ध नहीं रखता,

वरन् केवल उसकी शैली से सम्बद्ध होता है। जार्ज ल्यूकस जैसे विद्वानों ने योरोपीय साहित्य में यथार्थवाद का अध्ययन करते हुए यह प्रतिपादित किया है कि वास्तविक अर्थ में यथार्थवादी साहित्य वही होगा, जिसमें का वर्ण्य विषय यथातथ्य चित्रण है। यथार्थवाद के अन्य पाश्चात्य व्याख्याताओं में हार्वर्ड फास्ट का उल्लेख करना भी आवश्यक है। उसने यथार्थ चित्रण की समस्या पर विचार करते हुए यह कहा है कि साहित्य की आभ्यांतरिक प्रक्रिया किसी पूर्व निर्धारित क्रम पर निर्भर नहीं करती और न ही वह उससे निर्दिष्ट होती है। इसके विपरीत वह केवल संयोग पर आधारित होती है ओर इस दृष्टि से एक साहित्यकार का उद्देश्य यथार्थ का यथातथ्य चित्रण करना नहीं होता वरन् यथार्थ के उपयुक्त रूप का चयन करना होता है। यही नहीं, वह इस बात पर भी बल देता है कि यथार्थ का स्वरूप एकात्मक होता है, द्वयात्मक नहीं। इसीलिए यथार्थपरक साहित्यकार के समक्ष कोई धर्मसंकट नहीं होता और वह सरलतापूर्वक उसके चित्रण में प्रवृत्त हो सकता है। प्रसिद्ध अंग्रेजी कथाकार और आलोचक हेनरी जेम्स ने कथात्मक विधाओं में यथार्थ चित्रण पर विशेष बल दिया है। उसका निश्चित मत यह है कि कोई भी लेखक तब तक किसी उत्कृष्ट कथाकृति की रचना नहीं कर सकता जब तक उसमें सत्य का विवेक न हो। परन्तु इसके साथ ही वह यह भी कहता है कि यह एक कठिन कार्य है। वह यह निर्देश करता है कि कथाकार को यथार्थ की खोज अपने विशद क्षेत्रीय जीवन में करनी चाहिए। वह यथार्थ को एकात्मक अथवा एकपक्षीय नहीं मानता। इसके विपरीत वह यथार्थ को बहुरूपी स्वीकार करता है। कथा-साहित्य के समग्र स्वरूप पर विचार करते हुए वह यह भी कहता है कि यथार्थता का वातावरण किसी कथावस्तु का एक ऐसा केन्द्रीय गुण है, जिस पर अन्य सभी गुण निर्भर करते हैं।

यथार्थवाद की परिभाषा करते हुए हिन्दी के अनेक साहित्यकारों ने अपने विभिन्न मत प्रकट किये हैं। हिन्दी के सर्वश्रेष्ठ कथाकार प्रेमचन्द ने बताया है कि यथार्थ का साहित्य में अत्यधिक महत्त्व होता है। उन्होंने यथार्थ को साहित्य की एक कसौटी मानते हुए अनुभूति की यथार्थता पर बल दिया है। उनके विचार से "साहित्य उसी रचना को कहेंगे, जिसमें कोई सच्चाई प्रकट की गयी हो, जिसकी भाषा, प्रौढ़, परिमार्जित और सुन्दर हो और जिसमें दिल और दिमाग पर असर डालने का गुण हो और साहित्य में यह गुण पूर्ण रूप में उसी अवस्था में उत्पन्न होता है, जब उसमें जीवन की सच्चाइयाँ और अनुभूतियाँ व्यक्त की गयी हों। इसी सन्दर्भ में यथार्थवाद की परिभाषा और स्वरूप का स्पष्टीकरण करते हुए

उन्होंने यह भी लिखा है कि "यथार्थवाद हमारी दुर्बलताओं, हमारी विशेषताओं और हमारी क्रूरताओं का नग्न चित्रण होता है और इस तरह यथार्थवादी हमको निराशावादी बना देता है, मानव-चरित्र पर से हमारा विश्वास उठ जाता है। हमको अपने चारों तरफ बुराई-ही-बुराई नज़र आने लगती है।"

प्रेमचन्द्र युग के दूसरे उल्लेखनीय कथाकार जयशंकर प्रसाद ने भी यथार्थवाद की परिभाषा और स्वरूप स्पष्ट करते हुए अपने विचार प्रकट किये हैं। उन्होंने यथार्थवाद को एक विशिष्ट साहित्यिक दृष्टिकोण माना हैं उनका मत है कि "यथार्थवाद की विशेषताओं में प्रधान है लघुता की ओर साहित्यिक दृष्टिपात। उसमें स्वभावतः दुख की प्रधानता और वेदना की अनुभूति आवश्यक है। लघुता से मेरा तात्पर्य है, साहित्य के माने हुए सिद्धान्त के अनुसार महत्ता के काल्पनिक चित्रण के अतिरिक्त व्यक्तिगत जीवन के दुख और अभावों का वास्तविक उल्लेख।" जयशंकर 'प्रसाद' ने आगे चलकर यथार्थवाद के बहुपक्षीय स्वरूप का प्रतिपादन किया है कि यथार्थ कभी भी एकपक्षीय अथवा एकांगी नहीं होता। इसके विपरीत वह सदैव अनेक रूपों वाला होता है। लेखक की दृष्टि और वर्ण्य विषय के वैशिष्ट्र्य के अनुसार यथार्थ का स्वरूप साहित्य में सदैव परिवर्तित होता रहता है। उन्होंने इस विवेचन के सन्दर्भ में लिखा है कि "यथार्थवाद क्षुद्रों का ही नहीं अपितु महानों का भी है। वस्तुतः यथार्थवाद का मूल भाव है वेदना। जब सामूहिक चेतना छिन्न-भिन्न होकर पीड़ित होने लगती है तब वेदना की विवृत्ति आवश्यक हो जाती है।"

हिन्दी के प्रसिद्ध शास्त्रीय समीक्षक डॉ. श्यामसुन्दर दास ने गद्य काव्य के विवेचन के सन्दर्भ में कथा साहित्य में सत्यता की व्याख्या की है। उनका मत है कि इस प्रकार के साहित्य में सर्वप्रथम तत्त्व यथार्थ ही है जिसका परीक्षण किया जाना चाहिए। इसके साथ ही उन्होंने यह भी कहा है कि कथा साहित्य का सत्य वैज्ञानिक सत्य से सर्वथा भिन्न होता है। परन्तु इतना होने पर भी उसमें गूढ़ और व्यापक सत्यता अन्तर्निहित रहती है जो अधिक प्रभावशाली और शिक्षाप्रद होती है। यथार्थवाद का साहित्य और कला में स्वरूप निर्धारित करते समय डॉ. हजारी प्रसाद द्विवेदी ने बताया है कि "कला के क्षेत्र में यथार्थवाद एक ऐसी मानसिक प्रवृत्ति है जो निरन्तर अवस्था के अनुकूल परिवर्तित और रूपायित होती रहती है।" द्विवेदी जी ने यथार्थवाद के स्वरूप से सम्बन्धित भ्रमों का उल्लेख करते हुए इसी प्रसंग में एक अन्य स्थल पर लिखा है कि यथार्थवाद शब्द बहुत गलतफहमी का शिकार बन गया है। साहित्य में यथार्थवाद शब्द का

प्रयोग नये सिरे से होने लगा है। यह अंग्रेजी साहित्य के 'रियलिज्म' के तौल पर गढ़ लिया गया है। यथार्थवाद का मूल सिद्धान्त है वस्तु को उसके यथार्थ रूप में चित्रित करना। न तो उसको कल्पना के द्वारा विचित्र रंगों से अनुरंजित करना और न किसी धार्मिक या नैतिक आदर्श के लिए उसे काट-छाँट कर उपस्थित करना। इसीलिए द्विवेदी जी ने यह संकेत किया है कि यथार्थवाद साहित्य में एक ऐसी विचारधारा के रूप में ग्राह्य होना चाहिए जिसमें लोगों की आस्था हो क्योंकि उसके अभाव में यथार्थवाद का उद्देश्य पूरा नहीं हो पाता। उन्होंने इस सम्बन्ध में अपनी यह धारणा भी व्यक्त की है, "यथार्थवाद को जैसे हमारे लेखकों ने विश्वास के रूप में नहीं, बल्कि आजकल के आवश्यक साधन के रूप में ग्रहण कर लिया है, यानी हर व्यक्ति में कुछ ढुलमुलपन और कुछ पतन स्खलन दिखा देने का नाम ही यथार्थवाद हो और आधुनिक बनने के लिए यह अत्यन्त आवश्यक हो, छोड़ा ही न जा सकता हो।"

हिन्दी के प्रगतिशील समीक्षक श्री शिवदान सिंह चौहान ने साहित्य में यथार्थवाद का अन्यतम महत्त्व प्रतिपादित किया है। उनकी यह धारणा है कि उत्कृष्ट साहित्य का सृजन सत्य के अभाव में नहीं हो सकता। उनके विचार से "महान साहित्य और कला सदा निर्विकल्प रूप से जीवन की वास्तविकता को ही प्रतिबिम्बित करती है, अतः उसकी एकमात्र कसौटी भी उसका यथार्थवाद है।"

यथार्थवाद की परिभाषा करते हुए आचार्य नन्ददुलारे वाजपेयी ने लिखा है कि "यथार्थवाद वस्तुओं की पृथक् सत्ता का समर्थक है, वह समष्टि की अपेक्षा व्यष्टि की ओर अधिक उन्मुख रहता हैं यथार्थवाद का सम्बन्ध प्रत्यक्ष वस्तु जगत् से है।" वाजपेयी जी ने यथार्थ के नाम पर कुरुचिपूर्ण साहित्य के प्रस्तुतीकरण का विरोध किाय है। एक अन्य समीक्षक डॉ. श्रीकृष्ण लाल ने यथार्थवाद के स्वरूप को स्पष्ट करते हुए लिखा है कि "यथार्थवाद आधुनिक विज्ञान युग की देन है। यों तो जीवन सर्वदा से ही प्रायः एक ही प्रकार का चला आ रहा है, परन्तु उसको निकट से देखने की दृष्टि विज्ञान ने ही पहले पहल दी। पानी हम सदा से पीते रहे हैं और उसका प्रयास यही रहा करता है कि स्वच्छ और निर्मल जलपान करें। प्रसिद्ध भी यही है (पानी पीये छानकर) परन्तु आज कपड़े से छानने से भी जल स्वच्छ जान पड़े यह ज़रूरी नहीं। कारण यह है कि विज्ञान ने हमें लघुवीक्षण यन्त्र द्वारा दिखा दिया है कि स्वच्छ-से-स्वच्छ जल में भी कीटाणुओं की संख्या गणनातीत हुआ करती है। यही लघुवीक्षण यथार्थ दृष्टि है।"

साहित्य के क्षेत्र में यथार्थवादी विचारधारा को व्यापक रूप में मान्यता मिली है। इसे विशिष्ट चिन्तकों का समर्थन भी प्राप्त हुआ है। सिद्धान्ततः यथार्थवादी विचारधारा साहित्य और कला में जीवन के उस रूप में अंकन पर बल देती है जिसका आधार यथार्थपरक हो। यथार्थवाद को अनेक मनीषियों ने विभिन्न सांस्कृतिक परम्पराओं व परिस्थितियों में रखकर कसा, समझा व परखा है। इसीलिए यह विश्व-साहित्य में विभिन्न कालों में विद्यमान रहा है। वस्तुतः यथार्थवाद सुधारक साहित्य का प्रथम चरण है। कोई भी साहित्यकार जब सामाजिक स्थिति का चित्र उपस्थित करता है तब उसका दृष्टिकोण यथार्थपरक ही रहता है। उसका उद्देश्य जन-मानस में उस आक्रोश को जन्म देना रहता है जिसके बिना किसी भी सुधार, परिवर्तन अथवा क्रान्ति की कल्पना नहीं की जा सकती है। ऐतिहासिक दृष्टिकोण से मध्यकालीन साहित्य में ही यथार्थवादी प्रवृत्तियाँ अंशतः दिखाई पड़ती हैं।

आधुनिक पाश्चात्य साहित्य में यथार्थवादी विचारधारा के विकास में कार्ल मार्क्स के सिद्धान्तों ने भी योग दिया। इस सम्बन्ध में कॉडवेल जैसे समीक्षकों ने विस्तार से विवेचन किया है। उसने मार्क्स के आधारभूत सिद्धान्तों की साहित्यिक परिणति भी निर्दिष्ट की है। रचनात्मक साहित्य के क्षेत्र में फ्लोवेयर, जोला तथा मोपासां आदि विचारकों ने भी इसके विकास में योग दिया है। उन्होंने यथार्थवाद को एक प्रवृत्ति के रूप में स्वीकृति दी जिसके मूल में वस्तुओं के यथा स्वरूप वर्णन की प्रवृत्ति है। इस रूप में इस विचारधारा का जो विकास हुआ उसे अन्य नवीन नाम भी दिये गये, जिनमें यथार्थवाद, अतियथार्थवाद तथा प्रकृतवाद आदि हैं। आधुनिक युग में यूरोपीय साहित्य के अन्तर्गत यथार्थवाद का महत्त्व इसलिए है क्योंकि अनेक प्रबुद्ध विचारकों की यह धारणा है कि यथार्थवाद ने साहित्य को एक नयी दृष्टि दी है। एक विशिष्ट वाद के रूप में साहित्य के क्षेत्र में इसकी चर्चा प्रथम महायुद्ध के पश्चात् से अधिक होने लगी। द्वितीय महायुद्ध तक पाश्चात्य साहित्य के क्षेत्र में इसका प्रचलन बहुत अधिक हुआ। वास्तव में प्रथम विश्वयुद्ध में जो भयानक नरसंहार हुआ था, उसकी प्रतिक्रिया स्वरूपहीनता, निराशा और आश्रयहीनता की अनुभूति ने यथार्थवाद के भावी विकास की यह भूमिका प्रस्तुत की जो आक्रोश और विद्रोह से युक्त थी।

यथार्थ और यथार्थवाद में कोई सैद्धान्तिक अथवा व्यावहारिक स्पष्ट भेद नहीं है। यथार्थ वह है जो साहित्य में समाज के वास्तविक चित्रण के रूप में प्रस्तुत किया जाता है। इसी प्रकार से यथार्थवाद वह है जो साहित्य की किसी भी विधा

के क्षेत्र में उस यथार्थ चित्रण पर बल देता है और उसके प्रति निरन्तर आग्रहशील रहता है। इसीलिए यथार्थवादी साहित्यकार अपनी रचनाओं में मानव-समाज और मानव-जीवन का जो चित्रण प्रस्तुत करता है उसका आधार भावना अथवा कल्पना का जगत् न होकर वह भौतिकवादी जगत् होता है जिसकी यथार्थ सत्ता विद्यमान रहती है। एक यथार्थवादी कहानीकार मानव-जीवन के विभिन्न पक्षों का यथातथ्य चित्रण अपनी रचनाओं में करता है जो अपनी यथार्थता के कारण ही सजीव और विश्वसनीय होता है। वह साहित्य को केवल मानसिक परितृप्ति और भावात्मक अनुभूति का विषय न मानकर जीवन और समाज के विकास के लिए एक सशक्त माध्यम मानता है। इस दृष्टि से यथार्थ वह है जो साहित्य में वास्तविकता के रूप में अभिव्यक्त किया जाता है और यथार्थवाद उसे कहते हैं जो उस यथार्थपरक साहित्य को एक विशिष्ट वैचारिक अर्थ प्रदान करता है। इस प्रकार से यथार्थ और यथार्थवाद एक-दूसरे के पर्यायवाची होते हुए भी पृथक् अस्तित्व से युक्त रहते हैं। यथार्थवाद साहित्य का बाह्य आचरण है तो यथार्थ उसका प्राण। यथार्थ और यथार्थवाद के विषय में विभिन्न विद्वानों ने जो मत व्यक्त किये हैं वे इस तथ्य के परिचायक हैं कि यथार्थवाद यथार्थपरक साहित्य की एक शैलीगत विशेषता न होकर उसमें निहित एक विशिष्ट विचारधारा है। इस विचारधारा का अनुगमनकर्ता साहित्यकार केवल एक चित्रकार की भाँति साहित्य में वास्तविक जीवन का चित्रण न करके उसे एक सुसम्बद्ध वैचारिक शृंखला में बद्ध करके प्रस्तुत करता है। सामाजिक जीवन में परिवर्तन और विकास के समानान्तर ही यथार्थ के स्वरूप में भी परिवर्तन और विकास होता रहता है। यथार्थवाद भी समय के अनुरूप विभिन्न परिस्थितियों और जीवन के वास्तविक रूपों से प्रभावित होता रहता है।

प्रायः प्रत्येक युग के साहित्य में यथार्थ और कल्पना का समन्वय दृष्टिगत होता है। युग-जीवन की पृष्ठभूमि में साहित्य में स्वीकृत जीवन मूल्यों के समानान्तर इन दोनों की मात्रा का अनुपात अवश्य घटता-बढ़ता रहता है। हिन्दी साहित्य के क्षेत्र में आधुनिक युग के पूर्व लिखा गया अधिकांश साहित्य कल्पना प्रधान है, यद्यपि उसमें समकालीन जीवन के यथार्थपरक संकेत भी यत्र-तत्र उपलब्ध होते हैं। आधुनिक युग में लिखा गया गद्य व पद्य साहित्य भी यथार्थ और कल्पना दोनों से ही युक्त है, परन्तु ज्यों-ज्यों साहित्य जीवन के निकटतर आता जा रहा है, उसमें यथार्थ का अनुपात बढ़ रहा है। यथार्थपरक साहित्य का सृजन कल्पना प्रधान साहित्य रचना की तुलना में अधिक साधना की अपेक्षा रखता है।

परन्तु सामान्यतः श्रेष्ठ साहित्य अतिरंजित रूप से यथार्थपरक अथवा कल्पनापरक नहीं हो सकता। इसीलिए अनेक विद्वानों ने उनके सन्तुलन और सामंजस्य पर बल दिया है। उदाहरण के लिए साहित्य में यथार्थ और कल्पना के सन्तुलन और सामंजस्य पर विचार करते हुए डॉ. रांगेय राघव ने लिखा है कि "साहित्य का सत्य कल्पना को बिल्कुल नहीं छोड़ देता, वह यथार्थ के आधार पर जितना ही दृढ़ होता है उतना ही गहराइयों तक पहुँचता है।"

यथार्थवाद के उद्भव के सन्दर्भ में यह संकेत किया जा चुका है कि यह विचारधारा वाङ्मय की विभिन्न विधाओं में समान रूप से निहित दृष्टिगत होती है। साहित्य के क्षेत्र में परवर्ती काल में इससे प्रभावित अन्य अनेक विचारधारायें मिलती हैं। इनमें से अनेक यथार्थवाद से प्रभावित हैं तथा अनेक ने यथार्थवाद को प्रभावित किया है। इनमें से अतियथार्थवाद के बारे में यह मान्यता है कि वह यथार्थवाद का ही अतिवादी रूप है और यथार्थवाद ने यदि साहित्य को एक नयी दृष्टि दी है तो अतियथार्थवाद एक परवर्ती रूप है। इसका आरम्भ योरोप में बीसवीं शताब्दी से माना जाता है। मार्क्सवाद मूल रूप से एक साहित्यिक विचारधारा नहीं है परन्तु यथार्थवाद के विकास तथा वर्तमान रूप-निर्धारण में उसका विशेष योगदान है। आदर्शवाद सामान्यतः यथार्थवाद की एक विरोधी विचारधारा माना जाता है परन्तु उसका उद्भव और विकास यथार्थवाद के समानान्तर ही हुआ है। प्रगतिवाद यथार्थवाद की एक समानधर्मी विचारधारा है क्योंकि यह भी साहित्य में यथार्थता और प्रगतिशीलता पर बल देती है।

अतियथार्थवाद

अतियथार्थवाद को यथार्थवाद की परवर्ती विचारधारा के रूप में मान्यता दी गयी है। जैसा कि ऊपर कहा जा चुका है, साहित्य के क्षेत्र में यह मान्यता है कि यथार्थवाद ने यदि साहित्य को एक नयी दृष्टि दी है तो अतियथार्थवाद ने व्यावहारिक क्षेत्र में उसके आरोपण की सम्भावनाएँ उपस्थित की हैं। ऐतिहासिक दृष्टिकोण से अतियथार्थवाद ने व्यावहारिक क्षेत्र में उसके आरोपण की सम्भावनाएँ उपस्थित की हैं। ऐतिहासिक दृष्टिकोण से अतियथार्थवाद ने व्यावहारिक क्षेत्र में उसके आरोपण की सम्भावनाएँ उपस्थित की हैं।

अतियथार्थवाद का एक साहित्यिक आन्दोलन के रूप में आरम्भ प्रतिक्रियात्मक रूप में हुआ। इसके प्रारंभिक संकेत प्रथम महायुद्ध के परवर्ती फ्रांसीसी साहित्य में दृष्टिगत होते हैं। इसकी प्रतिक्रिया वस्तुतः मानसिक और सांकेतिक थी जिसने

विद्रोहात्मक रूप धारण करके एक आन्दोलन की संज्ञा प्राप्त की थी। प्रथम विश्व युद्ध की समाप्ति के पश्चात् लगभग सन् 1920 से यथार्थवाद की चर्चा एक विशिष्ट वाद के रूप में आरम्भ हुई। सैद्धान्तिक दृष्टिकोण से अतियथार्थवाद का अर्थ उस सत्ता से समझा गया जो यथार्थ होते हुए भी दृष्टिगत न हो। इस अर्थ विशेष का परिवर्तन आंद्रे बेतें ने किया और उसे अनेक समकालीन विचारकों का सहयोग भी प्राप्त हुआ।

अतियथार्थवादी विचारधारा के अनुसार साहित्य अथवा कला को पूर्ण रूपेण बौद्धिक नहीं होना चाहिये क्योंकि यदि साहित्य अथवा कला पूर्णतः बौद्धिक हो जायेगी तो उसमें मनुष्य की वैयक्तिक अनुभूतियों के अन्तर्विरोध का चित्रण न हो सकेगा। अपनी इसी मान्यता के कारण अतियथार्थवादी विचारक आधुनिक नीति विषयक मान्यताओं का विरोध करते हैं। यहाँ पर इस तथ्य की ओर संकेत करना अप्रासंगिक न होगा कि अतियथार्थवादियों द्वारा आधुनिक नैतिक मान्यताओं के विरोध के कारण ही इसके विरोधी चिन्तक अतियथार्थवादियों के प्रति यह आक्षेप करते हैं कि वे चूँकि कोई नैतिक बन्धन नहीं स्वीकार करना चाहते इसलिए वे स्वच्छन्दता के समर्थक हैं।

अतियथार्थवादी तार्किकता और बौद्धिकता के विरुद्ध है। परन्तु इस कथन का यह आशय नहीं है कि वह भावुकता का समर्थन करता है। वास्तव में वह मूल रूप से मनोविज्ञान से सम्बन्धित है। इस दृष्टि से अतियथार्थवाद के आधार रूप में लगभग वे ही भावनाएँ और सिद्धान्त कार्यशील हैं जो फ्रायड, एडलर, युन्ग, गेस्टाल्ट तथा वाटसन आदि ने अपने मनोविश्लेषण शास्त्र में विवेचित किये हैं और जिनका सम्बन्ध चेतन-अचेतन, असंगीत और असन्तुलन आदि से है। इस दृष्टि से अतियथार्थवाद थोथे आदर्शों का विरोध करता है और रूढ़िवादी परम्पराओं का खण्डन। फलस्वरूप अतियथार्थवादी स्कूल पर अनेक दोषारोपण किये जाने लगे और उनके उत्तर भी दिये गये। पर सब से भीषण आरोप यह किया गया कि अतियथार्थवाद हिंसा और न्यू रोमांटिक प्रवृत्तियों को प्रश्रय देता है। वह वर्तमान नैतिकता को तिरस्कृत करता है, क्योंकि उसके विचार से वह रूढ़ और आडम्बरयुक्त है। वह प्रेम और स्वतन्त्रता पर आधारित नैतिकता को प्रमुखता प्रदान करता है।

यथार्थवादी दृष्टि क्या है

यथार्थवाद के पाश्चात्य साहित्य में उद्भव और विकास के सन्दर्भ में जिन परवर्ती आन्दोलनों ने जन्म लिया उनमें दादावाद का नाम भी उल्लेखनीय है।

जैसा कि पीछे कहा जा चुका है कि यथार्थवाद का जन्म एक सहज तार्किक प्रतिक्रिया के रूप में हुआ था। आगे चलकर अतियथार्थवाद तथा दादावाद के रूप में उसकी नवीन परिणति दृष्टिगत हुई। प्रथम विश्वयुद्ध के पश्चात् दादावाद अथवा दादाइज्म का भी उद्‌भव हुआ। कहा जाता है कि प्रथम विश्वयुद्ध के प्रताड़ित लोगों ने अपनी एक सभा में युद्धशील शक्तियों के प्रति घृणा व्यक्त करने की भावना शब्दकोश में से अनायास ही 'दादा' शब्द ढूँढ़ा और तब नाटकीय रूप में इस आन्दोलन का नाम 'दादावाद' रख दिया गया। इस आन्दोलन के पोषकों ने जिस उद्देश्य को सामने रखा, यह समकालीन समस्त मूल्यों, मानों और बुद्धिशीलता का विनाश करना था। और इसके उपरान्त इसके स्थान पर एक ऐसी प्रणाली की स्थापना करना था जो तर्क से परे थी। इनकी इस भावना की पृष्ठभूमि में यह धारणा थी कि तर्कपूर्ण विचारशीलता के आडम्बर ने साहित्य को केवल कुछ घिसे-पिटे वाक्यों के अतिरिक्त और कुछ नहीं दिया है। और इस तरह 'दादावाद' यथार्थवाद की परवर्ती विचारधाराओं में व्यापक मान्यता न प्राप्त कर सका, क्योंकि इसमें तात्कालिक प्रतिक्रियात्मक की भावना और सामयिक आक्रोश अधिक था और साहित्यिक आन्दोलन की प्रवृत्ति का अभाव था।

प्रकृतवाद

यथार्थवाद की परवर्ती विचारधाराओं में प्रकृतवाद का नाम उल्लेखनीय है। यथार्थवाद और प्रकृतवाद में मौलिक रूप में कोई अन्तर नहीं है। जैसा कि पीछे लिखा जा चुका है, पाश्चात्य साहित्य के क्षेत्र में यथार्थवाद का एक रूप अतियथार्थवादी विचारधारा के नाम से विकसित हुआ। इसी के साथ ही प्रकृतवाद का भी विकास सम्बद्ध है। ऐतिहासिक दृष्टिकोण से प्रकृतवाद का पोषक विश्व प्रसिद्ध फ्रांसीसी उपन्यासकार एमाइल जोला माना जाता है, जिसने उन्नीसवीं शताब्दी में ही इस शब्द का प्रयोग किया था। उसके परवर्ती काल में भी यह विचारधारा किसी-न-किसी रूप में विद्यमान रही है और उसे विश्व के अनेक प्रमुख लेखकों का सहयोग प्राप्त हुआ है। बीसवीं शताब्दी में प्रकृतवाद की परम्परा वर्तमान समय तक प्रशस्त मिलती है और ज्यां पाल सार्त्र जैसे लेखकों की कृतियों में भी इसके तत्त्व दृष्टिगत होते हैं। सैद्धान्तिक दृष्टिकोण से प्रकृतवाद का शाब्दिक अर्थ प्रकृति सम्बन्धी काव्य अथवा साहित्य है। इस विचारान्दोलन का विकास मूल रूप से फ्रांस में साहित्य और कला के क्षेत्र में हुआ था। यह विचारधारा भौतिकवाद पर अधिक बल देती है और इसमें आध्यात्मिकता के लिए जरा भी स्थान नहीं है। बहुत से विद्वानों का यह भी अनुमान है कि प्रकृतवाद फ्रांसीसी यथार्थवाद का ही विकसित रूप है।"

इस विचारधारा पर मुख्य आक्षेप यह लगाया जाता है कि इसमें यौन चित्रणों की अधिकता है और इसी कारण किसी सीमा तक अश्लीलता का समावेश हो जाता है। इस दृष्टि से यह विचारधारा आदर्शवाद जैसी विचारधाराओं से भिन्न है।

साहित्य के क्षेत्र में यथार्थवाद और प्रकृतवाद दोनों को पर्याप्त सीमा तक एक दूसरे का पर्यायवाची स्वीकार किया जाता है। यथार्थवाद साहित्य में यथार्थ चित्रण पर बल देता है, जबकि प्रकृतवाद विशुद्ध भौतिकता का समर्थक है। इसीलिए कभी-कभी यह कहा जाता है कि यथार्थवाद का विकृत रूप ही प्रकृतवाद है। डॉ. हजारी प्रसाद द्विवेदी की धारणा है कि प्रकृतवाद मूलभूत रूप से इस मान्यता का समर्थन करता है कि "मनुष्य प्रकृति का उसी प्रकार विकसित जन्तु है, जिस प्रकार संसार के अन्य प्राणी। उसमें पशु-सुलभ सभी आकर्षण-विकर्षण ज्यों-के-त्यों वर्तमान हैं। प्रकृतिवाद लेखक मनुष्यों को काम-क्रोध आदि मनोरोगों का गट्ठर मात्र समझता है और उसके अर्थहीन आचरणों, कामासक्त चेष्टाओं, अहंकार से उत्पन्न धार्मिक वृत्तियों का विशेष भाव से उल्लेख करता है।" जैसा कि ऊपर वर्णित किया गया है, प्रकृतवाद आदर्शवाद की विरोधी और यथार्थवाद की परवर्ती विकसित विचारधारा है। कुछ विचारक इसे यथार्थवाद का विकृत रूप भी कहते हैं। यह प्रवृत्ति भौतिक विज्ञान का बल लेकर योरोपीय साहित्य में 'प्रकृतवाद' के नाम से प्रकट हुई। यह वाद कार्यतः किसी प्रकार के साहित्यिक अलंकारों का अथवा वस्तुओं या भावों में किसी प्रकार के आदर्शीकरण का विरोधी है और इस बात का समर्थक है कि मनुष्य सभी बातों में पशु के समान है, विशेषकर रति के सम्बन्ध में यह अत्यन्त निम्न पतित श्रेणी के लोगों के जीवन को अपना सर्वोत्तम विषय समझता है। इसे हम यथार्थवाद की पराकाष्ठा कह सकते हैं।

यथार्थवाद और मार्क्सवाद के विषय में कहा जा चुका है कि इनमें दृष्टिकोणतः साम्य विद्यमान है। सैद्धान्तिक दृष्टिकोण से मार्क्सवाद एक दार्शनिक विचारधारा है जिसका सम्बन्ध सामाजिक जीवन से है। इसी कारण इसे व्यावहारिक और कर्ममूलक दर्शन की संज्ञा दी जाती है। इस दृष्टि से मार्क्सवाद का उद्देश्य केवल तात्विक विश्लेषण करना ही नहीं वरन् समाज को परिवर्तित करके उसे आदर्श स्वरूप प्रदान करने की दिशा में प्रयत्नशील होना भी है। मार्क्सवाद साहित्य को इस दिशा में एक महत्त्वपूर्ण माध्यम मानता है। वह साहित्य के यथार्थपरक होने पर बल देते हैं। स्वयं कार्ल मार्क्स ने भी अपनी विचारधारा में इस मंतव्य का प्रतिपादन किया है कि वास्तव में किसी विचार अथवा भावधारा की कोई परम्परा या इतिहास नहीं होता है, केवल समाजों का ही इतिहास होता है।

इसीलिए कार्ल मार्क्स अपने विचार-दर्शन में मनुष्य के सामाजिक विकास और सामाजिक क्रान्ति की व्याख्या प्रस्तुत करता है। समाज के विकास की प्रक्रिया के विश्लेषण के सन्दर्भ में कार्ल मार्क्स ने ऐतिहासिक वस्तुवाद की पद्धति का प्रवर्तन किया है। उसके उस सिद्धान्त का स्पष्टीकरण करते हुए फ्रेडरिख ऐंगेल्स ने बताया है कि इसके पद्धति के माध्यम से कार्ल मार्क्स समाज के आर्थिक विकास का विवेचन करते हुए उत्पादन विनिमय पद्धति वर्ग विभाजन और वर्ग संघर्ष के कार्यों और परिणामों का निदर्शन करता है। कार्ल मार्क्स के विचार से सामाजिक उत्पादन के क्षेत्र में कुछ निश्चित और अनिवार्य सम्बन्ध स्थापित हो जाते हैं, जिनका अस्तित्व उत्पादकों की इच्छा पर निर्भर नहीं होता, परन्तु वे उत्पादन शक्ति के अनुरूप होते हैं। अतएव समाज का अर्थशास्त्रीय ढाँचा इन उत्पादन सम्बन्धों की सामूहिक समग्रता पर निर्भर होता है। यह उसकी यथार्थ नींव होती है और सामाजिक चेतना के विशिष्ट रूप भी इसी के अनुगत होते हैं। व्यापक अर्थों में मनुष्य के भौतिक जीवन की उत्पादन पद्धति के द्वारा ही उसकी सामाजिक, राजनीतिक और बौद्धिक क्रियाएँ निर्धारित होती हैं।

यथार्थवाद और आदर्शवाद सामान्य रूप से दो परस्पर विरोधी विचारधाराएँ मानी जाती है। साहित्य में भी यथार्थवाद को आदर्शवाद का विरोधी कहा जाता है परन्तु वास्तव में ऐसा नहीं है। यथार्थवाद की भांति ही आदर्शवाद भी एक बहुत प्राचीन विचारधारा है। इसे 'विचारवाद' नाम भी दिया जाता है क्योंकि इसका सम्बन्ध 'आइडिया' या 'विचार' से है। यथार्थवाद की भाँति ही आदर्शवाद का समावेश भी साहित्य-रचना के सभी क्षेत्रों में होता है। प्राथमिक रूप से यथार्थवाद और आदर्शवाद में यह अन्तर है कि यथार्थ चित्रण में बहुधा आदर्श का अभाव भी हो सकता है जब कि आदर्श प्रत्येक परिस्थिति में आदर्श रहता है। इसीलिए यथार्थवाद का सम्बन्ध भौतिकता से और आदर्शवाद का आध्यात्मिकता से माना जा सकता है। मानव-जीवन को उदात्तशील बनाने वाली यह विचारधारा मूल रूप से अन्तर्मुखी मानी जाती है। इस दृष्टिकोण से आदर्शवाद के अन्तर्गत उसी साहित्य को रखा जाना चाहिए जो अन्तर्मुखी वृत्ति और आध्यात्मिक मूल्यों को शाश्वत रूप में प्रस्तुत कर सके। व्यावहारिक दृष्टिकोण से आदर्शवाद साहित्य में उस यथार्थ के चित्रण का विरोधी होता है, जो आदर्श नहीं होता और उसके चित्रण से पाठक को किसी आदर्श की प्रेरणा नहीं मिलती।

यथार्थवाद की ही भाँति आदर्शवाद भी एक व्यापक क्षेत्रीय विचारधारा है। इसका प्रसार साहित्य की समस्त विधाओं के क्षेत्र में तो है ही, विभिन्न शास्त्रों

और विज्ञानों में भी इसकी निहित मिलती है। आदर्शवाद की दृष्टि बौद्धिक है, किन्तु वह जीवन के सूक्ष्म मूल्यों को अधिकतर महत्त्व देता है और इस दृष्टि से वह आध्यात्मिक है।

यथार्थवाद और आदर्शवाद को परस्पर विरोधी विचारधारा मानने वाले आलोचक आदर्शवाद के विरुद्ध यह आरोप लगाते हैं कि आदर्शवाद यथार्थ जीवन से विमुख होता है और भावनात्मक तथा कल्पनात्मक तत्त्वों पर आधारित होता है। वास्तव में यह बात तर्कसंगत नहीं है क्योंकि आदर्श का स्थापना यथार्थ की नींव पर ही होती है। यही कारण है कि साहित्य के क्षेत्र में जो आदर्शवादी रचनाएँ हैं, उनमें तो आदर्श की निहित रहती ही है उनके साथ उन रचनाओं में भी आदर्श का समावेश होता है जो यथार्थवादी होती हैं। वास्तव में आदर्श का सम्बन्ध कल्पना से होता है और इसीलिए वह स्वभावतः यथार्थता से भिन्न होता है। परन्तु बहुधा कहानी साहित्य में यथार्थ और आदर्शवाद दोनों ही अधिकांश साहित्यिक कृतियों में अनिवार्य रूप से समन्वित रूप में उपलब्ध होते हैं क्योंकि आदर्श परोक्ष रूप में यथार्थ जीवन में अनुकरण किये जाने के उद्देश्य से प्रस्तुत किया जाता है और यथार्थ किसी आदर्श की प्रतिष्ठा के लिए चित्रित किया जाता है।

प्रगतिवाद

हिन्दी में प्रगतिवादी विचारधारा का विकास अन्य आन्दोलनों की तुलना में अपेक्षाकृत तीव्र गति से हुआ। इसका कारण यह था कि इसकी परवर्ती विचारधारा छायावाद का विरोध करते हुये प्रगतिवादियों ने उसे पलायनवादी कहा इसलिए आरम्भ में प्रगतिवाद को पर्याप्त समर्थन प्राप्त हुआ, यद्यपि आगे चलकर द्वितीय महायुद्ध के पश्चात् इसे व्यक्तिवादी आन्दोलन का भी विरोध सहन करना पड़ा। परन्तु प्रगतिशील इसलिए अधिक ग्राह्य हुआ क्योंकि यह छायावाद की भाँति केवल काव्य के क्षेत्र तक सीमित नहीं रहा, वरन् गद्य और पद्य साहित्य की सभी विधाओं में इसे स्वीकार किया गया। इसके सैद्धान्तिक स्पष्टीकरण और समर्थन में अनेक चिन्तकों ने अपने विचार व्यक्त किये। राहुल सांकृत्यायन ने प्रगतिवाद का स्वरूप निदर्शन करते हुये उसके यथार्थ तत्त्वों की व्याख्या के सन्दर्भ में बताया है कि "प्रगतिवाद कोई 'कल्ट' या संकीर्ण सम्प्रदाय नहीं है। प्रगतिवाद का काम है प्रगति के रास्ते को खोलना, उसके पथ को प्रस्तुत करना। प्रगतिवाद कलाकार की स्वतन्त्रता का नहीं, परतन्त्रता का शत्रु है। प्रगति जिसके रोम-रोम में भीग गयी है, प्रगति ही जिसकी प्रकृति बन गयी है, वह स्वयं अपनी सीमाओं का निर्धारण कर सकता है। प्रगतिवाद कला की अवहेलना नहीं कर सकता।"

साहित्य और समीक्षा के क्षेत्र में प्रगतिवादी आन्दोलन के समर्थक प्रकाशचन्द्र गुप्त ने अपने इस मंतव्य का प्रस्तुतीकरण किया है कि कोई भी जागरूक साहित्यकार समाज के ह्रास के कारण की ओर से विमुख नहीं रह सकता। प्रगतिवादी समीक्षक डॉ. रामविलास शर्मा ने प्रगतिवादी विचारधारा को आधुनिक युग की सबसे अधिक प्रचलित विचारधारा माना है। उन्होंने इस मत का विरोध किया है कि प्रगतिशीलता और प्रगतिवाद परस्पर समान हैं। उनके विचार से एक साहित्यकार प्रकृति से ही प्रगतिशील होता है। उन्होंने लिखा है कि "प्रगतिशील अलग है, प्रगतिशील साहित्य कोई और चीज़ है। इस तरह का सूक्ष्म भेद किया गया है। जैसे—छायावादी कवि की रचनाएँ छायावाद से भिन्न नहीं हैं, वैसे ही प्रगतिशील लेखकों की रचनाएँ प्रगतिवाद से भिन्न नहीं हैं। मार्क्सवादी दृष्टिकोण का समावेश करता है और सिद्धान्ततः साहित्य की मुख्य कसौटी है। इस रूप में वह नवीन चेतना के जागरण का प्रतीक है। यथार्थवाद और प्रगतिवाद से सम्बन्धित अनेक महत्त्वपूर्ण समस्याओं पर श्री मन्मथनाथ गुप्त ने विचार किया है। उन्होंने प्रगतिशीलता के विरुद्ध लगाये गये अनेक आरोपों का खण्डन करते हुए उसके यथार्थ मूल्यांकन पर बल दिया है। उन्होंने यह भी कहा है कि प्रगतिशीलता और प्रगतिवाद साम्यवाद अथवा अन्य किसी भी राजनीतिकवाद के सत्ताधिकार से मुक्त हैं। इसलिए उन्हें राजनीतिक मतवादों से पृथक् करके देखना चाहिए। प्रगतिवाद के विरोधियों के आक्षेपों का उत्तर देते हुए उन्होंने कहा है कि वह साहित्य को समाज की कसौटी पर कसता है।

साहित्य के क्षेत्र में यथार्थवादी विचारधारा का विकास एक व्यापक पृष्ठभूमि में हुआ है। इस दृष्टि से साहित्य की विविध विधाओं में इसके अनेक रूप उपलब्ध होते हैं। इनमें ऐतिहासिक यथार्थवाद, मनोवैज्ञानिक यथार्थवाद, सामाजिक यथार्थवाद तथा आदर्शोन्मुख यथार्थवाद प्रमुख हैं। सामान्यतः ऐतिहासिक यथार्थवाद से आशय उस यथार्थ से समझा जाता है, जिसका सम्बन्ध अतीत कालीन मानव जीवन से होता है वह विभिन्न युगों की वास्तविकता का बोध पाठक को कराता है। इसीलिए ऐतिहासिक यथार्थवाद को यथार्थवाद का ही एक रूप माना जाता है जो अतीत के किसी युग विशेष की सामाजिक, धार्मिक, आर्थिक, राजनीतिक और सांस्कृतिक परिस्थितियों का यथार्थ चित्रण प्रस्तुत करता है। मनोवैज्ञानिक यथार्थवाद का विकास साहित्य के क्षेत्र में मनोविश्लेषणात्मक विचारधारा के समानान्तर हुआ है और इसके अन्तर्गत साहित्य में चित्रित मानव मन, वेतन, उपचेतन तथा अवचेतन मन के रहस्यों की विवृत्ति की जाती है। समाजवादी यथार्थवादी वस्तुतः साहित्य के प्रति एक उपयोगितावादी दृष्टिकोण का परिचायक है और इसकी पृष्ठभूमि में समाजवाद के विकास का उद्देश्य निहित है।

आदर्शोन्मुख यथार्थवाद साहित्य में यथार्थ तत्त्व पर अवश्य बल देता है परन्तु उसके आधार पर वह किसी आदर्श का अनुमोदन करता है। यहाँ पर संक्षेप में यथार्थवाद के इन प्रमुख रूपों की व्याख्या की जा रही है।

ऐतिहासिक यथार्थवाद

साहित्यिक दृष्टिकोण से यथार्थवाद व ऐतिहासिक यथार्थवाद में कोई मौलिक भेद नहीं है देशकाल के परिवर्तन से ही यथार्थवाद ऐतिहासिक यथार्थवाद हो जाता है। उदाहरणस्वरूप कल जो यथार्थ था वही आज परिस्थितियों में अन्तर पड़ जाने से ऐतिहासिक यथार्थ हो जायेगा। इसी प्रकार से आज जो यथार्थ है इसी अन्तर में आने से कल ऐतिहासिक यथार्थ हो जायेगा। इस प्रकार से हम कह सकते हैं कि ऐतिहासिक यथार्थवाद में भूतकाल की सामाजिक एवं राष्ट्रीय परिस्थितियों का ही स्वाभाविक चित्रण होता है। इसका शब्द ऐतिहासिक यथार्थवाद की व्याख्या नहीं होती वरन् इन दोनों में पर्याप्त अन्तर विद्यमान है। इतिहास में तिथियों, घटनाओं तथा परिणामों का सही विवरण होता है परन्तु ऐतिहासिक यथार्थवाद में सामाजिक, राष्ट्रीय एवं धार्मिक परिस्थितियों के चित्रण पर भी बल दिया जाता है। इसका मुख्य कारण यह है कि यथार्थवादी साहित्य वह होता है जिससे वर्तमान समाज प्रेरणा ले सके तथा उसके परिणामों को देखकर वर्तमान समाज के दोषों में सुधार कर सके। इस प्रकार से ऐतिहासिक यथार्थवाद साभिप्राय यथार्थ की रचना करता है। वस्तुतः ऐतिहासिक यथार्थवाद में तत्कालीन समाज एवं राष्ट्र का सजीव चित्रण होने के साथ ही कल्पनात्मक तत्त्वों द्वारा समस्याओं का समाधान भी होता है।

ऐतिहासिक यथार्थवाद का एक ऐसा रूप है जो प्रत्येक युग की वास्तविकता का बोध कराता है। जिस साहित्य में अपने युग का सत्य चित्रण होता है वही श्रेष्ठ साहित्य बन सकता है। वेद इसका प्रत्यक्ष प्रमाण है। वेदों की ऋचाओं में तत्कालीन समाज का यथार्थ चित्रण हुआ है भले ही वह आदर्श न हो। इसीलिए आज तक समाज में उनका अपना महत्त्व बना हुआ है। इसी भाँति 'रामायण' और 'महाभारत' में जटिल मानव जीवन की समस्याओं को मझे हुए रूप में चित्रित किया गया है। कालिदास के साहित्य में नारी के अधिकारों के लिए मार्मिक वेदना दृष्टिगत होती है। इस प्रकार से आदि काल से ही ऐतिहासिक यथार्थ का महत्त्वपूर्ण स्थान है। आदिकालीन रचनाओं में भी ऐतिहासिक यथार्थ का वाद दृष्टिगत होता है। परन्तु ऐतिहासिक यथार्थ के चित्रण के लिए साहित्यकार को निष्पक्ष होना चाहिए। यदि वह अपनी रचनाओं में वैयक्तिक आग्रहों का पालन करता है तो उसकी कृतियों में ऐतिहासिक यथार्थ नहीं आ पायेगा।

राहुल सांकृत्यायन, डॉ. रांगेय राघव, यशपाल तथा वृन्दावनलाल वर्मा आदि कथाकारों की रचनाओं में ऐतिहासिक यथार्थ का प्रभावशाली रूप दृष्टिगत होता है।

सैद्धान्तिक दृष्टिकोण से ऐतिहासिक यथार्थवाद के अन्तर्गत अतीत के युग विशेष की विभिन्न क्षेत्रीय परिस्थितियों का यथार्थ अंकन किया जाता है। इस दृष्टि से इतिहास और ऐतिहासिक यथार्थ में किंचित अन्तर होता है, क्योंकि इतिहास जहाँ युग काल की तिथियों तथा घटनाओं का लेखा-जोखा होता है। वहाँ ऐतिहासिक यथार्थ के अन्तर्गत उस युग के देशकाल व वातावरण के सन्दर्भ में सामाजिक, धार्मिक, आर्थिक, राजनीतिक और सांस्कृतिक परिस्थितियों का विस्तृत चित्रण किया जाता है। इस दृष्टि से ऐतिहासिक यथार्थवाद किसी सीमा तक अप्रत्यक्ष रूप से अतीत जीवन के उस आदर्श की प्रतिष्ठा करता है जिससे वह युग अनुप्राणित था और जो वर्तमान के लिए भी अनुकरणीय हो सकता है।

मनोवैज्ञानिक यथार्थवाद

मनोवैज्ञानिक यथार्थवाद, यथार्थवाद का वह रूप है जिसका विकास आधुनिक हिन्दी साहित्य में मनोविश्लेषणात्मक विचारधारा के समानान्तर हुआ है। स्थूल रूप से मनोवैज्ञानिक यथार्थवाद समाजवादी यथार्थवाद के विपरीत मनुष्य की वैयक्तिक चेतना की विवृत्ति करता है। वह उसके समष्टिगत महत्त्व और मूल्यों को अस्वीकारता नहीं है, फिर भी वह बाह्य सत्ता का विश्लेषण करने के स्थान पर उसके अचेतन, उपचेतन तथा अवचेतन मन के रहस्यों को उद्‌घाटित करता है। मनोवैज्ञानिक यथार्थवादी, दृष्टिकोण से आधुनिक जीवन का स्वरूप कुछ इस प्रकार है कि अधिकांश अतृप्त कामनाएँ एवं कुंठाएँ किसी-न-किसी रूप में आर्थिक हीनता और निषेध का परिणाम होती हैं तथा इसकी मुक्ति के लिए आर्थिक समानता व संयुक्त परिवार अनिवार्य है। आधुनिक हिन्दी साहित्य के क्षेत्र में मनोवैज्ञानिक यथार्थवाद का सुस्पष्ट रूप में समावेश प्रेमचन्द युग से हुआ। प्रेमचन्द युग के कहानीकारों ने मनोवैज्ञानिक यथार्थवाद के प्रति अपेक्षाकृत अधिक सजगता दिखाई। प्रेमचन्द, जयशंकर प्रसाद, सूर्यकान्त त्रिपाठी 'निराला' चतुरसेन शास्त्री तथा पाण्डेय बेचन शर्मा 'उग्र' आदि लेखकों ने मनोवैज्ञानिक यथार्थ का समावेश अपनी कहानियों में किया है। प्रेमचन्दोत्तर तथा स्वातंत्र्योत्तर युगीन कहानीकारों ने जहाँ एक ओर अपनी दृष्टि का परिष्कार और विकास करते हुए मनोवैज्ञानिक यथार्थ के चित्रण पर बल दिया वहाँ दूसरी ओर कुछ कहानीकारों ने संकुचित अर्थ में इसका प्रयोग किया।

अपने व्यापक स्वरूप के अनुसार मनोवैज्ञानिक यथार्थवाद मनुष्य के अन्तर के समस्त भावनात्मक उतार-चढ़ावों का विश्वसनीय चित्रण साहित्य में उपस्थित करता है। जो साहित्यकार उसके व्यापक अर्थ को मान्यता देते हैं वे मानव मन की विवृत्ति के साहित्य में अनुगामी हैं और उसके निर्बाध चित्रण पर बल देते हैं। आधुनिक मनोवैज्ञानिक के प्रवर्तक फ्रायड ने अपने सिद्धान्तों में मनुष्य की अन्तर चेतना की जो व्याख्या की है वह मानव के अचेतन और अर्थ चेतन के महत्त्व की असाधारणता प्रतिपादित करती है। फ्रायड के इसी सिद्धान्त के सन्दर्भ में उसके स्वप्न सिद्धान्त का भी उल्लेख किया जा सकता है, जो परोक्ष रूप में मानव मन की अस्पष्ट इच्छाओं का परिचायक है। साहित्य के क्षेत्र में मनोवैज्ञानिक यथार्थवाद का जो रूप दृष्टिगत होता है, इसके अन्तर्गत फ्रायड के मनोविश्लेषण और स्वप्न सिद्धान्त दोनों का ही समावेश हुआ है। इस प्रकार से मनोवैज्ञानिक यथार्थवाद का एक प्रमुख रूप है जिसका विकास कथा साहित्य के क्षेत्र में विशिष्ट मनोविश्लेषणात्मक शास्त्रियों के सिद्धान्तों का आश्रय ग्रहण करके हुआ है।

समाजवादी यथार्थवाद

समाजवादी यथार्थवाद वास्तव में साहित्य के प्रति एक उपयोगितावादी दृष्टिकोण है। इसकी पृष्ठभूमि में पूँजीवाद के विनाश और समाजवाद के विकास का उद्देश्य निहित है। इसीलिए इस विचारधारा में आस्था रखने वाला लेखक समाज की उन शक्तियों का आह्वान करता है जो यथार्थ की पृष्ठभूमि पर आर्थिक समानता के आधार पर वर्गहीन समाज की स्थापना के लिए संघर्ष कर सके। समाजवादी यथार्थवाद के आविर्भाव और विकास पर यदि ऐतिहासिक दृष्टिकोण से विचार किया जाय तो यह ज्ञात होगा कि इसका उद्‌भव रूपी साहित्य के क्षेत्र में क्रान्ति के परवर्ती काल में हुआ था। उस समय साहित्य में निम्न वर्गो के जीवन का व्यापक चित्रण होने लगा था और उनके संघर्ष को प्रधानता दी जा रही थी। इस प्रकार का साहित्य मार्क्सवाद के सिद्धान्तों से विशेष प्रभावित था और इसे वहाँ समाजवादी यथार्थवाद की संज्ञा दी गयी थी।

कार्ल मार्क्स के सिद्धान्तों के विषय में वर्णन किया जा चुका है कि वे यथार्थवाद के विकास में आधारभूमि सिद्ध हुए। उन्होंने साहित्य को व्यापक रूप से प्रभावित किया।

हिन्दी साहित्य के क्षेत्र में समाजवादी यथार्थ से प्रभावित रचनाओं में यथासम्भव समाज के वास्तविक स्वरूप का चित्रण करने पर बल दिया जाता है। इस प्रकार की कहानियों में मुख्य रूप से सामाजिक विषमताओं, कुंठाओं और

हीनताओं का चित्रण किया जाता है क्योंकि यह चित्रण ही उनके मूलभूत कारणों और तज्जनित समस्याओं के निर्मूलन में सहायक होता है। इसके साथ ही सामाजिक यथार्थवाद समाज के यथातथ्य के वर्णन के समानान्तर ही उसके प्रति अपना निदानात्मक दृष्टिकोण भी प्रस्तुत करता है। सामाजिक यथार्थवादी साहित्यकार समाज और व्यक्ति के पारस्परिक सम्बन्धों, उसके प्रत्येक आचार-विचारों तथा उसकी राष्ट्रीय, आर्थिक एवं नैतिक अवस्थाओं का मूल्यांकन तत्कालीन परिस्थितियों के आधार पर करता है। वह केवल समाज जैसा है वैसा है, उसका वर्णन मात्र नहीं कर देता, बल्कि इस रूप में प्रस्तुत करता है जिससे पाठक युग के सत्य एवं समाज में होने वाले कार्य- व्यापारों के औचित्य तथा अनौचित्य की सरलता से परख कर सके और उन मर्यादाओं का अनुसरण कर सके जिन पर चलकर एक आदर्श समाज की स्थापना हो सके।" समाजवादी यथार्थवाद वास्तव में समाज की उस चेतना से सम्बन्धित है जो समग्र रूप से एक इकाई के रूप में मान्य की जा सकती है। इसके अन्तर्गत लेखक सामाजिक संघर्ष पर बल देता है। यह संघर्ष शोषित वर्गों की ओर से शोषितों के विरुद्ध किया जाता है।

आदर्शोन्मुखी यथार्थवाद

यथार्थवाद के उस रूप को आदर्शोन्मुख यथार्थवाद कहते हैं जो यथार्थपरक होते हुए भी किसी आदर्श की प्रतिष्ठा करता हो। हिन्दी साहित्य के क्षेत्र में प्रेमचन्द के पूर्व युग में यथार्थवाद के आरंभिक संकेत मिलते हैं। आदर्शोन्मुख यथार्थवाद का उद्‌भव प्रेमचन्द युग से माना जाता है। स्वयं मुंशी प्रेमचन्द के साहित्य में यथार्थवाद का जो रूप दृष्टिगत होता है उसे आदर्शोन्मुख यथार्थवाद की संज्ञा दी जाती है। आचार्य नन्ददुलारे वाजपेयी ने प्रेमचन्द को विशुद्ध आदर्शवादी ही माना है। उन्होंने आदर्शोन्मुख यथार्थवाद अथवा यथार्थोन्मुख आदर्शवाद को मान्यता नहीं दी है। उनके विचार से "साहित्यिक निर्माण में यथार्थोन्मुख आदर्शवाद या आदर्शोन्मुख यथार्थवाद नाम की कोई वस्तु नहीं हे। साहित्य में यथार्थवादी और आदर्शवादी रचना के दो अलग-अलग विभाग हैं। इन दोनों को मिलाने वाला कोई पृथक् वाद नहीं है। यह तर्कसंगत भी प्रतीत नहीं होता क्योंकि दो परस्पर विरोधी जीवन-दर्शनों और कला-परिपाटियों में एकत्व की कल्पना कैसे की जा सकती है।"

Most of the available Indian films in Australia are Bollywood. I did not watch them. In my early days, I watched Satyajit Ray's 'Apu Trilogy,' which was a beautiful take on social realism.

*—**Garth Davis,** Australian director*

अध्याय-7

सिनेमा में यथार्थवाद

'कला प्रकृति का अनुकरण है' या 'कला प्रकृति का प्रतिबिम्ब है', पश्चिमी समीक्षा के इस आधारभूत सिद्धान्त के परिप्रेक्ष्य में यदि फ़िल्म पर विचार किया जाय, तो हम देखेंगे कि फ़िल्म-कैमरे में कला का प्रतिबिम्ब प्रस्तुत करने की अद्‌भुत क्षमता है। यदि कला का लक्ष्य यथार्थ का भ्रम उत्पन्न करना है, तो फ़िल्म ने इस लक्ष्य को अन्य कलाओं की तुलना में सर्वाधिक रूप से प्राप्त किया है और ऐसी स्थिति में अन्य कलाओं को करने के लिए कुछ शेष नहीं रह जाता। समीक्षकों का एक वर्ग यह मानता है कि कला का लक्ष्य मात्र प्रकृति का अनुकरण नहीं है। उनके अनुसार कला सृजन का अर्थ केवल जगत का अनुकरण नहीं है, बल्कि उसमें अभिवृद्धि करना है। इस अभिवृद्धि के द्वारा कलाकार अपनी भावनाओं और संवेगों को अभिव्यक्त करता है, या वह इसे रचना-विन्यास के रूप में प्रयुक्त करता है। स्वाभाविक है कि इस स्थिति में कलाकार की भावनाओं की अभिव्यक्ति अमूर्त हो सकती है, शिल्पगत रूप पूर्णतया काल्पनिक हो सकता है, और यहाँ तक हो सकता है कि कला सृष्टि का प्रकृति से किंचित भी सम्बन्ध न रहे। ऐसी ही विचार वाले कुछ चित्रकला शास्त्रियों का कहना है कि जब यह स्पष्ट है कि वास्तविकता के यथावत् या दर्पण अनुकृति के स्तर पर चित्रकला फ़िल्म की प्रतिद्वन्द्विता नहीं कर सकती, तो उचित यही है कि वह यथार्थ का मार्ग ही छोड़ दे। यथार्थ-विरोधी या कलावादी समीक्षकों का यह वर्ग फ़िल्म के यथावत् अंकन का विरोध करता है। यह फ़िल्म से भी कल्पनापूर्ण सृजन की अपेक्षा करता है। सिगफ्रायड क्राशर, जो सिनेमा के यथार्थवादी दृष्टिकोण को मानता है, के अनुसार फ़िल्म ही एकमात्र ऐसी कला है, जो यथार्थ का पूर्ण अंकन करती है। इसलिए प्रकृति का दर्पण-प्रतिबिम्ब प्रस्तुत करने में केवल वही सक्षम है।

फ़िल्म भौतिक जगत के उपादानों को वस्तुतः कलाकृति के रूप में प्रस्तुत करती है। भावनाओं की अमूर्त और कल्पनारंजित अभिव्यक्ति का चित्रण फ़िल्म में नहीं हो सकता। फोटोग्राफी की मूल विशेषताओं से युक्त होने के कारण फ़िल्म का मुख्य कार्य भौतिक पदार्थ का वास्तविक अंकन और उद्घाटन करना है। क्राशर का विश्वास है कि हम कैमरे के माध्यम से जगत की वास्तविकता का दर्शन और अच्छे ढंग से करते हैं।"

क्राशर के मत के विपरीत प्रसिद्ध फ्रेंच समीक्षक आन्द्रे बेजिन का विचार है कि फ़िल्म का यथार्थ वैज्ञानिक नहीं, अपितु हमारी मिथक भावना की अभिव्यक्ति है। फ़िल्म यथार्थ का हेतु भौतिक वास्तविकता का उद्घाटन ही नहीं, बल्कि हमारी भौतिक नियति से मुक्ति दिलाना है। बैजिन के पूर्ण सिनेमा के मिथक का अभिप्राय यथार्थ जगत के पूर्ण पुनर्निर्माण से है। विलियम इयर्ले के अनुसार सैद्धान्तिक रूप से फ़िल्म यथार्थ विरोधी नहीं है, परन्तु फ़िल्म की प्रकृति आश्चर्यजनक रूप से कल्पना प्रसूत सम्वेदना की अभिव्यक्ति के अनुकूल है। इयर्ले के विचार से यथार्थ का आदर्श आध्यात्मिक मृत्यु का खुला निमन्त्रण है।"

यथार्थ विरोधी विचारों के प्रवर्तक फ़िल्मशास्त्री और मनोविज्ञानवेत्ता रूडोल्फ अर्नहीम ने स्पष्ट कहा है कि यदि सिनेमा वास्तविक जीवन का मात्र यान्त्रिक, प्रस्तुतीकरण होता है, तो हम उसे कभी कला नहीं कहते। अर्नहीम के विचार से व्यक्ति में भौतिक पदार्थों को अपनी शक्ति द्वारा परिवर्तित करने या नया रूप देने की मूल इच्छा होती है। परन्तु यह मूल प्रवृत्ति कलाकार की प्रेरणा से भिन्न होती है। कलाकार की प्रेरणा केवल अनुकरण तक ही सीमित रहती है। रूडोल्फ अर्नहीम ने अपनी पुस्तक 'फ़िल्म ऐज आर्ट' में व्यक्ति की वास्तविक और कलात्मक अनुभूति में वास्तविक जगत और रजत-पट के दृश्य जगत के अन्तर की विश्लेषणात्मक ढंग से स्पष्ट किया है। फ़िल्म सौन्दर्यशास्त्र में फ़िल्म और यथार्थ महत्त्वपूर्ण विवेच्य विषय है। क्योंकि फोटोग्राफी पर आधारित होने के कारण जितनी वास्तविकता का चित्रण फ़िल्म कर सकती है, उतनी कोई दूसरी कला नहीं कर सकती। यथार्थवादियों के अनुसार कलात्मक पूर्णता भौतिक यथार्थता अधिक से अधिक चित्रण करने में है। वास्तविक जगत की सम्पूर्णता का चित्रण करने के कारण ही सिनेमा को पूर्ण कला कहा गया है। फिर भी हम देखते हैं कि फ़िल्म का चित्रण भौतिक वास्तविकता से भिन्न होता है। इसी भिन्नता में फ़िल्म की कलात्मकता निहित है। यथार्थवादियों का पूर्ण वास्तविकता के चित्रण का आग्रह यदि स्वीकार कर लिया जाय, तो फ़िल्म निर्जीव एवं प्राणहीन वास्तविकता का अंकन तो होगी,

परन्तु वह कला सृष्टि नहीं होगी। फ़िल्म के प्रारंभिक दिनों में तथा इंग्लैंड और अमेरिका में बहुत बाद तक भी सिनेमा को कला के रूप में स्वीकार नहीं किया गया और सिनेमा या फोटोग्राफी को भौतिक जगत के छायांकन के माध्यम से अधिक कोई महत्त्व नहीं दिया गया। यह स्वाभाविक ही था। क्योंकि प्रारंभिक फ़िल्म निर्माता ल्यूमियर, एडीसन आदि वैज्ञानिक थे, कलाकार नहीं, और फ़िल्म की विषय-वस्तु भी कलात्मक नहीं थी। क्रमशः फ़िल्म का स्वरूप कलात्मक होता गया और यथार्थ को प्रस्तुत करने के यान्त्रिक साधन कलात्मक अभिव्यक्ति के साधन बन गये। फ़िल्म निर्माण की प्रक्रिया कलात्मक सृजन प्रक्रिया से भिन्न एक सर्वथा यान्त्रिक कार्य था, जो सर्वथा आकर्षण विहीन भी था। ये तो कलाकार और व्यवसायी थे, जिनको फ़िल्म में एक श्रेष्ठ कला होने की अपार सम्भावनाएँ दिखाई दीं। उन्होंने भी यह नहीं सोचा था कि यह प्राचीन कलाओं से भिन्न एक विलक्षण कला होगी। फ़िल्म की यान्त्रिक प्रकृति के कारण एक तो उसमें अन्य कलाओं की अपेक्षा मानवीय हस्तक्षेप कम था, दूसरे उसकी पूर्णता पर मनुष्य की अपेक्षा अधिक भरोसा किया जा सकता था। फिर भी सच तो यह है कि समस्त तकनीकी और वैज्ञानिक साधनों के बावजूद फ़िल्म यथार्थ का यथावत् अंकन करने में सक्षम नहीं है। भले ही फ़िल्म जगत की सत्य प्रतिलिपि प्रस्तुत कर दे, फिर भी हम यह अच्छी तरह जानते हैं कि पर्दे का जगत उस जगत से सर्वथा भिन्न है, जिसमें हम रहते हैं। उसकी समय और स्थान की विशेषताएँ सर्वथा भिन्न है, जिसमें हम रहते हैं। पर्दे पर चौखटे की सीमाबद्ध, गहराई के आयाम से रहित जिस चपटे जगत को हम देखते हैं, वह वास्तविकता का भ्रम मात्र होता है, यथार्थ नहीं। आगे चलकर मोन्ताज और कैमरे की गतिशीलता के कारण भी वास्तविक अंकन बाधक हुआ। वैसे भी सिनेमा क़ाफी दिनों तक ध्वनि और भाषा के अभाव में वास्तविकता से दूर रहा। स्पष्ट है कि वास्तविक जगत की तुलना में फ़िल्म जगत नितान्त कृत्रिम है। यह फ़िल्मकार का दायित्व है कि वह फ़िल्म सृष्टि की, जो वस्तुतः असत्य है, दर्शक को, उसका अविश्वास मुक्त करके, प्राकृतिक दृश्य की सी वास्तविक अनुभूति कराये। अपनी तमाम यान्त्रिक युक्तियों के बावजूद कैमरा इस प्रकार का भ्रम उत्पन्न करने में सर्वथा अक्षम है। यह कार्य कलात्मक कौशल से कलाकार ही कर सकता है। सिनेमा के दृश्य और वास्तविक दृश्य में एक और बड़ा अन्तर है, जो भौतिक न होकर, मनोवैज्ञानिक है। प्राकृतिक दृश्य संवेगात्मक और नाटकीय स्तर पर दर्शक से तटस्थ रहते हैं। इसके विपरीत फ़िल्म के दृश्य दर्शक में उत्तेजना उत्पन्न करते हैं,

उसके संवेगों को जगाते हैं और उसको एक निश्चित दिशा की ओर उन्मुख करते हैं। ऐसा इसलिए होता है कि कलाकार ने उन दृश्यों को अपनी भावनाओं और विचारों से जोड़कर प्रस्तुत किया है और दर्शक फ़िल्मकार के नजरिये से ही फ़िल्म देखता है। एक समर्थ कला के रूप में फ़िल्म इस स्तर पर पहुँच गयी है कि वह भारी भावनाओं और विचारों को मनचाही दिशा में मोड़ सकती है।

क्या है इस कला का उद्‍देश्य

कला के उद्देश्य के सम्बन्ध में विचारकों और समीक्षकों के विभिन्न मत हैं। समीक्षकों के एक वर्ग के अनुसार कला का एक मात्र उद्देश्य आनन्द प्रदान करना है। यह मत व्यक्तिवादी विचारकों का है। सामाजिक चेतना में निष्ठा रखने वाले दूसरे वर्ग के समीक्षक उक्त मत से असहमति व्यक्त करते हुए तर्क देते हैं कि व्यक्ति का जीवन इतना ऐकान्तिक नहीं है कि केवल आनन्द का ही बात सोचे। कला का उद्देश्य केवल आनन्द प्रदान करना ही नहीं, अपितु ग्रहीता का नैतिक स्तर उठाने के लिए प्रयत्न करना है। यह मत आदर्शवादी या समाजवादी समीक्षकों का है। समीक्षकों का तीसरा वर्ग मध्यमार्गी है, जो उपर्युक्त दोनों मतों में सामंजस्य स्थापित करना चाहता है। इस सामंजस्य की चर्चा अनेक रूपों में की गयी है। परन्तु कला के उद्देश्य सम्बन्धी व्यक्तिवादी और आदर्शवादी दोनों धारणाओं का अन्तर आज भी उतना ही है। कला के उद्देश्य के परिप्रेक्ष्य में सबसे संकटपूर्ण स्थिति बेचारे फ़िल्म समीक्षक की है। अन्य कलाओं में, विशेष रूप से साहित्य में कम से कम रचनाकार और समीक्षक के बीच सैद्धान्तिक सहमति का एक आधार होता है। दोनों के वैचारिक स्तर की भूमि समान होती है। परन्तु फ़िल्म में स्थिति इसके विपरीत है।

फ़िल्म और समीक्षक

फ़िल्म समीक्षक और फ़िल्म निर्माता के बीच कोई सैद्धान्तिक मतैक्य नहीं है। फ़िल्म निर्माता इस बात को बहुत जोर देकर कहता है कि उसकी फ़िल्म का एक मात्र उद्देश्य मनोरंजन है, केवल मनोरंजन है और मनोरंजन के अलावा कुछ भी नहीं है। उसको इस बात में कोई दिलचस्पी नहीं है कि फ़िल्म को कला की उच्च-भूमि पर प्रतिष्ठित किया जाय या उसे जीवन की व्याख्या कहकर सम्मानित किया जाय। दूसरी ओर फ़िल्म समीक्षक है, जो निर्माता के लाख विरोध के बावजूद यह जानता है कि फ़िल्म में विचारों को प्रचारित करने तथा लोगों के चिन्तन एवं व्यवहार को प्रभावित करने की अद्‍भुत क्षमता है। ऐसी स्थिति में निर्माता की

बात मानकर वह कैसे अपनी आँखें मूँद ले और फ़िल्म समीक्षा के प्रति अपने उत्तरदायित्व से विमुख हो जाये? फ़िल्म रचनाकार और फ़िल्म समीक्षक के बीच सैद्धान्तिक मतभेद की समस्या सबसे जटिल है। फ़िल्म समीक्षकों के दो वर्ग हैं। एक वह, जिसे हम फ़िल्म-रिपोर्टर की संज्ञा दे सकते हैं। यह फ़िल्म-रिपोर्टर साप्ताहिक, पाक्षिक और मासिक पत्रों में फ़िल्मों के बारे में जानकारी देता है, उनका संक्षेप लिखता है और उनकी प्रशंसा या निन्दा में चन्द पंक्तियाँ लिखता है। वस्तुतः यह रिपोर्टर फ़िल्म प्रचार का एक अंग है। उसकी वेतनभोगी स्थिति उससे वही कुछ कहलवाती है जो फ़िल्म निर्माता कहना चाहता है। स्पष्ट है कि वह फ़िल्म को मनोरंजन के अतिरिक्त कुछ नहीं कह सकता।

दूसरे वर्ग के फ़िल्म समीक्षक की दो कोटियाँ हैं—(1) प्रतिबद्ध समीक्षक, (2) अप्रतिबद्ध समीक्षक। प्रतिबद्ध समीक्षक संस्कृति और प्रचार की शक्ति के रूप में सिनेमा के महत्त्व को एक वास्तविकता के रूप से स्वीकार करता है। वह इस तथ्य को भी भली प्रकार जानता है कि सिनेमा अपने समय के महत्त्वपूर्ण सामाजिक आन्दोलनों को चाहे जन्म न देता हो, उन्हें प्रतिबिम्बित अवश्य करता है। यह कार्य भी कम महत्त्वपूर्ण नहीं है। दूसरी ओर अप्रतिबद्ध समीक्षक है, जो सिनेमा को एक श्रेष्ठ कला मानता है और बिना किसी सैद्धान्तिक बहस के, बिना किसी दिमाग़ी कसरत के कला का आनन्द लेना चाहता है। उसकी दृष्टि में स्ट्राइक और लूसियाना स्टोरी श्रेष्ठ फ़िल्म कृतियाँ हैं और इनका आनन्द प्राप्त करने के लिए कोई सैद्धान्तिक या शिल्पगत विश्लेषण अपेक्षित नहीं है। प्रतिबद्ध समीक्षक फ़िल्म के विषय पर बहुत अधिक ध्यान देता है, उसके निरूपण पर नहीं। फ़िल्म में जिन सामयिक चर्चाओं, विषयों और प्रचार को वह बहुत अधिक महत्त्व देता है, उनका महत्त्व समय के साथ ही ही समाप्त हो जाता है। प्रचार कृतियाँ अल्पायु होती हैं। कालजयी रचना वही होती है, जिसमें आनन्द का तत्त्व विद्यमान होता है। प्रतिबद्ध समीक्षकों का दावा है कि कोई अप्रतिबद्ध समीक्षक होता ही नहीं। जो अपने को अप्रतिबद्ध घोषित करते हैं, उनकी समीक्षा का आधार या तो पुस्तकीय ज्ञान होता है, या वे किसी मतवाद से ग्रस्त रहते हैं। केवल तकनीकी आधार पर की गयी समीक्षा भी तो एकांगी है। प्रतिबद्ध समीक्षक जहाँ फ़िल्म की सामाजिक भूमिका पर बल देता है, वहीं अप्रतिबद्ध समीक्षक फ़िल्म में मनुष्य के रागात्मक सम्बन्धों के चित्रण और तद्‌जन्य आनन्द को ही सर्वोपरि मानता है।

प्रोफ़ेसर कालिगउड ने अपनी पुस्तक 'कला के सिद्धान्त' में कला को सत्य कला और मिथ्या कला दो वर्गों में रखा है। मिथ्या कला के उन्होंने दो उपभेद

किये, मनोरंजन कला और ऐन्द्रजालिक कला। इन दोनों कलाओं का अन्तर निम्नलिखित उदाहरणों से समझा जा सकता है। किसी उपन्यास में स्थितियों के बीच एक संवेग जाग्रत होता है, जिसका सम्बन्ध उपन्यास के पात्रों से होता है। अप्रत्यक्ष रूप से पाठक उससे प्रभावित होता है। परन्तु संवेग की स्थिति उस पुस्तक तक ही सीमित रहती है और उसी में उसका परिहार हो जाता है। दूसरी ओर प्रचार फ़िल्म में जो स्थितियाँ उत्पन्न की जाती हैं, उसमें फ़िल्म के पात्रों के माध्यम से दर्शकों में संवेग जगाने का प्रयत्न किया जाता है। उस संवेगात्मक स्थिति को स्थायी बनाने का प्रयत्न किया जाता है। उपन्यास का उदाहरण मनोरंजन कला का और प्रचार फ़िल्म का उदाहरण ऐन्द्रजालिक कला का है। ऐन्द्रजालिक कला के अन्तर्गत लोक कला, धार्मिक कला और देशभक्ति कला आती हैं। इन कलाओं अर्थात् ऐन्द्रजालिक कला का उद्देश्य अपने व्यक्तिगत जीवन में दर्शक के दृष्टिकोण, विचार और कार्य को प्रभावित करना है। सत्यकला और मिथ्याकला का अन्तर यह है कि जहाँ मनोरंजन कला और ऐन्द्रजालिक कला संवेग जागृत करती हैं, वहीं सत्य कला उसे अभिव्यक्त करती है। दूसरे, मनोरंजन कला और ऐन्द्रजालिक कला शिल्प है, जबकि सत्य कला नहीं है। क्योंकि सत्य कला में, विशेष रूप से कविता में, विषय और रूप को पृथक नहीं किया जा सकता। सत्य कला की विशेषता यह है कि वह अभिव्यक्ति की विधा है, भाषा की विधा है, और कल्पनाजन्य सृष्टि है। सत्य कला और मनोरंजन कला में केवल स्तर का अन्तर नहीं है। यह सोचना गलत है कि सत्य कला उच्चस्तर की है और मनोरंजन कला निम्न स्तर की, और मनोरंजन कला क्रमशः ऊँचे उठकर सत्य कला हो जायेगी और सत्य कला नीचे उतर कर मनोरंजनकला का रूप ले लेगी, या मनोरंजन कला ऐन्द्रजालिक कला का रूप ले लेगी। यह इसलिए नहीं होता, क्योंकि उनकी प्रकृति भिन्न है। यह सामान्य धारणा भी सही नहीं है कि सस्ते और कुरुचिपूर्ण को मनोरंजन और सुरुचिपूर्ण को कला कहते हैं। यह केवल दो स्तरों का प्रश्न है।

विगत सात दशकों में फ़िल्म निर्विवाद रूप से विश्व का सबसे बड़ा मनोरंजन उद्योग रही है। ऐन्द्रजालिक कला के रूप में भी उसकी क्षमता विवाद रहित है और उसका सफलतापूर्वक प्रयोग किया जाता है। परन्तु प्रश्न यह है कि क्या फ़िल्म सत्य कला है? इसके उत्तर में दो बातों पर विचार करना आवश्यक है। पहली, यह कि मनोरंजन कला और ऐन्द्रजालिक कला शिल्प विधायें हैं, जिनका निर्माण समूह द्वारा होता है, जबकि सत्य कला में एक व्यक्ति के दृष्टिकोण,

उसके अनुभव और उसकी अभिव्यक्ति होती है। क्या यह सम्भव है कि एक व्यक्ति को इतनी स्वतन्त्रता और अधिकार प्रदान किये जायें कि उसके दृष्टिकोण और अनुभव की अभिव्यक्ति फ़िल्म के माध्यम से हो सके?

दूसरी विचारणीय बात यह है कि क्या फ़िल्म में स्वयं इतनी सामर्थ्य और शक्ति है कि वह सत्य कला होने की अपेक्षाओं को पूरा कर सके? इस प्रश्न का उत्तर अरनेस्ट लिनग्रेन के शब्दों में दिया जा सकता है—"वास्तविक या काल्पनिक, नेत्रग्राह्य या कर्णग्राह्य ऐसी किसी वस्तु की कल्पना करना भी असम्भव है, जो फ़िल्म के माध्यम से प्रस्तुत न की जा सकती हो। इतना ही नहीं, फ़िल्म विषय-वस्तु को विषयपरक, व्यक्तिपरक या किसी भी दृष्टिकोण से प्रस्तुत कर सकती है।" फ़िल्म की असीम क्षमता के बारे में आइज़न्स्टाइन ने भी कहा है—"फ़िल्म की सम्भावनाओं का परिप्रेक्ष्य असीमित है और मैं विश्वासपूर्वक कह सकता हूँ कि हमने इन सम्भावनाओं का किंचित उपयोग ही किया है।"

सिनेमा और दर्शक

सिनेमा के माध्यम से दुनिया को चित्रित करने की समस्या को सिनेमा और उसके दर्शकों के बीच संवाद स्थापित करने की समस्या से अलग करके नहीं देखा जा सकता। इस समस्या को सोवियत संघ के प्रसिद्ध फ़िल्म-समीक्षक ए. करोग्नोच ने अपनी पुस्तक "सिनेमा, आइडियालॉजी, बॉक्स ऑफिस" में बड़ी ही खूबसूरती से उठाया है। उन्होंने लिखा है कि आज कई महत्त्वपूर्ण फ़िल्मकारों की निराशा और कुंठा का कारण यही है कि सच्चाई की तलाश के लिए वे दुनिया की जटिलताओं को अभिव्यक्त करने के लिए जो शैली चुनते हैं, वह उनके लिए सम्प्रेषणीय नहीं हो पाती जिन्हें उनकी फ़िल्में सम्बोधित करती हैं। उन्हें शिकायत रहती है—जनता उनकी कला को समझने और सराहने में असमर्थ है। कई यह सोचकर अपने-आपको राहत दे लेते हैं कि जो लोग आज नहीं समझ रहे हैं, कल समझेंगे। यह स्पष्ट है कि कोई भी गम्भीर फ़िल्मकार इस समस्या से बच नहीं सकता। ए. कराग्नोव ने इस समस्या को उठाने के लिए माइकल एंजलो, एंतोनियोनी की 'द क्राई, द एडवेंचर', 'द नाइट' और 'ब्लो अप' जैसी फ़िल्मों को अपने विश्लेषण में लिया है।

हमारे यहाँ यह समस्या और भी गम्भीर है। जहाँ तक कला-फ़िल्मों का सवाल है, उन्हें हमारे देश के दर्शक उस हद तक भी समझ और सराह नहीं पाते, जिस हद तक बाहर एंतोनियोनी, फैलिनी या बर्गमैन की फ़िल्मों को समझा और

सराहा जाता है। फ़िल्मों में मणि कौल सरीखे आंवागार्द प्रयोगों को छोड़ भी दें, तो आज कितने दर्शक इस देश में है, जो सत्यजित राय की फ़िल्म 'चारूलता' में दूरबीन के प्रयोग का मतलब समझें। जब चारूलता घर की दुनिया को भी दूरबीन से देखती है, तो उसका अर्थ है वह दुनिया भी उसके लिए उतनी ही बाहरी और उसका पति भी उसके लिए उतना ही बाहरी और अजनबी हो गया है।

इसे आसानी से समझ आने वाली बात इसलिए ही कहा है कि मणि कौल की फ़िल्मों की लेवीस्त्रासियन-शैली तो और ज़्यादा दुरूह है। कितने लोगों ने लेवीस्त्रास को पढ़ा है? वह मणि कौल की 'दुविधा' या 'माटी मानस' को सभ्यता के विकास और एंथ्रोपोलोजी के सिद्धान्तों के अन्दर देख सकते हैं। यहाँ यह बताना भी दिलचस्प होगा कि हमारे यहाँ मणि कौल सरीखे फ़िल्मकार इसे अपनी नहीं दर्शकों की समस्या ही समझते हैं, लेकिन प्रश्न तो यह है कि क्या फ़िल्म की शैली और शिल्प पर इतना ज़्यादा केन्द्रित होने की ज़रूरत है? कराग्नोव, फ़िल्म की शैली और शिल्प के बजाय दर्शकों के प्रति फ़िल्मकार के 'एटीट्यूड' को ज़्यादा महत्त्वपूर्ण मानते हैं। उनका मानना है कि जब कलाकार शैली और यन्त्रविधि-शिल्प पर बहुत ज़्यादा केन्द्रित करता है, तो उसकी कृति रूखी हो जाती है और दर्शन से अपना भावनात्मक रिश्ता खो देता है। फ़िल्मकार की बौद्धिकता एक ठंडी बौद्धिकता में बदल जाती है।

यहाँ हम मणि कौल के प्रयोगों के विषय में ही चर्चा कर रहे हैं। सबसे पहले उनकी फ़िल्म 'उसकी रोटी' को लें। 'उसकी रोटी' में क्या कहानी थी—यह बात दर्शकों तक पहुँच पाती है कि शुरू में इंतजार करती एक कमजोर नायिका अन्त में एक ताकत में बदल जाती है। मणि कौल अपनी शर्तों पर यह फ़िल्म बनाते हैं और यह कहना गलत नहीं होगा कि कहानी के तत्त्व उनकी फ़िल्म में उतने महत्त्वपूर्ण नहीं होते, जितना महत्त्वपूर्ण कलाओं के अन्तर्सम्बन्ध में। 'उसकी रोटी' में पेंटिंग और सिनेमा के अन्तर्सम्बन्ध, 'आषाढ़ का एक दिन' में थियेटर और सिनेमा के अन्तर्सम्बन्ध 'ध्रुपद' में संगीत और सिनेमा में उनके प्रयोगों के उद्देश्य भी यही हैं कि सिनेमा को संगीत की तरह एक स्वतन्त्र विधा के रूप में विकसित करना। ये सब फ़िल्में दर्शकों के जीवन से बहुत जुड़ाव और अध्ययन और अनुभव की माँग करती है। 'उसकी रोटी' से लेकर 'माटी मानस' तक उन्होंने जितने प्रयोग किये हैं, उनके महत्त्व को समझते हुए भी यह बात तो माननी पड़ेगी कि ये फ़िल्में दर्शक के साथ भावनात्मक सम्बन्ध कायम नहीं कर पातीं। यह मणि कौल चाहते भी नहीं। 'आषाढ़ का एक दिन' के सभी संवाद उन्होंने भावना से रिक्त करके पहले ही रेकार्ड कर लिए थे।

स्पष्ट है कि वह दर्शकों से रिश्ता किस स्तर पर चाहते हैं। निश्चय ही वह स्तर भावनात्मक नहीं है। टाइम और स्पेस में देखने के उनके प्रयोगों का लाभ मृणाल सेन तक ने 'खँडहर' में उठाया था। इस बात को उन्होंने स्वीकार भी किया था। महत्त्वपूर्ण बात यह है कि टाइम और स्पेस में देखने के बावजूद मृणाल सेन ने उन दर्शकों की उपेक्षा नहीं की थी, जिन्हें यह फ़िल्म सम्बोधित थी। इंतजार में यहाँ भी एक लड़की है, जिसे हम अन्त में ज़्यादा ताकतवर देखते हैं। फ़िल्म की शैली और शिल्प पर इतना जोर नहीं दिया कि कथा का अनिवार्य भावनात्मक पक्ष भी ठण्डी बौद्धिकता में खो जाये। फ़िल्म दर्शक के मन पर कुछ खरोचें छोड़ जाती है। गहराई से अगर हम 'खँडहर' का विश्लेषण करें तो इस फ़िल्म में हम उनकी उन मानवीय चिन्ताओं से परिचित होते हैं, जो किसी फ़िल्मकार को बड़ा फ़िल्मकार बनाती हैं। उन चिन्ताओं में हम उन्हें बर्गमेन सरीखे फ़िल्मकारों के निकट पाते हैं। बल्कि यहाँ भी हम देखते हैं कि मृणाल सेन कथा के मूल स्वरूप को बिना ठेस पहुँचाए हमें सिनेमा देते हैं। फ़िल्म में उन्होंने शबाना को जो बिम्ब दिये हैं, उनसे यह नहीं लगता है कि वह पेंटिंग को मणि कौल से कम जानते हैं या कलाओं के पारस्परिक सम्बन्धों की समझ उन्हें कम है।

हालाँकि बहुत बड़े दर्शक-वर्ग से मृणाल सेन की फ़िल्म भी संवाद कायम नहीं कर पाती। उनकी फ़िल्म को भी सोचने-समझने वाला मुखर मध्यवर्ग ही सराहता है, लेकिन मुख्य समस्या फ़िल्मकार के एटीट्यूड की है कि शिल्प को ज़्यादा अहमियत देता है, या आदमी को।

फ़िल्मों के इतिहास में यह भी देखने में आया है कि जहाँ मानवीय सरोकार प्रमुख थे, उन्हें अगर दर्शकों की तात्कालिक स्वीकृति नहीं मिलो, तो बाद में वे कृतियाँ अमर हो गयी। 'बैटलशिप पोटेमूकिन' ने ही दुनिया-भर के सिनेना में अपना जो प्रभाव छोड़ा, वह क्रान्तिकारी शिल्प के कारण ही नहीं, मानवीय सरोकारों के कारण। यह कहना भी गलत नहीं होगा कि मानवीय चिन्ताओं से ही यह शिल्प निकला।

मणि कौल पर लौटें तो उनके सिनेमा की सार्थकता है। 'माटी मानस' में वह लेवीस्त्रासियन-शैली में सभ्यता की कोख तक पहुँचते हैं। यहाँ उन्होंने मिथ इस्तेमाल किया है कि कैसे मिट्टी के कच्चे वर्तन में बिल्ली के बच्चे बर्तन के आँव में पकने के बाद भी सुरक्षित रहते हैं। मिथ के जरिये वह सभ्यता के विभिन्न चरणों तक पहुँचते हैं। 'दुविधा' में वह लोक-कथा को वैसे विकृत नहीं करते, जैसे—प्रकाश झा की फ़िल्म 'परिणति' में हुआ। उनका कुम्हार मिट्टी को वह रूप नहीं दे पाता, जो हम 'माटी मानस' में देखते हैं।

एक बात बहुत ही स्पष्ट है कि इन सार्थक प्रयोगों के बावजूद फ़िल्मकारों को दर्शक को सामने रखना चाहिए। बिना वर्गीकरण के इस तरह की अगर किसी फ़िल्म के दृश्य में माँ बच्चे सिर को सही आकार देना चाह रही है, तो हम समझ सकते हैं कि इसके पीछे आर्य संस्कृति की जड़े हैं कि बच्चे का सिर इस तरह होना चाहिए। फ़िल्मों के इंसानी रिश्तों में हम समझ सकें कि फ़िल्म में मामा का चरित्र अलग क्यों होता है, चाचा का क्यों, नारी के प्रति जो पुरुष-व्यवहार है, उसकी जड़े कहाँ हैं।

क्या वह वास्तविकता नहीं कि अच्छे सिनेमा के सीमित दर्शक-वर्ग तक रहने के कारण ही मुख्य धारा के पतनशीलता सिनेमा को प्रोत्साहन मिला है। दर्शकों की उपेक्षा के कारण ही पतनशील सिनेमा फल-फूल रहा है, जहाँ स्त्री, पुरुष, समाज सब एक फंतासी बनकर रह गया है। सिनेमा में जो वर्गीकरण हुआ है, उसने दर्शक को सच और सपने के बीच भटकने के लिए छोड़ दिया है।

सईद मिर्जा की बात

अन्य फ़िल्मों की चर्चा की जाय तो सईद मिर्जा की 'मोहन जोशी हाजिर हो' उल्लेखनीय फ़िल्म है। 'मोहन जोशी हाजिर हो' से पहले सईद मिर्जा अपनी दो फ़िल्मों 'अरविन्द देसाई की अजीब दास्तान' और 'अल्बर्ट पिण्टो को गुस्सा क्यों आता है?' के लिए क़ाफी चर्चित हो चुके हैं। 'अरविन्द देसाई की अजीब दास्तान' फ़िल्मों के चालू मुहावरे से बिल्कुल अलग हटकर बनाई गयी फ़िल्म थी। उस फ़िल्म का एक-एक फ्रेम अपनी बुनावट में फ़िल्म-व्याकरण से बन्धा हुआ था और उसमें उन्होंने फ़िल्म निर्माण की उस क्लासिक शैली का इस्तेमाल किया था जिसके बारे में वह फ़िल्म दूरदर्शन संस्थान, पुणे से सीखकर आये थे। वे स्वयं कहते हैं "पुणे की शिक्षा के बाद मेरे लिए वह फ़िल्म बनाना मुश्किल नहीं था।" दूसरी फ़िल्म 'अल्बर्ट पिण्टो को गुस्सा क्यों आता है' में उन्होंने 'अरविन्द देसाई.....' की क्लासिकी शैली के बन्धनों से अपने-आप को क़ाफी हद तक मुक्त करके फ़िल्मों के वर्णनात्मक ढाँचे के साथ एक नया प्रयोग किया।

'मोहन जोशी हाजिर हो' में तो उनकी शैली और बदली है। जिन्होंने सईद मिर्जा की पिछली दोनों फ़िल्में देखी हैं, उन्हें 'मोहन जोशी...' ने क़ाफी हद तक चौंकाया है। यों गुस्सा उनकी इस फ़िल्म में भी है, लेकिन फ़िल्म अपनी शैली और बुनावट में उनकी पिछली दोनों फ़िल्मों से भिन्न है। फ़िल्म देखने वालों के चौंकने का कारण यह है कि इस फ़िल्म में उन्होंने वकील और कॉलोनाइजर के चरित्रों का इस्तेमाल केरीकेचर के रूप में ही किया है–उसी रूप में, जिसमें यह

चरित्र बम्बइया फ़िल्म में 'स्टीरियो टाइप' हो चुके हैं। हाँ, फ़िल्म का मुख्य पात्र मोहन जोशी ज़रूर ऐसा है, जो फ़िल्मी नहीं है। इस भूमिका के लिए उन्होंने एक ऐसा व्यक्तिं चुना है जो अभिनेता नहीं है। यह व्यक्ति हैं—हिन्दी के प्रसिद्ध लेखक भीष्म साहनी। पूरी फ़िल्म में यह एक वास्तविक चरित्र फ़िल्मी दुनिया के अवास्तविक और टाइप-चरित्रों से घिरा हुआ है। न केवल अवास्तविक चरित्रों से, बल्कि अवास्तविक स्थितियों से भी। ज़रूरत इस बात को समझने की है कि आख़िर सईद मिर्जा ने फ़िल्मी दुनिया के चरित्रों को उसी रूप में क्यों प्रस्तुत किया, जो रूप उन्हें भ्रष्ट व्यावसायिक सिनेमा ने दे दिया है? फ़िल्म में नसीर और अमजद जोकर लगते हैं।

उल्लेखनीय है कि सईद मिर्जा ने ऐसा जान-बूझकर किया है। दरअसल 'मोहन जोशी' की वास्तविक दुनिया के यथार्थ को वह कथाचित्र में प्रस्तुत करना चाहते हैं—एक साथ वृत्तचित्र और कथाचित्र में। हालांकि वृत्त-कथाचित्र के इस दोहरे स्वरूप को गोदार का प्रभाव कहा जा सकता है, लेकिन बस प्रभाव ही, क्योंकि सईद मिर्जा ने यह प्रयोग अपनी शैली में किया है। यहाँ यह भी उल्लेखनीय है कि फ़िल्म में 'अल्बर्ट पिण्टो' की तरह 'जम्प' भी नहीं है। फ़िल्म में अभिनेताओं का इस्तेमाल दर्शकों को कथा-चित्र का आभास देने के लिए है और मोहन जोशी, जो अभिनेता नहीं हैं, वह फ़िल्म को वृत्त-चित्र का यथार्थ प्रदान करने के लिए। मोहन जोशी के इर्द-गिर्द जो अवास्तविक चरित्र और स्थितियाँ हैं वे मोहन जोशी के संघर्ष का प्रतीक बन जाती हैं कि कैसे वह अपनी लड़ाई में अवास्तविक चरित्रों और स्थितियों से घिरा हुआ है। यही नहीं, वकील का चरित्र जो देखने वालों को जोकर की तरह लगता है, वह भी न्याय की प्रक्रिया का मखौल उड़ाता हुआ जिसके कारण मोहन जोशी को न्याय पाने में देर हो रही है।

बम्बइया फ़िल्मों के चरित्रों का यथार्थ के लिए ऐसा इस्तेमाल हिन्दी फ़िल्मों में पहले नहीं हुआ। यह चरित्र फ़िल्म को जो कॉमिक-ट्रैजिक पक्ष प्रदान करता है, वह दर्शकों के लिए फ़िल्म को ज़्यादा ग्राह्य बनाता है।

सबसे बड़ी बात तो यह है कि फ़िल्म अपने तथ्य में एकांगी नहीं है। फ़िल्म सिर्फ न्याय-प्रक्रिया की ही नहीं, पीढ़ियों की बात भी कहती है, महानगरीय यथार्थ से भी परिचित कराती है और मोहन जोशी के माध्यम से आजादी के बाद बदले हुए मूल्यों पर भी टिप्पणी करती है।

गौतम घोष

मोहन जोशी की तरह वृत्त-चित्रों वाला यथार्थ गौतम घोष की फ़िल्म 'पार' में भी है। गौतम घोष फ़िल्म के यथार्थ को व्यक्त करने के लिए सईद मिर्जा जैसा कोई प्रयोग नहीं करते, बल्कि उसी ढाँचे का इस्तेमाल करते हैं, जो अच्छे भारतीय फ़िल्मकारों की फ़िल्मों के साथ विकसित हुआ है।

गौतम घोष ने 'पार' का निर्माण समरेस बसु की एक छोटी-सी कहानी को लेकर किया है। इस कहानी में वह सब-कुछ नहीं है, जो फ़िल्म में है। कहानी के अनुसार यह फ़िल्म देहात से कलकत्ता आये पति-पत्नी द्वारा सूअरों को नदी पार करवाने की होती है। लेकिन गौतम घोष ने इन दोनों चरित्रों को, जो महानगर की नारकीय स्थिति में फँस गये हैं, पूरा सामाजिक और राजनीतिक परिप्रेक्ष्य दिया है। समरेस बसु की कहानी को भारतीय गाँवों के दमन की उस प्रक्रिया के साथ जोड़ा है, जिसके कारण लोगों को गाँव छोड़कर शहर भागना पड़ता है।

इस कहानी को ऐसा विस्तृत परिप्रेक्ष्य प्रदान करना जिसमें महानगर का क्रूर यथार्थ गाँव की क्रूरता से जुड़ जाये, सरल काम नहीं था। एक बड़ा खतरा यह था कि एक ही फ़िल्म दो फ़िल्मों का आभास देने लगे। यह कहना गलत नहीं होगा कि गौतम घोष अपनी प्रतिबद्धता और विषय के प्रति सतर्कता के चलते समरेस बसु की कहानी के उस नाटकीय भाग तक पहुँचते हैं, जहाँ बीस रुपये के लिए नौरंगिया अपनी गर्भवती पत्नी के साथ सूअरों के झुंड को हुगली पार करवाने के लिए तैयार हो जाता है। सामाजिक और राजनीतिक परिप्रेक्ष्य के बिना सूअरों को हुगली पार करवाने की घटना महज नाटकीय रह जाती।

यों एक वर्ग-विशेष को गाँव में दमन की प्रक्रिया की विस्तार से फ़िल्म में व्याख्या अनावश्यक लग सकती है। वे कह सकते हैं कि फ़िल्म उन हिस्सों में बहुत ज़्यादा डाक्यूमेंटरी बन गयी है, लेकिन फ़िल्म में अपनी बात व्यापक दर्शक-वर्ग तक पहुँचाने के लिए यह आवश्यक था।

'पार' के बारे में एक विशेष बात यह भी है कि फ़िल्म अपने पहले हिस्से में 'दामुल' की तरह बिहार में हरिजनों के कत्लेआम की कहानी कहती है। लेकिन जहाँ 'दामुल' में प्रतिरोध नहीं है, इसमें है। जमींदार का प्रतिरोध करते हुए उसकी हत्या में सम्मिलित हो जाने के कारण नौरंगिया को अपनी गर्भवती पत्नी के साथ भागकर कलकत्ता आना पड़ता है, जहाँ फ़िल्म महानगर की हत्यारी सभ्यता की कहानी कहती है। उसे भीख माँगने के लिए मजबूर होना पड़ता है। उसे सूअरों को हुगली पार करवाते वक़्त अपनी गर्भवती पत्नी की इतनी चिन्ता नहीं जितनी सुअरनी की।

'पार' को वेनिस फ़िल्म के समारोह में सिर्फ अभिनय के लिए पुरस्कार मिला है। पश्चिमी लोग भारतीय यथार्थ और परिस्थितियों को वास्तविक परिप्रेक्ष्य में नहीं देख पाते। यहाँ तक कि गुंटर ग्रास ने जिन्होंने 'पार' दो बार देखी, गौतम घोष से पूछा था कि आख़िर फ़िल्म की नायिका अपने पति के लिए खाना बचाकर क्यों रख लेती है? यूरोप में लोगों को सामाजिक स्थितियों की व्याख्या भी बुरी लगी। गौतम घोष ने उन्हें जबाव दिया था कि आप लोगों की ज्याॅ रोश की फ़िल्मों में भाषण बुरे नहीं लगते, लेकिन हमारी फ़िल्मों में आपको बुरे लगते हैं, क्योंकि आप हमारी परिस्थितियों से अपने-आपको जोड़ नहीं पाते। हम आपके यथार्थ से अपने-आपको इसलिए जोड़ पाते हैं कि हमारा पालन-पोषण औपनिवेशक वातावरण में हुआ है।

कैसा हो साहित्य से रिश्ता

पार में भारत को वैसे नहीं दिखाया गया, जिस रूप में उसे विदेशी देखना चाहते हैं। यह बात 'दामुल' और 'मुखामुखम' के बारे में भी सही है। शायद इसलिए कांस में इनमें से कोई फ़िल्म स्वीकार नहीं की गयी, क्योंकि ऐसी फ़िल्मों के भारतीय यथार्थ से पश्चिमी अपने-आपको जोड़ नहीं पाते।

साहित्य की सिनेमा के लिए प्रासंगिकता कथा कहने में नहीं है। साहित्य सिनेमा के लिए तभी सार्थक हो सकता है, जब वह सिनेमा को जीवन के यथार्थ चित्रण के लिए तत्त्व प्रदान करे। कहानियों की शक्ल में ही नहीं, बल्कि तकनीकी दृष्टि से भी उसे कथा से सिनेमा बनने में मदद करे। मोंताज और 'क्लोज अप' से जो मुहावरा कथा-चित्रों को शुरू के श्रेष्ठ फ़िल्मकारों ने दिया, उसने सिनेमा को भ्रष्ट ही किया। सिनेमा को एक ऐसा स्वरूप मिला जो तकनीक के विकास के साथ दर्शकों को गुलाम बनाता था। उसका काम दर्शकों का भावनात्मक और ऐन्द्रिक शोषण करके उन्हें लूटना और सिनेमाघर के अंधेरे में उनकी सभी ऐन्द्रिक शक्तियों को नियंत्रित करके उनकी सोचने-समझने की शक्ति नष्ट करना हो गया।

गिरीश करनाड को 'मृच्छकटिकम्' में जिन तत्त्वों ने आकर्षित किया, वे नाटक के वही तत्त्व हैं, जिन्होंने सिनेमा को भ्रष्ट किया। यहाँ यह स्पष्ट करना ज़रूरी है कि नाटक के इन तत्त्वों के साथ नाटक की आत्मा का कोई सम्बन्ध नहीं। नाटकों से लिए नाटकीय तत्त्वों ने सिनेमा को जो विकृत स्वरूप दिया उसका चरम हॉलीवुड की फ़िल्मों में देखा जा सकता है। यहाँ यह भी उल्लेखनीय है कि इस विकृत ढाँचे के खिलाफ इटली में 'नवयथार्थवाद' की लहर आयी। 'नवयथार्थवाद' के लिए ज़रूरी नियम था उसमें नाटकीयता उत्पन्न करने की हॉलीवुड की 'सम्पादन-शैली का इस्तेमाल न हो। फ़िल्में वास्तविक लोकेल पर वास्तविक पात्रों के साथ फ़िल्मायी जाये।

फ़िल्मों को यथार्थ स्वरूप प्रदान करने के लिए विस्कौती, राजैलिनी और डी सिका ने ऐसी फ़िल्में बनाईं। ऐसी बात नहीं कि नवयथार्थवाद में साहित्य का इस्तेमाल नहीं हुआ। विस्कौंती ने 'ला टेरा ट्रेमा' की कहानी वेरगा के उपन्यास से ली थी। यह उपन्यास मछली पकड़ने वालों के जीवन पर था। विस्कौंती ने उपन्यास के भाग्यवादी नायक का इस्तेमाल मार्क्सवादी दृष्टि से किया और उसे यथार्थ की ऐसी पृष्ठभूमि प्रदान की जहाँ मछेरे अपने दुर्भाग्य को सामन्ती समाज में शोषण की प्रक्रिया के रूप में पहचानते हैं, थोक व्यापारियों के खिलाफ विद्रोह करते हैं और उनके वे तराजू समंदर में फेंक देते हैं जो शोषण के प्रतीक हैं और जिनसे उनका पकड़ा हुआ माल तोला जाता है। यहाँ यह भी उल्लेखनीय है कि विस्कौंती की फ़िल्म 'रोको एंड हिज ब्रदर्स' की इस दृष्टि से आलाचेना भी की गयी थी कि उन्होंने इस फ़िल्म के पात्रों को भावनात्मक पक्ष प्रदान करने के लिए दोस्तोयवस्की के उपन्यास 'इडियट' के मिश्किन, नताशा और रोझोनोव वाले तिकोन का इस्तेमाल किया है। इससे पता चलता है कि 'नवयथार्थवाद' भावनात्मक शोषण की इजाजत नहीं देता था। इस विधा के फ़िल्मकारों को साहित्य पर ऐसी निर्भरता स्वीकार्य नहीं है।

सिनेमा के विकृत स्वरूप को बदलने के लिए ज़रूरी है कि उसमें 'इमोशन' को कम करके विचार को सामने लाया जाय। इसका उदाहरण कुमार शहानी की 'तरंग' में मिलता है। उन्होंने फ़िल्म महाकाव्य-शैली में बनाई है, लेकिन उसके लिए उन्होंने महाभारत की कथा नहीं ली, महाभारत के उन रूपों का अध्ययन किया है, जिनके आधार पर वह फ़िल्म के छोटे-से-छोटे पात्र को उभरने का मौका दे सकते हैं। इस फ़िल्म में वह दर्शक से व्यावसायिक सिनेमा वाली 'इन्वॉल्वमेंट' नहीं चाहते कि वह उसमें खो जाये, बल्कि वह ब्रेख्तियन शैली में उसे पूँजीवादी और विकृत सिनेमा के अँधेरे से बाहर निकालते हैं। फ़िल्म में दो प्रसंग हैं। एक रेस्तरां में जब एक व्यक्ति अमोल पालेकर से पूछता है, 'आप अमोल पालेकर हैं?' तब अमोल पालेकर जवाब देता है, 'नहीं, मैं राहुल हूँ।' एक प्रसंग है कि एक्सीडेंट देखकर पत्रकार सार्जेंट से पूछता है—"आपका इसके बारे में क्या ख्याल है।" सार्जेंट उल्टे उससे पूछता है, "फ़िल्म के बारे में या एक्सीडेंट के?"

'तरंग' से पता चलता है कि साहित्य की प्रासंगिकता सिनेमा के लिए रूप खोजने में हो सकती है। दर्शक को ज़िन्दगी और फ़िल्म का फ़र्क बताना ज़रूरी है ताकि वह सिनेमा के बारे में भी वैसे ही सोच सके जैसे साहित्य के बारे में सोच सकता है और सिनेमा का अँधेरे में दर्शक को 'हिप्नोटाइज' करने वाला प्रभाव भी खत्म होना चाहिए।

फ़िल्मकार इस ज़रूरत को समझ रहे हैं। गोदार तो ज़िन्दगी और फ़िल्म का फ़र्क बताने के लिए एक्सीडेंट के बाद शॉट और टेक-नम्बर तक अपनी फ़िल्म में दिखा देता है। हिंसा के दृश्यों में व्यावसायिक सिनेमा में तो उत्तेजना प्रदान की जाती हे जबकि गोदार फ़िल्म में यह भी दिखा देगा कि यह खून नहीं, लाल स्याही है। जापान में ओज़ू की फ़िल्में अगर साहित्य पर होती हैं तो वह सिनेमा से साहित्य की नाटकीयता समाप्त करके उन्हें जीवन जैसा बना देता है। जीवन की नहीं, मृत्यु भी उनकी फ़िल्म में मृत्यु जैसी ही होती है—उतनी ही नाटकीय, जितनी मृत्यु हो सकती है, उससे ज़्यादा नहीं। हालांकि व्यावसायिक सिनेमा ने दर्शकों की रुचि को इतना भ्रष्ट किया है कि उनको जीवन जीवन-जैसा देखना उबाऊ लग सकता है। भारत में भी अब ऐसे फ़िल्मकार हैं, जो दर्शक को उसके सोचने-समझने की शक्तियाँ वापस करने की कोशिश कर रहे हैं। नीरद महापात्र की 'मायामृग' ऐसी ही फ़िल्म है, जिसमें ओज़ू वाली शैली का इस्तेमाल था। इस फ़िल्म को देखना साहित्य को पढ़ने जैसा हो सकता है। फ़िल्म वैसे ही देखने वाले को सोचने-समझने और विचार करने का मौका देती है।

ग्रिफिथ के जमाने में जहाँ 'क्लोज अप' का इस्तेमाल एक गुण माना गया था, आज वह दोष हो सकता है। 'दामुल' में प्रकाश झा 'क्लोप अप' का इस्तेमाल नहीं करते। अगर कहीं है भी तो भावनात्मक शोषण के लिए नहीं, पात्रों को दर्शकों से परिचित करवाने के लिए। इसलिए कि फ़िल्म साहित्य की तरह सच्ची हो सके।

फ़िल्म से साहित्य का सही रिश्ता होना चाहिए। साहित्यिक कृतियाँ पर फ़िल्म बनाने में सबसे बड़ा खतरा यही होता है कि फ़िल्म बनाने वाले को उनमें जीवन के सच्चे चित्रण की बजाय विकृत ढाँचे के लिए नाटकीय तत्त्व तलाश करने लगते हैं।

Is not neorealism primarily a kind of humanism and only secondarily a style of film-making?

*– **André Bazin**, French film critic and theorist*

अध्याय-8

नव सिनेमा और नवयथार्थवाद

नव यथार्थवाद का प्रारम्भ इटली में दूसरे महायुद्ध के ठीक बाद हुआ। इस आन्दोलन ने सिनेमा के व्याकरण को नया रूप दिया जिसे सौन्दर्यशास्त्रीय आन्दोलन के रूप में जाना गया। सन् 1945 से सन् 1955 तक प्रभावी रहने वाला यह आन्दोलन फ्रांस तथा यूरोप तक सीमित नहीं रहा वरन् इसका विश्वव्यापी प्रभाव पड़ा। इसके सर्वाधिक जाने-माने प्रतिनिधि रोबेर्टो रोजेलिनी, लूशिनो विसकॉटी, विटोरियो डी सीका तथा फैलिनी हैं। रोजेलिनी की 'रोम ओपेन सिटी', 'पायसन' तथा 'इयर जीरो', विसकॉटी की 'लॅ टेरा ट्रेमा' डि सीका की 'शू शाइन', 'बाइसिकल थीव्ज', फैलिनी की 'आय बिटेलोनी', 'लॅ स्ट्रेडा' तथा 'नाइट्स आफ केबिरिये' युगांतकारी फ़िल्में हैं। नवयथार्थवादी आन्दोलन एक बन्धनमुक्त सामूहिक आन्दोलन तथा जो दस वर्षों से भी कम अवधि तक चला किन्तु इसकी पैतृक सम्पदा ने फ़िल्मकारों को चुनौती के लिए सम्भावनाओं का व्यापक क्षेत्र प्रस्तावित किया।

नव यथार्थवाद ने बिम्ब-रचना, कटिंग, आख्यानक संघटन तथा फ़िल्म के प्रतिक्रिया के लिए नयी एप्रोच दी। नवयथार्थवादी फ़िल्मों की शूटिंग का लोकेल-स्टूडियो के बाहर प्रायः वास्तविक घटना स्थल होता था। अभिनेता तथा कलाकार अर्द्ध व्यावसायिक होते थे। कहानी सीधी-सादी होती थी, जिसका विषय मेहनत-मज़दूरी करने वाला वर्ग या किसान वर्ग होता था, जिसकी स्थिति एकदम असहाय और निर्धन होती थी तथा जो सामान्य सुख-सुविधाओं से नितांत वंचित होते। इन फ़िल्मों में बच्चों की केन्द्रीय स्थिति होती। नवयथार्थवादी फ़िल्मकार बिम्बों में निहित अर्थ पर टिप्पणी करने के सम्बन्ध में मौन दिखाई पड़ता है, जिन्हें वह निर्मित करता तथा जिनके माध्यम से वह उस कहानी को उभारता जो उसके उद्देश्य का एहसास कराती। यद्यपि ऐसा करते समय उसका दृष्टिकोण

एक वृत्तचित्र निर्माता से निश्चित रूप में भिन्न होता। नवयथार्थवादी फ़िल्मकारों ने इस प्रत्यक्ष वस्तुनिष्ठता का प्रतिकार भावुकता के द्वारा किया है जो कि फ़िल्म की विषयवस्तु के प्रस्तुतिकरण में निहित प्रेम और दुख की लगभग अति नाटकीय अभिव्यक्ति होती है।

नवयथार्थवादियों ने सिद्धान्त रूप से फ़िल्म के तनावों के उन समस्त रचनात्मक तत्त्वों को ध्वंस कर दिया जो रूप तथा कथ्य के बीच थे तथा जो फ़िल्म के विषय या दर्शक को चतुरता से प्रभावित कर सकते हों। इस सबसे प्रभावित होकर ही प्रसिद्ध सिने-सौन्दर्यशास्त्री तथा समीक्षक आंद्रे बाजॉ ने "बाइसिकल थीव्ज" को परिशुद्ध सिनेमा कहा। फ़िल्म में जितने अभिनेता चाहिए उतने ही अभिनेता हैं। कहानी भी कोई और नहीं वरन् जो जीवन में घटित हो रहा है वही विषय है या कहानी है। जीवन की ऐसी दारुण स्थिति के प्रदर्शन के लिए कोई सेट्स भी नहीं चाहिए क्योंकि जो जीवन गतिमान है वह फ़िल्म के बिम्बों में बिम्बित हो रहा है। यह है जीवन और यथार्थ का अभिन्न रूप। इसे सौंदर्यात्मक भ्रम भी कहा जा सकता है, क्योंकि यह कलात्मकता के साथ प्रस्तुत हुआ है। नवयथार्थवादी ने यथार्थ के बिम्ब को कभी यथार्थ समझने की गलती नहीं की। वास्तव में नवयथार्थवादी फ़िल्मकारों ने बिम्ब-विधान को एक सार्थक साधन के रूप में विकसित करना चाहा जो मनुष्य के व्यवहार, भाव, क्रिया-प्रतिक्रया, स्थान और इतिहास को प्रमाणिकता के साथ सम्प्रेषित कर सके। नवयथार्थवादी ने अपने बिम्बों में उस संसार को बिम्बित कर देना चाहा जिसकी निरन्तर उपेक्षा परम्परागत सिनेमा में हुई थी। उन्होंने फ़िल्म में निर्मित संसार को सिनेमा के द्वारा मध्यस्थता करने की रूढ़िबद्ध धारणाओं से अलग होकर प्रस्तुत करना चाहा। डी सीका की 'बाइसिकल थीव्ज' तथा फेलिनी की 'लॅ स्ट्रेडा' इसके अप्रतिम उदाहरण हैं।[1]

नवयथार्थवाद का प्रभाव विश्वव्यापी था। पांचवे दशक के मध्य में अमरीका में यह प्रभाव डाक्यूमेंट्री रियलिज्म के आन्दोलन के रूप में दिखाई पड़ा। उस समय के नये फ़िल्मकारों ने लोकेशन में शूटिंग करना प्रारम्भ किया। इसे इलिया कज़ान के "बूमरेंग" (1947) तथा अब्राहम पोलेंस्की के "फोर्स आफ़ इविल" में स्पष्टतः देखा जा सकता है। इसके अतिरिक्त यूरोप में नवयथार्थवाद का प्रभाव अधिक परिपूर्ण तथा प्रभावोत्पादक था। इस आन्दोलन ने तत्कालीन भारतीय सिनेमा को भी प्रभावित किया। सत्यजित राय की फ़िल्म "पथेर पांचाली" पर नवयथार्थवाद का भरपूर प्रभाव दिखाई पड़ता है। इस फ़िल्म को अभूतपूर्व अन्तर्राष्ट्रीय ख्याति

मिली तथा इसे विश्वविख्यात फ़िल्मकार ग्रिफिथ तथा रेन्वार के पुष्पदण्ड के रूप में माना गया। ब्राज़ील आदि लेटिन अमरीका के देशों में भी इस आन्दोलन का प्रभाव पड़ा।

विश्व के समसामयिक फ़िल्मकारों ने नवयथार्थवाद के गहरे प्रभाव के परिणामस्वरूप व्यावसायिक सिनेमा की बनावटी भाषा के विकल्प की तलाश कर ली थी। इस प्रकार नवयथार्थवाद ने सिनेमा के इतिहास में जो क्रमभंग किया उससे सिनेमा की कहानी कहने की भाषा को पुनर्जीवन मिला, साथ ही कहानी कहने एवं रूपविधान के विविध प्रयोगों की सम्भावनाओं के द्वार खुले। नवयथार्थवाद केवल सिनेमा के इतिहास की एक प्रतिक्रिया मात्र नहीं था वरन् द्वितीय महायुद्ध की परिणति का परिणाम था। जिसने समस्त यूरोप के सांस्कृतिक और राजनीतिक जीवन में क्रान्ति ला दी यद्यपि यह प्रतिक्रिया हर देश में भिन्न तरीके से तथा समय में हुई।

भारत में नवथार्थवाद

भारत में सत्यजित राय के अतिरिक्त अनेक फ़िल्मकारों तथा उनकी फ़िल्मों पर नवयथार्थवाद का प्रभाव देखा जा सकता है। लेकिन भारतीय सिनेमा में यह प्रभाव दो भिन्न रूपों में दिखाई पड़ता है। एक वे फ़िल्मकार हैं जो नवयथार्थवादी आन्दोलन की विचारधारा से प्रभावित तो हुए किन्तु उद्योग की व्यावसायिकता से अपने को मुक्त नहीं कर सके। अतः मुख्यधारा की फ़िल्मों को शैली में अपनी फ़िल्मों का निर्माण करते रहे और समझौते करते रहे। ऐसे फ़िल्मकारों में बिमल राय तथा राज कपूर के नाम प्रमुख रूप से हैं क्योंकि इन फ़िल्मकारों की अनेक फ़िल्मों की विषयवस्तु का चुनाव सामाजिक संघर्ष से जुड़ा होते हुए भी उसकी प्रस्तुति नवयथार्थवादी मानदण्डों के अनुकूल नहीं है। दूसरे वर्ग में ऐसे फ़िल्मकार हैं जो फ़िल्म उद्योग की व्यावसायिकता से अलग रहकर अपना काम कर रहे हैं तथा व्यावसायिकता की अपेक्षा कलात्मकता को प्रमुखता देने में संलग्न थे। ऐसे फ़िल्मकारों ने सिनेमा के सौन्दर्यशास्त्र को विकसित किया तथा भारतीय सिनेमा को अन्तर्राष्ट्रीय सिनेमा से जोड़ा। इस दृष्टि से तत्कालीन सन्दर्भ में सत्यजित राय तथा उनकी फ़िल्म 'पथेर पांचाली' बहुत महत्त्वपूर्ण है। नवयथार्थवादी आन्दोलन का जो विश्वव्यापी प्रभाव विभिन्न देशों में स्वीकृत हुआ उसका प्रत्यक्ष प्रमाण 'पथेर पांचाली' (1955) के रूप में भारतीय सिनेमा द्वारा प्रस्तुत हुआ और स्वीकृत हुआ। किन्तु 'पथेर पांचाली' की विवेचना तथा भारतीय नया सिनेमा आन्दोलन

को सम्यक् रूप से समझने के लिए उस सम्पूर्ण वस्तुस्थिति को समझना आवश्यक है, जिससे यह सम्भव हो सका।

छठे दशक में भारत के फ़िल्म उद्योग को उन्नत करने तथा उसकी प्रतिष्ठा को ऊंचा उठाने के लिए भारत सरकार प्रारम्भ से ही प्रयत्नशील थी। अपने लक्ष्यों को प्राप्त करने के लिए केन्द्रीय सरकार ने सन् 1951 में एस.के. पाटिल की अध्यक्षता में एक जांच-समिति का गठन किया। सन् 1952 में इस समिति ने अपनी रिपोर्ट सरकार को प्रस्तुत कर दी जिस पर आम चर्चाएँ होने लगी। रिपोर्ट के अन्तर्गत वे सभी बातें थीं जिससे भारतीय फ़िल्म संस्कृति का स्तर ऊँचा हो सके। अच्छी फ़िल्मों के निर्माण के लिए राष्ट्रीय पुरस्कार का प्रायोजन, बच्चों की फ़िल्म बनाने के लिए बाल फ़िल्म-समिति का गठन, फ़िल्म निर्माण से सम्बन्धित कच्चे माल का देश में उत्पादन, फ़िल्म वित्त निगम की स्थापना के द्वारा फ़िल्म बनाने के लिए ऋण देने की व्यवस्था तथा कलाकारों एवं तकनीकी विशेषज्ञों के प्रशिक्षण के लिए राष्ट्रीय फ़िल्म संस्थान की स्थापना जैसी महत्त्वपूर्ण सिफारिशें समिति की रिपोर्ट में थीं। भारत ने शीघ्र ही इन सिफारिशों को क्रियान्वित करना भी प्रारम्भ कर दिया। वस्तुतः सातवें दशक के प्रारम्भ में ही इन सिफारिशों के अनुसार फ़िल्म संस्थान और समितियों का राष्ट्रीय स्तर पर गठन हो चुका था। इसका स्पष्ट प्रभाव सातवें दशक के अन्त में प्रारम्भ होने वाले नया सिनेमा आन्दोलन में देखा जा सकता है।

सन् 1952 में पहली बार भारत में अन्तर्राष्ट्रीय फ़िल्म समारोह आयोजित हुआ। समारोह कलकत्ता, बम्बई तथा दिल्ली में आयोजित किये गये। महत्त्वपूर्ण बात यह है कि इटली में शुरू होने वाले नवयथार्थवाद ने अन्तर्राष्ट्रीय फ़िल्म-संसार को इतना अधिक प्रभावित किया था कि भारत के इस समारोह में उसकी शक्तिशाली छाप बहुत स्पष्ट थी। इस समारोह में इटली के फ़िल्मकारों की विश्वप्रसिद्ध फ़िल्में प्रदर्शित हुईं। इन फ़िल्मकारों में डी सीका तथा रोजेलिनी की फ़िल्मों का प्रदर्शन सर्वाधिक प्रभावशाली सिद्ध हुआ। अन्य विदेशी फ़िल्मों के प्रदर्शन में जापान का भी महत्त्वपूर्ण योगदान था।

छठे दशक के भारतीय-सिनेमा जगत में निरन्तर तीव्र गतिविधियों के घटित होने से प्रयोगात्मक चिन्ह दिखाई पड़ने लगे। सिनेमा उद्योग का महत्त्व भी स्थापित होने लगा तथा उसके कलारूप के प्रति आमतौर से नयी चेतना उभरने लगी थी। भारतीय सिनेमा पर पड़ने वाली राष्ट्रीय और अन्तर्राष्ट्रीय स्थितियों के प्रभाव तथा लोकप्रिय एवं मनोरंजन के तत्त्वों से संयुक्त सामाजिक यथार्थवादी दृष्टि को लेकर

जो फ़िल्मकार सामने आये और उन्होंने अपनी फ़िल्मों की विषयवस्तु को अधिक सामाजिक परिप्रेक्ष्य में प्रस्तुत किया उनमें बिमल राय तथा राज कपूर का उल्लेख विशिष्ट रूप में किया जा सकता है। इन फ़िल्मकारों की अनेक फ़िल्मों को लेकर कहा गया है कि अन्तर्राष्ट्रीय नवयथार्थवाद का यह भी भारतीय रूपान्तर है। ऐसी फ़िल्में जो विशेष रूप से चर्चित हुई वे बिमल राय की 'दो बीघा जमीन' तथा राज कपूर की 'बूट पालिश', आवारा, 'श्री चार-सौ-बीस' और 'जागते रहो' हैं।

बिमल राय

बिमल राय की 'दो बीघा जमीन' का प्रदर्शन (1953) में हुआ। उस फ़िल्म को लेकर देश-विदेश में तीव्र प्रतिक्रियाएँ हुई। प्रसिद्ध रूसी फ़िल्म निर्देशक तथा सिनेशास्त्री पुडोवकिन ने भी इसकी प्रशंसा की। 'दो बीघा जमीन' की विषयवस्तु में भूमि-समस्या की पृष्ठभूमि में ऋण से लदे ऐसे शोषित किसान का चित्रण है जो समाज के आर्थिक ढाँचे की विषमताओं में जकड़ा सर्वहारा बनने को बाध्य होता है। फ़िल्म का नायक शम्भू पुरानी सामन्ती व्यवस्था के शोषण के साथ औद्योगीकरण के उभरते खतरे से भी आशांकित और उत्पीड़ित होता है। फ़िल्म की यह विषयवस्तु प्रेमचन्द के प्रसिद्ध महाकाव्यीय उपन्यास 'रंगभूमि' की याद दिलाती है। 'रंगभूमि' का सूरदास अपनी पाँच बीघे भूमि के टुकड़े को कारखाने के लिए खरीदे जाने तथा हड़पने के विरुद्ध संघर्ष करता है तथा नवपूँजीवाद के औद्योगीकरण की शौषक नीतियों के विरुद्ध जन आन्दोलन की सृष्टि करता है। शंभू की नियति भी ऐसी ही है। उसकी भूमि भी छिन जाती है उस पर कारखाना बनने लगता है। वह एक रिक्शा चालक बनने को बाध्य होता है। 'दो बीघा जमीन' को कई अन्तर्राष्ट्रीय फ़िल्म समारोहों में पुरस्कार मिले तथा उसकी सराहना नवयथार्थवादी फ़िल्म के रूप में हुई। डि सीका की 'बाइसिकल थीव्ज' का प्रभाव भी इस फ़िल्म पर दिखाई पड़ता है। 'दो बीघा जमीन' में विषय वस्तु का प्रस्तुतीकरण समसामयिक फ़िल्मों से भिन्न है। फ़िल्म की विषयवस्तु में निहित यथार्थ को अभिनय द्वारा बलराज साहनी और बिम्बों में मूर्त कर देना उसकी विशेषता बन गयी। बलराज साहनी ने संवेदनशीलता तथा स्वाभाविकता के साथ अभिनय किया है। फ़िल्म के पटकथा लेखक ऋषिकेश मुखर्जी थे।

निश्चित रूप से बिमल राय इस फ़िल्म में यथार्थ से ज़्यादा जुड़े हैं। यह भी सम्भव है कि फ़िल्म की विषयवस्तु उनके जीवन से कहीं बहुत गहरे जुड़ी हुई थी। देश के विभाजन का उनके ऊपर गहरा प्रभाव था क्योंकि वे पूर्वी बंगाल के रहने वाले थे और अपने पैतृक गाँव सुवापुर से विस्थापित हो गये थे।

गाँव के सामाजिक ढाँचे से वे भलीभांति परिचित थे। फ़िल्म के नायक बलराज साहनी ने भी देश के विभाजन का प्रत्यक्ष अनुभव किया था। निर्देशक तथा कलाकार के बीच अनुभवों की यह समानता अद्‌भुत संयोग थी। वस्तुतः यथार्थ चित्रण के आग्रह के कारण ही फ़िल्म अति नाटकीय नहीं होने पाई। अभिनय की प्रस्तुति में भी एक प्रकार की सादगी और सहजता है।

'दो बीघा जमीन' के पहले बिमल राय ने जिन फ़िल्मों का निर्माण किया उनमें भी जनता के संघर्ष तथा समाज में नर-नारी के उत्पीड़न की कहानी अंकित हुई। 1948 की बनी फ़िल्म 'अजानगढ़' की विषयवस्तु तत्कालीन देशी रियासतों तथा जनता के संघर्ष से सम्बन्धित है। उन्होंने सन् 1950 में 'पहला आदमी' का निर्देशन किया जो आजाद हिन्द फौज के उन नौजवानों की कहानी है जो देश की आजादी कें लिए मर-मिटने वाले थे। इस प्रकार उनकी अन्य फ़िल्मों की विषयवस्तु सामाजिक यथार्थ को प्रकट करने वाली थीं। 'परिणीता', 'बिराजबहू', नारी के उत्पीड़न, 'नौकर' में बेरोज़गारी, 'सुजाता' में छुआछूत के प्रश्न, 'परख' में सामाजिक-राजनैतिक पाखण्ड तथा 'बंदिनी' में गाँव की लड़की पर राष्ट्रीय आन्दोलन का प्रभाव तथा कारावास के जीवन की समस्याएँ विषयवस्तु का आधार बनती हैं।

बिमल राय का प्रगतिशील दृष्टिकोण उनके विषयवस्तु के चयन में स्पष्ट दिखाई पड़ता है। उनकी अधिकांश फ़िल्मों की कहानियों का विकास स्वाभाविक रूप से हुआ है और उनमें भारतीय वातावरण की लोकप्रिय स्वाभाविक छवि अंकित हुई है। उनकी फ़िल्मों में भद्‌दे और अप्रासंगिक दृश्यों की संयोजना नहीं हुई है। बिमल राय की अभिरूचि कलात्मक थी। परिणामतः विषयवस्तु के चयन के साथ उन्होंने फ़िल्मों के निर्देशन में भी कलात्मकता का परिचय दिया है। वे कथानक के लिए साफ, निर्दोष विषयवस्तु के साथ उसके प्रस्तुतीकरण को अत्यधिक महत्त्व देते थे। निश्चित रूप से बिमल राय की फ़िल्मों में विषयवस्तु तथा उनके प्रस्तुतीकरण में प्रशंसनीय सन्तुलन पाया जाता है जो उनके समकालीन निर्देशकों में प्रायः नहीं पाया जाता।

बिमल राय की एक और महत्त्वपूर्ण देन जो उनके विषयवस्तु के चुनाव से सम्बन्धित है, वह साहित्यिक रचनाओं का फ़िल्म स्रोत के रूप में प्रयुक्त किया जाना है। यद्यपि बिमल राय के पहले भी साहित्यिक कृतियों पर फ़िल्में बनी हैं किन्तु अपने समसामयिक फ़िल्मकारों में वे पहले फ़िल्मकार हैं जिन्होंने भारत के श्रेष्ठ कथाकारों की अनेक रचनाओं को फ़िल्म-भाषा में रूपान्तरित किया। उन्होंने शरत्‌चन्द्र के उपन्यासों पर आधारित परिणीता, बिराज बहू तथा देवदास

फ़िल्में बनाईं। सुबोध घोष के उपन्यास पर 'सुजाता', जरासंध के उपन्यास पर 'बन्दिनी' तथा चन्द्रधर शर्मा 'गुलेरी' की कहानी पर 'उसने कहा था' फ़िल्मों का निर्माण किया। बिमल राय ने इन फ़िल्मों के निर्माण में साहित्यिक कृतियों की मूलभावना को सुरक्षित रखा है। साहित्यिक कृतियों की विषयवस्तु को सिनेमा की भाषा में ढालते समय कुछ परिवर्तन अवश्य हुए हैं किन्तु उनकी साहित्यिक संवेदना को विनष्ट नहीं किया गया है। यहाँ यह उल्लेख होगा कि इटली में प्रारम्भ होने वाले नवयथार्थवाद पर श्रेष्ठ साहित्यिक कथाकारों का प्रभाव था। हेंमिग्वे (अमरीका), आन्द्रे बाज़ां (फ्रांस), दॉसफेस्को (अमेरिका) इसके उदाहरण हैं। हिन्दी में मोपॉसा की कहानी 'पापा साइमन' पर आधारित 'बाप बेटी' (1954) का निर्माण किया गया।

शरत्‌चन्द्र ने अपने उपन्यासों तथा कहानियों में नारी-पात्रों को अत्यधिक करूणा और मार्मिकता के साथ चित्रित किया है। वे प्रेम और सौन्दर्य के अप्रतिम रूप हैं। परिणामतः उनकी मानवीय प्रतिछवियाँ बहुत सम्मोहक और संवेदनशील हैं। बिमल राय ने शरत् के नारी पात्रों की इन विशेषताओं को उनकी सच्चरित्रता तथा स्वाभाविकता के साथ उभारा है। नारी के प्रति समाज की निर्ममता, असम्मान और शोषण को अत्यन्त गहराई के साथ 'परिणीता', 'बिराज बहू' तथा 'देवदास' में प्रदर्शित किया गया है। इन कृतियों में नारी जीवन की करूणा को मृत्यु में घटित न करके उनके जीवन में व्याप्त उत्पीड़न में निहित है। 'बिराजबहू' में यह सब देखा जा सकता है। समाज और व्यक्ति के बीच खोये हुए सन्तुलन की मर्म कथा और उसकी तलाश शरत्‌चन्द्र के उपन्यासों का आधार बिन्दु है। बिमल राय ने उपन्यासों की थीम की इस सच्चाई को समझा है तथा उसे फ़िल्म में उभारने की चेष्टा की है।

प्रस्तुतीकरण की दृष्टि से भी बिमल राय का चित्रांकन विषयवस्तु के वातावरण के अनुकूल रहा है। वे स्वयं एक कुशल सिने-कैमरामैन थे। उनके जीवन का प्रारम्भ कैमरामैन के रूप में हुआ। इसलिए फ़िल्मों के दृश्यबन्ध में वे वस्तुनिष्ठता को ध्यान में रखकर प्रकाश और छाया का प्रयोग करते थे। यही कारण है कि उनकी फ़िल्मों में प्रत्येक दृश्य की संरचना सुगठित है। प्रेमाभिव्यक्ति के दृश्यों में उन्होंने संयम से काम लिया है और मुख्यधारा की व्यावसायिक वृत्ति से प्रभावित न होकर उन्होंने नायक-नायिकाओं के सम्बन्धों को शालीनता के साथ प्रस्तुत किया है। कामुकता से प्रेरित अंगों का प्रदर्शन उनका लक्ष्य नहीं होता था। यही कारण है कि कोमल भावनाओं तथा मधुर क्षणों की अभिव्यक्ति के लिए

उन्होंने प्रतीकों से काम लिया है जो बहुत सफल रहे हैं। दृश्यों में समय की गति का एहसास उसके अनुकूल रोजमर्रा प्रयुक्त की जाने वाली वस्तुओं से कराया है जो कलात्मक बन पड़ा है। वस्तुतः बिमलराय ने उद्देश्यपूर्ण सिनेमा की सृष्टि की। विषय वस्तु के चयन तथा उसका कलात्मक प्रस्तुतीकरण के परिणामस्वरूप उनकी फ़िल्में साफ-सुथरी तथा स्वस्थ मनोरंजन से परिपूर्ण पारिवारिक फ़िल्में हैं। यही कारण है कि वे अपने समसामयिक फ़िल्मकारों में अलग दिखाई पड़ते हैं। उनकी व्यवसायिकता तथा कला में लोकप्रिय सामंजस्य है। स्पष्ट है कि ऐसी कृतियाँ मानवीय पीड़ा को व्यक्त करके भी समयातीत नहीं बन पातीं।

इस दौर में यानी कि छठे दशक तथा सातवें दशक के मध्य तक विभक्त बिमल राय और राज कपूर के द्वारा निर्मित फ़िल्मों के अतिरिक्त कुछ ऐसी फ़िल्में बनीं जिनमें सामाजिक समस्याओं तथा विषयों को लेकर यथार्थवादी दृष्टि का प्रभाव दिखाई पड़ता है। इस दृष्टि से 1955 में राजेन्द्र सिंह बेदी ने 'गरम कोट' फ़िल्म का निर्माण किया। वह एक अच्छी सामाजिक फ़िल्म थी। किन्तु विषयवस्तु के निरूपण में कुछ कमियाँ हैं। इसलिए फ़िल्म की प्रस्तुति जितनी प्रभावपूर्ण होनी चाहिए, वह नहीं हो सकी है। शैलीगत प्रयोग की दृष्टि से मेहबूब खाँ की आदर्शवादी सांचे में निर्मित 'मदर इंडिया' (1957) तथा वी.शान्ताराम की जेलों में सुधार विषयवस्तु पर आधारित 'दो आंखे बारह हाथ' (1957) उल्लेखनीय फ़िल्में हैं। इसके अतिरिक्त बलराज चोपड़ा ने 1957 में 'नया दौर' फ़िल्म का निर्माण किया। फ़िल्म में मनुष्य जीवन पर मशीन के प्रादुर्भाव से क्या प्रभाव पड़ा है इसे आधार बनाकर मनुष्य और मशीन के संघर्ष को दिखाया गया है। फ़िल्म में लोकप्रिय धुनों पर आधारित गाने तथा स्टार छविवाले अभिनेता हैं। इसके बाद बलराज चोपड़ा ने 1960 में 'कानून' बनाई। यह गानों से रहित फ़िल्म थी। 1962 में धर्मपुत्र का निर्माण किया। यह आचार्य चतुरसेन शास्त्री के उपन्यास पर आधारित फ़िल्म है। हिन्दू-मस्लिम एकता इसकी विषय-वस्तु है किन्तु विषय-वस्तु यथार्थ की अपेक्षा आदर्श मंडित अधिक है। ख़्वाजा अहमद अब्बास से 1963 में 'शहर और सपना' महानगर में आवास की समस्या को लेकर यथार्थवादी स्वर में निर्मित की। सुनीलदत्त ने प्रयोगात्मक फ़िल्म 'यादें' 1964 में बनाई। फ़िल्म में स्वयं उन्होंने भिन्न तरह की भूमिकाएँ अदा कीं। इस दौर में बासू भट्टाचार्य ने हिन्दी के विख्यात कहानीकार फणीश्वरनाथ 'रेणु' की कहानी पर आधारित 'तीसरी कसम' (1966) का निर्माण किया। ख़्वाजा अहमद अब्बास ने हैदराबाद के नवाबों की झूठी शान, दंभपूर्ण मर्यादा तथा उनके पतन की विषय-वस्तु

पर 'आसमान महल' 1965 में बनाई। अब्बास ने हमेशा मुख्यधारा के विरुद्ध यथार्थवादी फ़िल्में बनाने में सक्रिय रहे। उन्होंने फ़िल्मों के माध्यम से वर्ग-चेतना जाग्रत करने का निरन्तर प्रयास किया।

भारतीय सिनेमा की जिन फ़िल्मों को नवयथार्थवाद के प्रभाव को पहचान कर उन्हें नवयथार्थवादी फ़िल्मों के निकट रखने का प्रयास किया जाता रहा है उनके विश्लेषण से अनायास कई प्रश्न पैदा हो जाते हैं। इटली में नवयथार्थवाद जिन स्थितियों की देन था क्या भारतीय समाज में वे रूपायित हो रही थीं? नवयथार्थवादी कोटि में रखी जाने वाली ऐसी भारतीय फ़िल्मों ने क्या सिनेमा का राजनीतिकरण किया? क्या विषय-वस्तु का चुनाव तथा उसकी प्रस्तुति के लिए, अभिनेता, लोकेल, बिम्ब, तथा अन्य उपकरणों का प्रयोग नवयथार्थवादी शैली में किया गया? क्या भारत में विकसित नवयथार्थवादी सिनेमा उन लक्ष्यों को पूरा कर सका? ये अनेक प्रश्न हैं जिन पर विस्तार से काम करने की सम्भावना है। फिलहाल फ़िल्म की विषय-वस्तु तथा उसके प्रस्तुतीकरण को समझना होगा।

अपने दस वर्षों की अवधि में इटली के नवयथार्थवाद ने बिम्ब-विधान, आख्यानक संरचना, कटिंग, दर्शक की भूमिका तथा उसकी प्रतिक्रिया को नयी दृष्टि दी एवं फ़िल्म के माध्यम से 'यथार्थ जो है' उसकी अनुभूति कराई और उस यथार्थ को सार्थक रूप में बिंबित किया। इस प्रकार बिम्ब को अर्थपूर्ण बनाया। विशिष्ट विषय-वस्तु को निश्चित शैली में विशिष्ट जीवनदर्शन की अभिव्यक्ति करना उसका उद्देश्य था। इसके लिए नवयथार्थवादी फ़िल्मकारों ने जो तरीका अपनाया तथा उससे जो आख्यानक संरचना निर्मित हुई, उसने रूढ़िवादी ढाँचे से भिन्न परम्परा की सिनेमा की सृष्टि की। नवयथार्थवादी आन्दोलन का एक महत्त्वपूर्ण तत्त्व यह है कि उसने सिनेमा का राजनीतिकरण किया किन्तु किसी विशेष दल के लिए नहीं वरन् एक विशेष दृष्टिकोण के लिए, क्योंकि दर्शक को समाज के एक विशिष्ट आर्थिक वर्ग की प्रतीति कराना उसका लक्ष्य था। इटली के नवयथार्थवादी फ़िल्मकारों तथा सिनेमा शास्त्रियों ने व्यावसायिक सिनेमा की बनावटी भाषा का विकल्प पांचवे दशक के प्रारम्भ में ही तलाश लिया था। नवयथार्थवाद उनके उन सामाजिक, राजनीतिक, सैद्धान्तिक तथा बौद्धिक शक्तियों की देन था जो एक आपातिक समय में संलग्न थीं। यह एक सम्मिलित प्रयास था, किसी पूर्व चिन्तन का परिणाम नहीं।

इस अवधि की भारतीय फ़िल्मों के विश्लेषण से यह स्पष्ट है कि कुछ निर्देशकों ने विषय-वस्तु के चुनाव में मुख्यधारा से हटकर जो प्रयास किये, वे

नवयथार्थवाद से प्रभावित हैं। किन्तु यह प्रभाव आन्दोलन की सम्पूर्णता में नहीं है। परिणामतः उन फ़िल्मों की विषय-वस्तु सामयिक यथार्थ का सतही बोध कराती है। राज कपूर की 'बूट पालिश' में डि सीका के 'बायसिकल थीव्ज' के एक दृश्य को पूरी फ़िल्म की विषय-वस्तु बनाया गया है। उसमें नवयथार्थवाद को व्याकरण में ढालने की अपेक्षा अतिनाटकीयता से प्रभाव उत्पन्न किया गया है तथा गीतों के दृश्य बन्धों द्वारा भावुक वातावरण की सृष्टि की गयी है, जो नवयथार्थवाद के सिद्धान्तों के विरुद्ध है। इस प्रकार विषय-वस्तु के आन्तरिक तनाव और निश्चय स्पष्ट नहीं होते तथा दर्शक को जो सम्प्रेषित होना चाहिए वह नहीं हो सका है। 'दो बीघा जमीन' में भी यही कुछ है। इन फ़िल्मों के अतिरिक्त नवयथार्थ के नाम पर कुछ ऐसी फ़िल्में हैं जो सामाजिक स्थितियों का सतही रूप ही प्रस्तुत करती हैं तथा रंगमंचीय तत्त्वों से भरपूर हैं। इस सबके बावजूद यह मानना पड़ेगा कि भारतीय सिनेमा में ऐसी फ़िल्मों ने यह प्रतीत अवश्य कराया कि विशुद्ध व्यावसायिकता तथा मनोरंजन से हटकर ऐसी विषय-वस्तु अपनाई जा सकती है जिससे सामाजिक बदलाव की प्रक्रिया तीव्र हो सके। इस प्रकार इन फ़िल्मों पर भारत के वामपंथी आन्दोलन तथा नवयथार्थवाद का छिटपुट मिश्रित प्रभाव दिखाई पड़ता है।

गुरुदत्त

दरअसल यह सिनेमा एक ओर परम्परा को तोड़ना भी चाहता है तो दूसरी ओर माँग से मुक्त नहीं हो पाता। इसलिए परिवर्तन की आकांक्षा लेकर आने वाले फ़िल्मकारों ने भी समझौते किये और व्यावसायिकता पर अपनी दृष्टि रखा। यह समझौता गुण-मात्रा में जितना ही छोटा-बड़ा था उतना ही अधिक वे अपनी कृति को कलात्मक बना सके। इसलिए भारतीय सिनेमा के विकास में उनकी देन को पूर्णतः अस्वीकार नहीं किया जा सकता। उन्होंने सौन्दर्यशास्त्र की सृष्टि भले ही न की हो किन्तु भावी पीढ़ी को परिवर्तन के संकेत अवश्य दिये। इस दृष्टि से तत्कालीन फ़िल्मकारों में गुरूदत्त का उल्लेख महत्त्वपूर्ण है।

किसी विशिष्ट विचारधारा या आन्दोलन के प्रभावों से मुक्त उस दौर में कुछ ऐसे फ़िल्मकार हैं जिनकी भारतीय सिनेमा को महत्त्वपूर्ण देन है। गुरूदत्त एक ऐसे फ़िल्मकार हैं जो न तो सामाजिक यथार्थवादी धारा की प्रतिबद्धता का दावा करते हैं और न अपने को व्यावसायिक मुख्यधारा से पृथक् करते हैं। फिर भी विषय-वस्तु तथा उसके प्रस्तुतीकरण में जिस प्रयोगात्मक दृष्टि को उन्होंने अपनाया वह फ़िल्म

में नये मुहावरे के रूप में प्रयुक्त होने लगा। उनकी फ़िल्मों में 'प्यासा' (1957) 'कागज के फूल' (1959) तथा 'साहब बीबी और गुलाम' (1962) का विश्लेषण अत्यधिक प्रासंगिक होगा।

गुरुदत्त की ये फ़िल्में विषय परक होने के साथ-साथ क्रिया संगीतात्मक हैं। इन फ़िल्मों में समाज की पतनावस्था की अनेक सतहें खुलतो हैं। फ़िल्म की बुनावट, मानवीय जीवन की अनेक विकृतियों, विसंगतियों को प्रस्तुत करती हैं। 'प्यासा' में एक युवक गुरुदत्त की बेरोज़गारी का चित्रण, हताशा की इस स्थिति तक पहुंचता है कि वह अनुभव करने लगता है कि उसका जीवन व्यर्थ है, वह जीने के योग्य नहीं है। कवि होने के नाते भावुकता उसके जीवन की सम्पदा है। वह एक दिन, समाज में निकृष्टतम समझी जाने वाली वेश्या वहीदा रहमान के सम्पर्क में आता है। धीरे-धीरे वह अपने परिवार से असम्पृक्त होता जाता है। अकेला होने पर वह आत्मनाश की ओर अग्रसर होता है। लेकिन इस प्रकिया में वह समाज के अनेक पाखण्डों को खोलता है।

'कागज के फूल' एक आत्मकथात्मक फ़िल्म है। फ़िल्म की कथा एक फ़िल्म निर्देशक के जीवन पर आधारित है जो सुरेश (गुरुदत्त) होकर भी वास्तविक गुरुदत्त है। सुरेश सफलता की उच्चतम सीढ़ी पर खड़ा है उसके चाहने वालों की कमी नहीं है। स्टुडियो के साथ उसका निजी और आत्मीय सम्बन्ध है। दरअसल उसका यह रिश्ता ही अटूट है, जो बहुत गहरा, संवेदनशील, सृजन और सर्जक और सर्जनाशक्ति जैसा है। इसी के साथ एक और सम्बन्ध जुड़ता है, नायिका शांति (वहीदा रहमान) के साथ जिसे निर्देशक सुरेश अपने प्रयत्नों से ख्यात के शीर्षस्थ तक ले जाता है। निर्देशक और अभिनेत्री के प्रेम के साथ जुड़ती है सुरेश की पत्नी माला सिन्हा। एक दिन शांति, सुरेश को छोड़कर चली जाती है और निर्देशक आत्मनाश की ओर अग्रसर होता है। फ़िल्म निर्माण में अब उसकी रूचि पहले जैसी नहीं रहती और उसकी फ़िल्में असफल होने लगती हैं। उसका ससुर अदालत का सहारा लेकर उसकी बच्ची को भी उससे छीन लेता है। उसके स्टुडियो के साथी भी धीरे-धीरे उसे छोड़ देते हैं। सुरेश का जीवन एक त्रासदी बन जाता है। यह एक कलाकार की त्रासदी है।

'साहब, बीबी और गुलाम' बिमल मित्र के उपन्यास पर आधारित है। फ़िल्म की विषय-वस्तु पतनोन्मुखी सामन्ती परिवार के विघटन का चित्र उपस्थित करती है। कहानी छोटी बहू मीना कुमारी की है। बहू का नाम नहीं है। निर्देशक ने सर्वनाम को नाम न देकर उस स्थिति को सार्वकालिक बनाकर गहरी करूणा में

बदल दिया है जो फ़िल्म में निहित व्यंजना को समृद्ध करता है। अन्य संज्ञाओं के बदले भी सर्वनामों का ही प्रयोग किया गया है। चौधरी परिवार, मंझली बहू, छोटे बाबू, बड़े बाबू आदि। इस प्रकार पात्रों को विशिष्ट संज्ञाओं में सीमित न करके विषयवस्तु को सार्वदिशिक बनाया गया है। चौधरी परिवार के विशाल घर की दीवारों के बीच निरन्तर घुटते रहना छोटी बहू की नियति है। शराबी और वेश्यागामी पति रहमान पारिवारिक परम्पराओं का विधिपूर्वक पालन करता है, इसलिए किसी रात घर पर नहीं रहता। जब कभी अवसर मिलता है तो वह अपनी पतिव्रता पत्नी को उसके जीवन का लक्ष्य स्पष्ट शब्दों में बता देता है 'गहने तोड़वाओ और गहने बनवाओ, चौधरी परिवार की बहुओं का यही काम है।' वे पुरुषों के उपयुक्त भोग्या नहीं बन सकती। छोटी बहू पति को अपना बनाने तथा प्रसन्न करने की प्रक्रिया में शराब तक पीती है जो शायद चौधरी परिवार की किसी बहू ने नहीं किया होगा। फिर भी अपना पति नहीं प्राप्त कर पाती। छोटी बहू मोहनी सिन्दूर भी लगाती है और पति के जीवन-रक्षा के लिए किसी साधु का आशीर्वाद लेने घर से बाहर भी निकल पड़ती है। यह सब चौधरी परिवार की परम्पराओं में नहीं था। छोटी बहू के प्रति अप्रतिम सहानुभूति रखने वाला भूतनाथ गुरुदत्त, उसके पति मिलन के कार्यों में मदद करता है, किन्तु यह सब करने पर भी छोटी बहू की मातृत्व आकांक्षा पूरी नहीं होती। अन्तःपुर से उसका निकलना उसके जीवन की सबसे बड़ी दुर्घटना सिद्ध होती है। फ़िल्म निर्देशक ने एक मृतप्राय व्यवस्था में एक व्यक्ति की करुणा के साथ कई आयाम उद्घाटित किये हैं जिससे एक विशिष्ट कालखण्ड साकार हो गया है।

सत्यजित राय

भारतीय सिनेमा में दो महान फ़िल्मकार सत्यजित राय तथा ऋत्विक कुमार घटक सामने आये जिन्होंने अपनी फ़िल्मों से विश्व सिनेमा का ध्यान अपनी कला की ओर आकर्षित किया। नया सिनेमा पर भी उनका अमिट प्रभाव है। अतः उनकी विशिष्टताओं को कतिपय विस्तार से जानना आवश्यक है। वस्तुतः ये दोनों दो भिन्न शैलियों का प्रतिनिधित्व करने वाले निर्देशक हैं।

किसी भी विधा का एक माध्यम होता है और उसमें कुछ कृतियाँ होती हैं जिन्हें व्याकरण के अध्ययन के लिए पढ़ा जाता है। ऐसे ग्रन्थ नियमों और लक्षणों के उदाहरण होते हैं। सिनेमा के सौन्दर्यशास्त्र के लिए 'पथेर पांचाली' ऐसी ही फ़िल्म है। पश्चिम में सिनेकला का जो व्याकरण बन चुका था उसमें

क्रान्तिकारी परिवर्तन फ्रांस के निर्देशक तथा सौन्दर्यशास्त्री ब्रेसां तथा गोदार के माध्यम से आ रहे थे। राय भारत में अपनी पहली फ़िल्म 'पथेर पांचाली' का निर्माण करके फ़िल्म के व्याकरण को प्रतिष्ठित कर रहे थे। सत्यजित राय ने 1955 में यह फ़िल्म बनाई। उस समय स्वतन्त्रता प्राप्ति के आठ वर्ष हुए थे और भारत सामाजिक परिवर्तन की संक्रमणकालीन स्थितियों से गुजर रहा था। इन स्थितियों का गहरा प्रभाव भारत के गाँवों में था। वहाँ बेकारी और भुखमरी से लोग परेशान थे, जिससे रोज़गार की तलाश मे गाँव छोड़कर शहरों की ओर जा रहे थे। परन्तु राय ने जिस प्रकार गाँव के परिवार के एक व्यक्ति तथा उस परिवार के अन्तः सम्बन्धों का चित्र उस सामाजिक परिवर्तन के दौर में खींचा, वह अपने आम में अद्वितीय है। इस फ़िल्म में निहित जीवन सत्य एक व्यक्ति या परिवार तक सीमित नहीं रहता, वह बंगाल के एक क्षेत्र विशेष का सत्य होकर भी पूरे भारत और उन स्थितियों में सम्पूर्ण विश्व का सर्वकालिक सत्य भी बन जाता है।

सत्यजित राय ने 'पथेर पांचाली' के फ़िल्मांकन के लिए कथा और उसके चरित्रों को पूरी तरह नया आकार दिया था। उन्होंने विभूति भूषण के उपन्यास को एक नयी व्याख्या दी। यह एक ऐसा काम था जो किसी सिद्धहस्त निर्देशक के लिए जोखिम भरा हो सकता था जबकि राय उस समय 1952 में बिल्कुल नये थे। अपने उस प्रयास में उन्होंने जो सामर्थ्य प्रकट किया उसे अपने पूरे रचनाकाल के दौरान न सिर्फ बनाए रखा बल्कि परिष्कृत भी किया। वह सामर्थ्य या किसी साहित्यिक कृति के पूरे रस-गंध को बचाए रखकर उसे फ़िल्म के व्याकरण में तथा उसकी ज़रूरतों के अनुकूल ढाल सकने का। भारतीय सिनेमा में इसके पहले ऐसा कुछ हुआ नहीं था। इसलिए भारतीय सिनेमा के सन्दर्भ में यह एक असामान्य उपलब्धि थी। अपूर संसार, 'देवी', 'पारस पत्थर' और 'जलसाघर' समेत उनकी पहली छह फ़िल्में ऐसी सुविख्यात और सुघड़ ढंग से रची गयी साहित्यिक कृतियों पर आधारित थीं जिन्हें किसी भी महत्त्वपूर्ण कलाकार की तरह उन्होंने अपनी भावनाओं और विचारों के अनुकूल ढाला था। उन फ़िल्मों की पटकथा भी उन्होंने स्वयं लिखी थी जैसा कि वे अपनी सम्पूर्ण रचना-यात्रा के दौरान करते रहे। 1962 में उन्होंने 'कंचनजंगा' फ़िल्म बनाई। इसकी पूरी कहानी दो घंटे की अवधि में बीती घटनाओं की है। इस फ़िल्म में प्रेम, कोमलता, आदर्शवाद, उच्चवर्गीय श्रेणीवाद तथा यथास्थिति को सुनिश्चित बनाए रखने वाली उस दमित हिंसा पर वे विजयी होते हैं जो प्रच्छन्न होती है। इस फ़िल्म के चरित्रों के पारदर्शी रूप

में यह साफ दिखता है कि इतिहास का समयसिद्ध युद्धकतन्त्र युवा आशा को ध्वस्त नहीं कर पाता।

छठे दशक में राय का उदय तथा 'पथेर पांचाली' के उपरांत निरन्तर फ़िल्मों के निर्माण के द्वारा उन्होंने भारतीय सिनेमा में कलात्मकता का जो वातावरण पैदा किया वह ऐतिहासिक सिद्ध हुआ। 1955 में 'पथेर पांचाली' से फ़िल्म निर्माण का प्रारम्भ होने वाला क्रम उनकी मृत्यु 23 अप्रैल 1992 के कुछ महीने पहले पूरी होने वाली फ़िल्म 'आगंतुक' तक शानदार तरीके से गतिमान रहा। ये दोनों ही फ़िल्में साहित्यिक कृतियों पर आधारित हैं। 1955 और 1969 के बीच उन्होंने जिन फ़िल्मों का निर्माण किया वे इस प्रकार हैं—अपू त्रयी के बाद पारस पत्थर (1957), जलसाघर (1958), देवी (1960), तीन कन्या (1961), कंचन जंगा (1962), महानगर (1963), चारुलता (1964), कापुरुष 'वो महापुरुष (1965), गोपी गाइन बाधा बाइन (1969), तथा प्रतिद्वन्द्वी और अरण्येर दिन रात्रि का निर्माण 1970 में किया।

सत्यजित राय की फ़िल्म-कला में कथात्मक सिनेमा के प्रति गहरी रुचि दिखाई पड़ती है। कथा कहने की उनमें स्वाभाविक क्षमता थी। आम दर्शक भी सिनेमा में कथा देखना चाहता है। उन्होंने हॉलीवुड की फ़िल्मों को देखकर अपनी फ़िल्म तकनीक हासिल की थी जो बिना किसी प्रयास के सांस्कृतिक अवरोधों को पार करती है और अपनी स्वाभाविक वर्णनात्मकता तथा चाक्षुष अभिव्यक्तियों पर निर्भरता के कारण सारी दुनिया में क़ाफी लोकप्रिय हो चुकी थी। हॉलीवुड की फ़िल्म-संस्कृति ने जब चाहा तो यह प्रमाणिक किया कि कला व्यावसायिकता से कटी हुई चीज़ नहीं है और असफलता ही आवश्यक तौर पर गुणवत्ता की निशानी नहीं है। किन्तु राय की दृष्टि में महत्त्वपूर्ण परिवर्तन डी सीका की 'बाइसिकल थीव्ज' देखने के बाद हुआ। इसके साथ ही उन्होंने अन्य नवयथार्थवादियों की उत्कृष्ट कृतियाँ देखीं तो उन्हें फ़िल्मकार का जीवन अपनाने का साहस हुआ। उन्होंने 1949 की महत्त्वपूर्ण घटनाओं की याद करते हुए यह बात स्वीकार भी की है—

"दूसरी महत्त्वपूर्ण घटना सालभर बाद (यानी कि 1948 के बाद) हुई। अपनी विज्ञापन एजेंसी के मुख्य कार्यालय में कुछ दिन काम करने के लिए मैं लंदन गया हुआ था। लंदन में मैंने जो पहली फ़िल्म देखी, वह थी डी सीका की बाईसिकिल थीव्स। जब देखकर सिनेमा हाल के बाहर निकला तो मन पूरी तरह से बन चुका था मैं फ़िल्मकार बनूंगा।"

सत्यजित राय का यथार्थवाद, चित्रण की प्रकृतिवादिता से भिन्न है। उनका मानना है कि "यथार्थ की रचना, रचनात्मक प्रक्रिया का ही एक हिस्सा है जिसमें कल्पना को आँख या कान से मदद मिलती है। राय ने इस यथार्थ को, वर्गगत विशेषताओं को प्रकट करने वाली जीवन्त बोली तथा चाक्षुष विवरणों की अन्तरंग स्थितियों को बिम्बों की कला में जीवन्त कर दिया है इसलिए वे आँख और कान पर बल देते हैं जिससे मूर्त भाषा का विकास होता है। इस दृष्टि से फ़िल्म समीक्षक चिदानन्द दास गुप्त का मंतव्य विचारणीय है—"राय की फ़िल्में अपने विस्तार में आधुनिक औद्योगिक सभ्यता जिसकी मशीनी प्रक्रिया में मानवीय मूल नष्टप्राय हो गये हैं और जो भारत में अधोपतन की स्थिति के संत्रास से गुजर रहे हैं, समाये रहती है। उनके कथाचित्रों की अन्तरंग भाषा अपनी तह में मानवीय रिश्तों की गरमाहट और भावनात्मक गहराई छुपाये रहती है। हालांकि वह अपनी शान्त सतह पर अपने साथी आदमी के लिए चरित्रवान व्यवहार, जियो और जीने दो, अवधारणा और जीवन तथा कल्पना के प्रति आदर का भाव समेटे हैं।"

सातवें दशक में राय ने जिन फ़िल्मों का निर्माण किया उनके सम्बन्ध में मीनाक्षी मुखर्जी ने महत्त्वपूर्ण बात कही है—"सातवें दशक में राय एक के बाद दूसरी फ़िल्म में हमारे परिचित विश्व के विभिन्न पहलुओं को अन्वेषित करते रहे हैं। बंगाल का ग्राम्य जीवन (तीन कन्या), शहरी मध्यवर्गीय नैतिकता में अपरिपूर्ण प्रेम की सुपरिचित स्थिति (कापुरुष) सामन्ती व्यवस्था का पतन (जलसाघर) देवी रूप देकर महिलाओं का शोषण (देवी) और बहुतेरे भिन्न-भिन्न क़िस्म के विषय जो बुनियादी मानववाद और जीवन की अभिस्वीकृत के द्वारा जुड़े थे। लोग अब राय के विशिष्ट गुणों को देखने लगे हैं—जिनमें कैमरे की बारीकियों के विस्तार से प्रयोग, विशिष्ट पारदर्शिता और चाक्षुष बिम्बों की लयात्मकता है। 'चारूलता' (रवीन्द्रनाथ टैगोर के 'नष्ट नीड़' पर आधारित) की लगभग समस्त उत्कृष्टता से आमतौर पर यह विश्वास बन गया कि राय अपने सर्वोत्तम रूप में तब प्रकट होते हैं जब कि वे भूतकाल में—व्यक्ति की शिष्टता को प्रस्तुत करते हैं। 'महानगर', 'प्रतिद्वन्द्वी' और 'जनअरण्य' भिन्न-भिन्न विषयों को लेकर बनाई गयी थीं परन्तु इनमें शहरी जीवन की निर्दय यथार्थता को बेबाक रूप से प्रकट किया था जिसमें व्यक्ति पर उसके पीछे कार्य कर रही शक्तियाँ पूरी तौर पर हावी हो जाती हैं। यह बात रुचि की है कि इनमें से किसी भी फ़िल्म में एकाकी व्यक्ति अपनी पराजय स्वीकार नहीं करते।

इस प्रकार सत्यजित राय ने भारतीय दर्शक के लिए फ़िल्म की अवधारण ही बदल दी। फ़िल्म उतनी ही बड़ी कला है जितनी बड़ी और कलाएँ हैं बल्कि वह

बहुत-सी कलाओं का संयुक्त रूप है—चित्रकला, संगीत, कविता, और नाट्यतत्त्व। राय ने पहली बार प्रतीकों, बिम्बों, सूक्ष्म संकेतों और ऐसे दृश्यबन्धों का उपयोग किया, जो उस समय तक चित्रकला, कविता और संगीत की सम्पत्ति समझे जाते थे। वस्तुतः राय की फ़िल्मों पर राय की छाप इतनी गहरी होती है कि समस्त विविधता के बीच भी राय की सभी फ़िल्मों को उनसे बहुत अलग करके देखना कठिन है। अकाल से संबंधित 'अशनि संकेत' इसका उदाहरण है, जिसकी सर्वाधिक आलोचना हुई है। फ़िल्म का अन्तिम दृश्य अकाल की विकरालता को जिस प्रतीकात्मक शैली में प्रस्तुत करता है, उस युक्ति पर कोई भी मुग्ध हो सकता है। विषय-वस्तु और शैली दोनों दृष्टियों से उन्होंने एक सुनियोजित और सुव्यवस्थित निजी संसार बना लिया था। उसी के बीच रहना उन्हें प्रिय था, इसलिए समय के परिवर्तन उन्हें बहुत प्रभावित नहीं करते थे। उनकी आलोचना का यह मुख्य बिन्दु भी है। इस सबके बावजूद यह स्वीकार करना होगा कि भारतीय सिनेमा में आठवें दशक में निर्देशकों की जो नयी पीढ़ी उभरकर सामने आयी उसे ठोस आधार सत्यजित राय ने प्रदान किया।

ऋत्विक घटक

विवेच्य काल में एक और महान् नाम ऋत्विक कुमार घटक का है। घटक की फ़िल्में जितनी कलात्मक श्रेष्ठता के लिए जानी जाती हैं उतना ही वे विवादास्पद निर्देशक रहे। घटक के फ़िल्म निर्माण, विषय-वस्तु, रूप तथा शैली-सभी का गहरा प्रभाव अनेक भावी निर्देशकों पर भी पड़ा जिन्होंने सिनेमा को गम्भीर कला के रूप में स्वीकार किया। इस सन्दर्भ में मणि कौल तथा कुमार शहानी के नाम विशेष रूप से उल्लेखनीय हैं, जिनकी नया सिनेमा को महत्त्वपूर्ण देन है।

घटक ने अपनी फ़िल्म 'नागरिक' (1952) बनाने के बाद सन् 1956 तक फ़िल्मिस्तान स्टुडियों बम्बई में पटकथा लेखक के रूप में काम किया। इसके बाद 'अजान्त्रिक' (1958), 'मेघे ढाका तारा' (1960), 'कोमल गांधार' (1961) तथा 'सुवर्णरेखा' (1962) फ़िल्में बनाई। अपनी अन्तिम किन्तु बहुचर्चित फ़िल्म 'युक्ति, तर्क और गल्प' का निर्माण 1974 में किया। इसे गम्भीर दार्शनिक तथा वैचारिक फ़िल्म के रूप में स्वीकार किया गया। घटक की फ़िल्मों में आदिवासी जीवन-स्थितियों की गहन व्यंजना है। बिहार सरकार की ओर से उन्होंने आदिवासियों के जीवन पर 1955 में भू वृत्तचित्र का भी निर्माण किया था। इसके अतिरिक्त भारतीय तथा टेलीविजन संस्थान पूना में रहकर अध्यापन के

साथ-साथ 1965 में एक लघु फ़िल्म 'भय' का निर्माण किया। प्रयोगात्मक सिनेमा के सम्बन्ध में उनका विचार था कि इससे माध्यम की शक्ति का विस्तार होता है। जब फ़िल्म के सन्दर्भ में प्रयोगात्मकता की बात की जाती है तो उसका अर्थ उसके कलात्मक पक्ष का होता है। उन्होंने फैलिनी की फ़िल्मों की प्रशंसा करते हुए कहा कि फैलिनी ने अपनी फ़िल्मों में साहस और ईमानदारी के साथ जीवन की उन स्थितियों को प्रस्तुत किया है जो उसके आसपास घटित हो रही है। घटक की फ़िल्मों में भी कुछ ऐसा ही है। वे स्वीकार करते हैं—"अपनी फ़िल्मों में, मैंने अपने देश को तथा लोगों के दुखों और पीड़ाओं को अपनी समस्त क्षमता से विचित्र किया है तथा जो कुछ भी मैंने उपलब्ध किया है उसमें ईमानदारी की कहीं कोई कमी नहीं है।"

महत्त्वपूर्ण तथ्य है कि घटक फ़िल्मकार बनने के पहले रंगकर्मी थे। वे सक्रिय रूप से भारतीय जन नाट्य संघ (इप्टा) से जुड़े थे। उनका यह सम्बन्ध 1948 से 1954 तक रहा। इसके साथ उनका लगाव निर्देशक और अभिनेता दोनों रूपों में था। रंगमंच से जुड़े होने के कारण ऋत्विक घटक पर बंगाल की लोक नाट्य-शैलियों का भरपूर प्रभाव था। भारतीय जन नाट्य संघ के कर्मियों पर ब्रेख्त का यथेष्ट प्रभाव था। अतः घटक, ब्रेख्त के नाट्य-सिद्धान्तों तथा उनकी कृतियों एवं रंगमंचीय शैली संघटन से भली-भाँति परिचित थे। उनके यथार्थवादी फ़िल्मकार बनने में कोई कसर नहीं थी। इस प्रकार घटक ने मार्क्सवादी चिन्तन तथा लोकनृत्य की शैलियों का सौन्दर्यपरक प्रयोग कुशलता तथा कलात्मकता से किया है।

ऋत्विक घटक ने फ़िल्म की संरचना में महाकाव्यात्मक शैली को महत्त्व दिया है। उनका मानना है कि हम भारतीय पसर जाना पसन्द करते हैं। हम कहानी के चक्र में नहीं फँसना चाहते हैं। हम बार-बार मिथ और पौराणिक आख्यानकों को दोहराना पसन्द करते हैं। एक जन रूप में हम 'क्या' पर रीझने की अपेक्षा 'क्यों' और 'कैसे पर अर्पित होते हैं। यह महाकाव्यात्मक दृष्टि हैं। घटक को कुछ समीक्षकों ने अभिव्यंजनावादी भी माना है। उनमें प्रतीक और बिम्बों की विशिष्ट कारीगरी है। घटक ने अपनी फ़िल्मों में बुनावट (टेक्स्चर) का भरपूर प्रयोग किया है। फ़िल्म की भीतरी बुनावट उनकी रचना को सशक्त आधार देती है। वे वर्णन के महाकाव्यात्मक ढाँचे के प्रति पूरी तरह सचेत रहते थे। घटक जानते थे कि वास्तविक महाकाव्य को खलाख्यान और वर्णन के नाटकीय रूपों में कैसे प्रतिष्ठित किया जाता है।

सत्यजित राय का मानवतावाद यदि नवयथार्थवाद से प्रभावित है तो ऋत्विक घटक पर फ्रेंच न्यू वेव का प्रभाव यदि न भी कहा जाये तो इतना निश्चित है कि वे उस शैली से अच्छी तरह परिचित थे। फ्रांस की न्यू वेव पर ब्रेख्त के नाट्य सिद्धान्तों के प्रभाव को अस्वीकार नहीं किया जाता। घटक भी अपनी फ़िल्मों में ब्रेख्तियन शैली में युक्ति का भरपूर प्रयोग करते हैं। इस प्रकार यह निश्चित है कि भारतीय फ़िल्मकार अन्तर्राष्ट्रीय फ़िल्म-संस्कृति में होने वाले परिवर्तनों तथा आन्दोलनों से भली-भाँति परिचित हो रहे थे। उस समय फ़िल्मकारों की जो नयी पीढ़ी उभर रही थी उसे नये क्षितिज का आभास होने लगा था।

ख़्वाजा अहमद अब्बास

हिन्दी चित्रपट साहित्य में यथार्थवादी दृष्टि के लिए कतिपय प्रमुख एवं बहुचर्चित फ़िल्मों की कथावस्तु, पात्रसृष्टि एवं उसकी सशक्त प्रस्तुति पर विचार करना आवश्यक है। इस दृष्टि से ख़्वाजा अहमद अब्बास का नाम विशेष रूप से उल्लेखनीय है।

ख़्वाजा अहमद अब्बास ने अपनी फ़िल्म-निर्माण संस्था का नाम 'नया संसार' रखा था। तब निश्चय ही उनके दिल में संसार बदलने की बात रही होगी। इसका कारण महज यह नहीं था कि उन्होंने बाम्बे टाकीज के लिए 'नया संसार' नाम की फ़िल्म लिखी थी।

अब्बास साहब की फ़िल्मों की चर्चा की ज़रूरत इसलिए नहीं है कि वह साहित्य-जगत के सुप्रतिष्ठित व्यक्तित्व और जानी-मानी फ़िल्मी हस्ती रहे, बल्कि उनकी फ़िल्मों पर लिखने की ज़रूरत इसलिए है कि नये सिनेमा के फ़िल्मकारों के लिए आज फिर वे चिन्ताएँ महत्त्वपूर्ण हो गयी हैं जो उनकी फ़िल्मों में देखी जा सकती हैं। 'दिनमान' में छपा केतन मेहता का इंटरव्यू ही इस बात का उदाहरण है कि आज फिर फ़िल्मकार सिनेमा की उन परम्पराओं की ओर लौटने की कोशिश कर रहे हैं जो तीसरे और चौथे दशक में मौजूद थीं। ख़्वाजा अहमद उसी परम्परा के फ़िल्मकार हैं जो साहित्य में प्रगतिशील आन्दोलन और नाटक में इप्टा के आन्दोलन से निकली थी। यहाँ यह बताना अप्रासंगिक नहीं होगा कि ख़्वाजा अहमद अब्बास ने अपनी फ़िल्म 'धरती के लाल' इप्टा के लिए बनाई थी।

'धरती के लाल' की परम्परा का विकास ऋत्विक घटक की फ़िल्मों में देखा जा सकता है। यह फ़िल्म बिजोन भट्टाचार्य के नाटक 'नबान्न और जबानबन्दी'

पर आधारित थी, जिसकी प्रेरणा ऋत्विक घटक ने भी स्वीकार की। इन्हीं नाटकों के जरिये वे इप्टा-आन्दोलन के साथ जुड़े। बिजोन भट्टाचार्य का यह नाटक बंगाल के अकाल पर है। अब्बास ने इन नाटकों के कथ्य का मिश्रण कृश्न चन्दर की कहानी 'अन्नदाता' के साथ किया। यहाँ यह कहना गलत नहीं होगा कि अब्बास साहब ने और फ़िल्में न भी बनाई होतीं तो सिर्फ इसी फ़िल्म के कारण फ़िल्मों के इतिहास में उन्हें जाना जाता। इस फ़िल्म में पहली बार दिखाया गया था कि अकाल ईश्वर की नहीं, आदमी की बनाई हुई ट्रेजडी है।

कथ्य के लिहाज से यह एक क्रान्तिकारी फ़िल्म थी जिसमें अकाल के बहाने बड़े जमींदारों द्वारा छोटे किसानों का शोषण, जमाखोरों की लूट और लालच व अंग्रेज सरकार की मानव- विरोधी नीतियों को दिखाया गया था।

'धरती के लाल' में रंगमंच का प्रभाव बहुत ज़्यादा था। अतिरंजना और अतिनाटकीयता के दोषों से फ़िल्म मुक्त नहीं थी। इप्टा की नाट्य परम्पराओं और इतिहास का ऐसा समन्वय किसी सिनेमाई मुहावरे में नहीं हो सका, जैसा हम आज केतन मेहता की ही 'भवनी भवाई' या 'मिर्च मसाला' जैसी फ़िल्मों में देखते हैं। फिर भी 'धरती के लाल' में ख़्वाजा अहमद अब्बास ने कई जगह डाक्युमेंटरी फ़िल्मों वाला यथार्थ नाटकीय परम्पराओं का निर्वाह करते हुए पेश किया था। फ़िल्म के कई हिस्सों की तुलना महान् रूसी फ़िल्मकार आइजन्सटाइन की फ़िल्मों से की गयी। यह एक ईमानदान कोशिश थी, जिसमें कलाकारों ने नाटकीय स्थितियों में भी वास्तविक ट्रेजिडी से आन्दोलित होकर काम किया था।

ख़्वाजा अहमद अब्बास 'धरती के लाल' में जिन परम्पराओं के साथ जुड़े थे उनका विकास उनकी फ़िल्मों में देखने को नहीं मिलता है। यह विकास ऋत्विक घटक की फ़िल्मों में देखा गया। घटक ने ही अपनी फ़िल्मों में 'मैलोड्रामा' की शैली का इस्तेमाल किया। लेकिन इससे अब्बास साहब का महत्त्व कम नहीं होता। अब्बास साहब पर बाजार के दबाव घटक से भी ज़्यादा थे, क्योंकि फ़िल्में बाँग्ला में नहीं, हिन्दी में बना रहे थे। हिन्दी में तो घटक को भी 'मधुमती' जैसी ही फ़िल्में मिलीं।

'धरती के लाल' 1946 में रिलीज हुई किन्तु फ़िल्म को प्रदर्शित हुए अभी तीन दिन हुए थे कि बम्बई और देश के अन्य हिस्सों में जातीय दंगे भड़क उठे। फ़िल्म फ्लॉप हो गयी। बंगाल के अकाल के बाद देश की आजादी के साथ ही देश के बँटवारे की भी त्रासदी देखनी पड़ी। इस त्रासदी का असर अब्बास साहब की फ़िल्मों में उतना नहीं देखा गया जितना बंगाल में घटक की फ़िल्मों पर। देश

के बँटवारे से पैदा बिखराव और विघटन को घटक ने तल्खी से व्यक्त किया।

बम्बई की फ़िल्मों में उसका दूसरी तरह का असर पड़ा। यहाँ आदमी के बजाय सिनेमा ही धीरे-धीरे अपनी जड़ों से कटकर विस्थापित होता चला गया। बँटवारे की त्रासदी ने आदमी को जिस स्थिति में पटका था, उसकी अभिव्यक्ति के लिए अच्छे फ़िल्मकार नवयथार्थवाद की ओर देखने लगे।

रूस के सहयोग के साथ बनाई गयी ख़्वाजा अहमद अब्बास की फ़िल्म 'परदेशी' उनकी शायद सबसे महत्त्वपूर्ण फ़िल्म है। यह फ़िल्म भारत की जमीन पर पैर रखने वाले पहले 'रूसी' के बारे में थी। फ़िल्म का वह दृश्य तो अविस्मरणीय था, जहाँ हम नर्गिस को फ़िल्म के नायक के पुरुषों वाले कपड़े पहनते देखते हैं।

कुल मिलाकर अब्बास साहब ने 17 कथा-फ़िल्में बनाईं। इन फ़िल्मों में 'चार दिल चार राहें', 'शहर और सपना', 'आसमान महल', 'सात हिन्दुस्तानी', 'फ़ासला', 'हमारा घर' और 'नक्सलाइट' उल्लेखनीय हैं।

अब्बास साहब ने मुख्यधारा के सिनेमा के खिलाफ हमेशा अच्छी फ़िल्में बनाने का काम जारी रखा। वे एकमात्र फ़िल्मकार हैं जो भारत के विभिन्न रुचियों के दर्शकों को ध्यान में रखते हुए फ़िल्मों के मुहावरे तलाश करते रहे हैं। अक्सर वह अपनी फ़िल्मों के चरित्र भी ऐसे बुनते थे कि उनमें भारत के पूरे संघीय ढाँचे के दर्शन हो जाये। उन्हें वे किसी-न-किसी ऐसे सम्पर्क के जरिये सामने लाने की कोशिश करते थे जहाँ आदमी अपनी प्रान्तीय और जातीय पहचान खोये बगैर एक हो सके। धर्मनिरपेक्षता और राष्ट्रीय एकात्मकता पर उनकी हर फ़िल्म में जो रहता है, इन्हें ध्यान में रखते हुए ही वह अपनी फ़िल्मों में वर्ग-चेतना जगाने की कोशिश करते हैं। आज भी उनकी पुरानी फ़िल्मों को याद करें तो हमें उनमें वे रूप-आकार मिल जाते हैं जो बंगाल के अकाल की याद दिलायें। 'नक्सलाइट' का नायक (मिथुन चक्रवर्ती) तो अकाल के दिनों में पैदा होता है। उनकी यह फ़िल्म सेंसर में भी फँसी रही। नक्सलियों की लड़ाई के तरीके से सहमत न होते हुए भी उन्होंने इस फ़िल्म में उन्हें सहानुभूति से देखा था। बाद में अब्बास साहब की फ़िल्मों के बारे में यह मजाक बन गया था कि उन्हें फ़िल्म बनाने में जितना समय लगता है, उससे ज़्यादा समय सेंसर से पास कराने में।

ख़्वाजा अहमद अब्बास प्रगतिशील, विचार सम्पन्न साहित्यकार-कलाकार थे। वह मानव जीवन की यथार्थपरक भावभूमि पर उतरकर अपनी रचना का लेखन-प्रदर्शन करते थे।

राज कपूर

राज कपूर (सृष्टि नाथ कपूर) को फ़िल्म और विचारधारा विरासत में मिली। उनके पिता पृथ्वीराज कपूर थिएटर से जुड़े थे और उन दिनों इप्टा की सक्रियता बहुत ज़्यादा थी, आज़ादी के पहले इप्टा की भूमिका महत्वपूर्ण थी। इप्टा मनोरंजन के साथ जन-जागरण के कार्य में भी जोर-शोर से लगा था और वह सामाजिक, आर्थिक और सांस्कृतिक मुद्दों पर बहुत कार्य कर रहा था। तो स्वाभाविक रूप से यह वैचारिक सोच राज कपूर में वाया पृथ्वीराज कपूर मिली। इसी क्रम में उनका जुड़ाव ख्वाजा अहमद अब्बास से हुआ। अब्बास भी इप्टा के आन्दोलनों से गहरे रूप से जुड़े थे। वे एक लेखक और पत्रकार थे जो कि बाद में फ़िल्म मेकर बने। ख्वाजा अहमद अब्बास से राज कपूर का जुड़ना दो प्रगतिशील व्यक्तित्वों का जुड़ना था। चूँकि अब्बास पत्रकारिता से आये थे तो खूब लिक्खाड़ थे। एक्टिविस्ट भी थे। वह 'बॉम्बे क्रोनिकल' अखबार के 'लास्ट पेज़' स्तम्भ के स्थायी लेखक थे। उर्दू में 'आज़ाद कलम' के नाम से स्तम्भ लिखा करते थे।

राज कपूर की बहुत सी फ़िल्मों की कथा, पटकथा और संवाद के.ए. अब्बास ने लिखे, जिसमें 'आवारा', 'मेरा नाम जोकर' और 'श्री 420' आदि प्रमुख थीं। अब्बास ने सामाजिक यथार्थवादी फ़िल्म 'धरती के लाल' (1946) बनाई जो कि बंगाल में आए हिन्दुस्तान के इतिहास के सबसे बड़े अकाल पर आधारित थी। एक तरह से की यथार्थवादी फ़िल्मों के संवाहक थे। 'नीचा नगर' व 'जागते रहो' जैसी फ़िल्मों के पटकथा अब्बास ने लिखी थी। ये फ़िल्में सपनों की नहीं अपितु यथार्थ की बात करती हैं। उनकी विचारधारा का प्रभाव राज कपूर पर पड़ना स्वाभाविक था और इसका प्रतिफलन उन की फ़िल्मों में देखने को मिलता है।

राज कपूर चार्ली चैपलिन के बहुत नजदीक देखे जा सकते हैं। वह चैपलिन से बहुत प्रभावित थे। चैपलिन मूक युग के प्रमुख अभिनेताओं में से एक थे। वह भी मानवता, सामाजिक न्याय और व्यक्ति के स्वतन्त्रता के पोषक थे। राज कपूर की फ़िल्मों का दर्शन भी करीब-करीब वही था। उन्होंने अपनी फ़िल्मों में यथार्थवाद और रोमांस को अनोखे तरीके से मिलाया, जिसमें सामाजिक और यथार्थवादी तत्वों को भी शामिल किया। अपनी फ़िल्मों में उन्होंने अक्सर आम आदमी की आवाज को तो उभारा ही, भारतीय समाज की मूलभूत समस्याओं को भी उजागर किया। वे फ़िल्मों में गरीबी से लड़ते हैं, भ्रष्टाचार जैसे मुद्दे से भी लड़ते हैं और सामाजिक पक्षधरता की बात करते हैं। आज़ादी के बाद प्रेम की बात तो करते हैं लेकिन प्रेम में यथार्थ को भी सामने रखते हैं। उन की

ज़ुबान बनते हैं जो बोल नहीं सकते। वे उनकी पीड़ा को उजागर करते हैं जो और किसी से बाँट नहीं सकता।

इप्टा से प्रभावित राज कपूर का यह यथार्थवाद आगे चल कर संगीतमय फ़िल्मों की ओर बढ़ा। इसमें सुप्रसिद्ध गीतकार शैलेन्द्र की महत्वपूर्ण भूमिका रही है। वे जन कवि और गीतकार थे। क्रान्तिकारी थे। उनके व्यक्तित्व और कृतित्व का उदाहरण इसी से समझा जा सकता है कि मजदूरों के लिए लिखा गया उनका गीत—

तुमने माँग ठुकराई हैं, तुमने तोड़ा है हर वादा,
छीना हमसे सस्ता अनाज, तुम छँटनी पर हो आमादा
तो अपनी भी तैयारी है, तो हमने भी ललकारा है,
हर ज़ोर जुल्म की टक्कर में हड़ताल हमारा नारा है!

यह गीत आज भी विभिन्न मजदूर और अन्य संघटनों के लिए खूब प्रयोग किया जाता है। उनका लिखा बहुचर्चित गीत, 'तू ज़िन्दा है तो ज़िन्दगी की जीत पे यक़ीन कर, अगर कहीं है स्वर्ग तो उतार ला ज़मीन पर' अब भी जन-जन में हौसला भर देता है। वे फ़िल्मों के लिए नहीं लिखते थे किन्तु एक विशेष परिस्थिति ने उन्हे राज कपूर से मिलवाया और दोनों के विचारधारा भी मिले। दोनों की आँखों में हिन्दुस्तान को लेकर एक सपना था। प्रगतिशील सोच थी दोनों की, साथ ही साथ दोनों को असली हिन्दुस्तान के यथार्थ का बोध भी था।

शैलेन्द्र के साथ ही राज कपूर को मिले शंकर जयकिशन। कालान्तर में गायक मुकेश का भी उन्हें साथ मिला। राज कपूर को संगीत की बहुत अच्छी समझ थी। इस तरह इन चारों ने मिलकर अपने सांगीतिक समन्वय से फ़िल्मों में माधुर्य की क्रान्ति ला दी। शैलेंद्र के बोल एक सामान्य भारतीय का स्वर बन गए। यद्यपि यह यथार्थवाद का व्यावसायिक सिनेमा में परिगमन था किन्तु इसमें यथार्थ का साथ नहीं छूटा था।

डॉ. राकेश कबीर के अनुसार सन 1947 में जब देश आजाद हुआ तो गरीबी, बेरोजगारी, साम्प्रदायिकता, पलायन, बाल विवाह, अन्तर्जातीय और विधवा पुनर्विवाह के सम्बन्ध में नकारात्मक विचार, बाल श्रम एवं जातिवाद जैसी अनेकों समस्याएँ विद्यमान थीं। कल-कारखानों और चिकित्सा सुविधाओं की कमी, कृषि भूमि के अधिकतर हिस्से पर जमींदारों का कब्जा, उत्पादन के साधनों पर मुट्ठी भर शहरी अमीर लोगों का एकाधिकार जैसी समस्याओं को दूर करके संविधान में किए गए वादे के अनुसार समाजवादी गणतंत्र की स्थापना तत्कालीन राजनेताओं

का लक्ष्य था। राज कपूर ने इन समस्याओं को चुनौती के रूप में लिया और अपनी फ़िल्मों की विषय वस्तु बनाकर मनोरंजन के साथ जन शिक्षण का काम किया। इसी कारण हम उनकी फ़िल्मों में भारतीय जनजीवन से जुड़े यथार्थपरक मुद्दों का चित्रण देखते हैं। समीक्षकों ने राज कपूर की फ़िल्मों की विषयवस्तु के आधार पर नव-यथार्थवाद का स्पष्ट प्रभाव दर्ज किया है। मुम्बई और अन्य शहरों में आयोजित होने वाले अन्तरराष्ट्रीय फ़िल्म समारोहों में उन्हें दुनिया के नामचीन फ़िल्मकारों की फ़िल्म देखने का मौका मिलता रहा जिससे उन्होंने बहुत कुछ सीखा और अपनी फ़िल्मों में प्रयोग भी किया। एक तरफ ब्रिटिश गुलामी से आजाद हुए देश में अनेकानेक समस्याओं पर राज कपूर की नजर थी तो दूसरी तरफ वे देश-विदेश में बनने वाली फ़िल्मों से ऐसी समस्याओं के चित्रण को सीखने-समझने की कोशिश कर रहे थे।

राज कपूर की पुत्री ऋतु नन्दा द्वारा लिखित उनकी जीवनी 'शोमैनःराज कपूर' में राज कपूर ने स्वीकार किया है कि उनकी आरम्भिक फ़िल्मों आग, बरसात और आवारा पर विदेशी फ़िल्मों का प्रभाव था। राज कपूर के लिए यही कहा जा सकता है—'एक विद्वान प्रोफेसर परदे पर गरीबी, बेरोजगारी, रुरल-अर्बन बाइनरी, मूल्यों के टकराहट और संकट, मानवीय पूर्वाग्रह बनाम सामाजिक पर्यावरण, रूढ़ियाँ, पुरानी और नई परम्पराओं की टकराहट, रवीन्द्र नाथ टैगोर का यूनिवर्सल नेशनलिज़्म, नेहरू का समाजवाद और राष्ट्र निर्माण सब कुछ क्लासरूम के ब्लैकबोर्ड पर बड़ी ही कुशलता से एक के बाद दूसरा पढ़ा रहा हो जो विद्यार्थियों के जेहन मे बैठता जा रहा हो।'

अपने विचार और कल्पनाशीलता को मूर्त रूप देने के लिए उन्होंने निर्देशन के साथ फिल्म निर्माण में भी कदम रखा और 1948 में 24 साल की उम्र में 'आर.के. फिल्म्स' की स्थापना की। वे अपने में एक कंप्लीट फ़िल्ममेकर थे जो कि अपनी टीम को संयोजित करना जानते थे। इसी कारण 'आर.के. फिल्म्स' का कई दशक तक हिन्दी फ़िल्म इंडस्ट्री में बोल बाला रहा। उनकी स्कूलिंग बहुत ही ज़मीनी स्तर पर हुई थी। उनके पिता ने उन्हें किदार शर्मा के पास चौथे सहायक के रूप में भेजा। इसका असर यह हुआ कि किदार शर्मा से उन्हें फ़िल्म निर्माण और निर्देशन की साङ्गोपांग ट्रेनिंग हुई।

जहाँ उनकी 'आवारा', 'बूट पॉलिश' और 'जागते रहो' जैसी फ़िल्में मील का पत्थर साबित हुईं तो वहीं पर 'तीसरी कसम' और 'मेरा नाम जोकर' जैसी फ़िल्मों के लिए हिन्दी सिनेमा उन्हें सदा याद करेगा। इसके अतिरिक्त 'बरसात',

‘श्री 420’, ‘जिस देश में गंगा बहती है’, ‘राम तेरी गंगा मैली’ और ‘बॉबी’ उनकी सिनेमा यात्रा की महत्वपूर्ण फ़िल्में थीं।

1948 में राज कपूर ने अपने प्रॉडक्शन हाउस से पहली फ़िल्म ‘आग’ बनाई। इसका निर्माण और निर्देशन निर्माण राज कपूर ने स्वयं किया था। यह उनके द्वारा निर्देशित और निर्मित पहली फ़िल्म है। इस फ़िल्म में अभिनय भी उन्होंने किया। एक बच्चा क्या करना चाहता है और समाज व परिवार उस से क्या अपेक्षा रखता है, इसका द्वंद इस फ़िल्म में है। फ़िल्म के नायक का नाम ‘केवल’ है जो कि वकीलों के परिवार से है। वह सिर्फ थिएटर करना चाहता है, लेकिन घर के लोग उसे वकील बनाना चाहते हैं और वकालत की पढ़ाई पूरा करने का दबाव डालते हैं। लेकिन केवल को वकालत में कोई इन्टरेस्ट नहीं है। उसके दिल-ओ-दिमाग पर सिर्फ थिएटर ही चढ़ा रहता है और एक दिन वह घर छोड़ कर चला जाता है। अन्त में राजन और निम्मी नाम के चरित्रों से उसे रास्ता मिलता है। कई मोड़ों के बाद फ़िल्म का अन्त होता है और केवल का सपना पूरा होता है।

1954 में राज कपूर ने ‘बूट पॉलिश’ का निर्माण किया। कथा के अनुसार अपने पिता द्वारा छोड़ दिए गए, दो कम उम्र के भाई-बहन एक दुष्ट वेश्या चाची के साथ, एक भारतीय अवैध निवासी के शिविर में जीवन जीते हैं, जिनकी मदद एक दोस्ताना अपंग करता है, जो उन्हें भीख माँगने के बजाय जूते चमकाना सिखाता है। इसका निर्देशन प्रकाश अरोड़ा ने किया था। भीख माँगने की प्रथा अब भी भारत में है। राज कपूर ने इस समस्या को तभी भाँप लिया था। स्वावलंबन और सम्मान से कैसे जिया जाता है, यह ‘बूट पॉलिश’ कहानी के मूल में है। यह फ़िल्म भारतीय जीवन के तात्कालिक यथार्थ का चित्रण भी करती है।

‘आवारा’ की पटकथा ख्वाजा अहमद अब्बास ने लिखी थी, जिसे उन्होंने यथार्थ का बोध कराने वाले मुहावरे में ढालने का प्रयत्न किया। ‘आवारा’ की विषय वस्तु बड़े घर में जन्म लेने वाले एक ऐसे बच्चे की कहानी है जिसके चरित्र का विकास चोर-उचक्के जैसे असामाजिक तत्त्वों की संगत से विकसित होता है। विषय वस्तु का केन्द्रीय बिन्दु है कि बड़े घर में जन्म लेने वाला हर बच्चा बड़ा नहीं होता। उसके ऊपर वातावरण तथा उसके साथ-संग का घनीभूत प्रभाव पड़ता है। एक बड़े वकील का नायक बेटा राज कपूर ऐसी ही स्थितियों की देन है। फ़िल्म के विकास में नायिका नरगिस के साथ उसका सम्पर्क होता है। वह कुलीन परिवार की बेटी है जो नायक को अपने विचारों से प्रभावित करती है।

फ़िल्म की बुनावट में स्वप्न दृश्यबन्ध की सृष्टि उसे और लोकप्रिय बना देती है जो राज कपूर की जीवन-दृष्टि का संकेत भी है।

'श्री 420' की कहानी में महानगर की चकाचौंध भरी जिन्दगी के बीच एक साधारण कस्बे के आदमी का आना और बेईमानी के दलदल में फँसकर अवमूल्यित होकर उसका एक हिस्सा बनते जाना है। ऐसे समाज में जहाँ समझा जाता है कि सच्चाई गरीब बनाती है और बेईमानी नोटों के ढेर लगा देती है। ऐसी स्थिति में नायिका विद्या (नरगिस) के आदर्शवादी मूल्य विरोधाभास उत्पन्न करते हैं। नायक राज कपूर सोचता है कि ईमानदारी का उप्देश केवल ग़रीबों के लिए ही क्यों? तभी वह बेईमानी अपनाता है और सफल होता है। शराब पीकर किन्तु सफलता के नशे में वह पूँजीवादी संस्कृति का पर्दाफाश करता है। यद्यपि वह स्वयं अपराध-वृत्त में फँसता चला जाता है और नायिका उन जीवन स्थितियों से उसे निकलने को प्रेरित करती है और उसे प्रेम का सहारा देती है।

उनकी 1970 में रिलीज़ हुई फ़िल्म 'मेरा नाम जोकर' एक ऐसी ही लम्बी कथा है जो सर्कस के एक जोकर की ज़िन्दगी और प्रेम की पड़ताल करती है। प्रेम के सच और उसके यथार्थ की बहुत ही विस्तृत और लम्बो कथा है।

उनके विचार और दर्शन का प्रभाव उनके अभिनय में भी स्पष्ट दिखलाई पड़ता है। उन्हें 'अनाड़ी' और 'जिस देश में गंगा बहती है' के लिए सर्वश्रेष्ठ अभिनेता का फ़िल्मफेयर पुरस्कार मिला, कुल मिला कर अभिनय और निर्देशन के लिए उन्हें 11 फ़िल्मफेयर पुरस्कार मिले। 'संगम' व 'मेरा नाम जोकर' के लिए सर्वश्रेष्ठ निर्देशक का पुरस्कार मिला। उन्हें फ़िल्मफेयर का लाइफ टाइम एचीवमेंट सम्मान भी दिया गया। 'कान' फ़िल्म फेस्टिवल में उनकी फ़िल्म 'आवारा' (1951) और 'बूट पॉलिश' (1954) को 'पाम डी'ओर'(गोल्डेन पाम) पुरस्कार के लिए नामांकित किया गया। 'टाइम' पत्रिका ने 10 महान अभिनेताओं में उनको भी शामिल किया। राज कपूर को कला के क्षेत्र में भारत सरकार द्वारा, सन 1971 में पद्म भूषण से सम्मानित किया गया था और सन 1987 में सिनेमा के क्षेत्र में भारत सरकार का सर्वोच्च पुरस्कार, दादा साहब फाल्के पुरस्कार प्रदान किया गया था। 1990 में विश्व सिनेमा के सौ साल पूरे होने पर उस समय की सोवियत यूनियन सिनेमा के जिन दिग्गजों को सम्मानित करने का निर्णय लिया था, उनमें राज कपूर प्रमुख थे। अन्य फ़िल्म से सम्बन्धित हस्तियों में मर्तिन मोनरो, चार्ली चैपलिन, इंग्रिड बर्गमैन और ज्यां गबिन भी शामिल थे।

Talking about dreams is like talking about movies, since the cinema uses the language of dreams; years can pass in a second, and you can hop from one place to another. It's a language made of image. And in the real cinema, every object and every light means something, as in a dream.

—**Federico Fellini,** *Italian film maker*

अध्याय-9

स्वप्न से यथार्थ की यात्रा

राज कपूर की लोकप्रियता के मूल में जन सरोकार और ज़मीन से जुड़े मुद्दे प्रभावी रूप से थे जो उनकी सोच और जन प्रतिबद्धता को व्याख्यायित तो करता ही है, जीवन और समाज के प्रति यथार्थवादी दृष्टिकोण भी देता है। उन्होंने फ़िल्म जगत के तमाम मिथकों को तोड़ते हुए अपने मानक स्थापित किए। वे समय के आगे के फ़िल्मकार थे। भारत के उस छवि को रेप्रजेंट करते हैं जो कि आम जनता का भारत है। उस जनता के सुख-दुख को वे सामने लाते हैं। उनका नायक सदा एक भारतीय चेहरा होता है—सीधा-सादा और सरल, जो भारत के उस जनता का प्रतिनिधित्व करता है जो अपनी परिस्थितियों से जूझता है। ईमानदार बना रहता है। अपना नुकसान करा लेता है लेकिन किसी और का नुकसान नहीं करता। उनकी फ़िल्मों का नायक तात्कालिक न्याय नहीं करता अपितु अपने चरित्र से लोगों को प्राकृतिक न्याय का समर्थन कराने में सफल रहता है।

राज कपूर की फ़िल्मों के विश्लेषण से स्पष्ट है कि उन्होंने मुख्यधारा से जुड़े रहकर भी मानव मन को उद्भासित करते हुए जन समस्याओं को दर्शकों के बीच सतत रूप से लाते रहे। उनकी हर फ़िल्म की कहानियों में नवीनता रहती है साथ ही प्रस्तुति की उनकी अपनी शैली होती है। कथानक की दृष्टि से वे विषयवस्तु में नयापन लाते हैं तथा शिल्प के माध्यम से उन्हें प्रयोगात्मक बनाते हैं। उन्होंने बाज़ार का भी नब्ज़ पकड़ा और कला के साथ उसका संतुलन बनाया। यद्यपि समय के साथ उनकी विचारधारा और सिद्धान्त के प्रति प्रतिबद्धता भी कम हुई। प्रारम्भिक दौर में उनकी जो प्रतिबद्धताएँ थीं वे तिरोहित होने लगीं, इसलिए उनकी फ़िल्मों में सामाजिक यथार्थ से प्रतिबद्ध नवयथार्थवाद को खोजना उचित नहीं होगा। वे प्रेम और सौन्दर्य की फैंटेसी में जीने लगे थे। 'जिस देश में गंगा बहती है' तक पहुँचते-पहुँचते उन्होंने उस सामाजिक यथार्थबोध की अभिव्यक्ति का अनुरोध

भी छोड़ दिया जो 'बूट पॉलिश' या 'जागते रहो' में था। यह विचलन अधिकांश निर्देशकों में आया, श्याम बेनेगल, गोविंद निहलानी, केतन मेहता, प्रकाश झा और अनुराग कश्यप तक में।

निश्चित रूप से राज कपूर की फ़िल्मों में लोकप्रिय सिनेमा की परम्पराओं तथा लोकप्रिय सांस्कृतिक विशेषताओं की जड़ें गहरी हैं। इसी से उन्होंने अपने सिनेमा के लिए ऐसी विषयवस्तु का चयन किया और ऐसे मुहावरे में ढाला जो लोगों का मनोरंजन कर सके व आसानी से बिक सके। दरअसल वे किसी भी दौर में व्यावसायिक सिनेमा से अलग नहीं हुए। राज कपूर भारतीय सिनेमा के इतिहास में अपनी फ़िल्मों में चरित्रों के विविध प्रयोगों के लिए याद किये जायेंगे। उन्होंने सिनेमा में कहानी कहने के तत्त्व को भी सुरक्षित रखा तथा उसे सहजता से प्रस्तुत किया। यह तत्त्व भी लोकप्रिय फ़िल्मों के दर्शक को बहुत लुभाता है। किन्तु 'जागते रहो' और 'बूट पॉलिश' दो ऐसी फ़िल्म हैं जो कि यह सिद्ध करती हैं कि उनका वैचारिक उत्स क्या है। उनके फ़िल्मों की नीव कहाँ है। और ये दोनों फ़िल्म भविष्य की नव यथार्थवादी सिनेमा के लिए आधार तो बनी हीं।

जागते रहो

'जागते रहो' पहले बाँग्ला भाषा में 'एक दिन रात्रे' के नाम से बनी थी। भारतीय जन नाट्य संघ के दो सफल निर्देशक शम्भू मित्रा और अमित मित्रा ने इसका निर्देशन किया था। इस फ़िल्म का संगीत सलिल चौधरी ने दिया था और राधू कर्माकर इसके सिनेमेटोग्राफर थे। इसमें गाँव में रहने वाले मोहन की कथा है, जो शहर में जीवन यापन हेतु आता है। रात में उसे प्यास लगती है और पानी पीने की कोशिश में उसे चोर समझ कर लोग पीछा करते हैं। वह भयवश एक बिल्डिंग में घुस जाता है। रात में एक-एक कर कई फ्लैट में घुसता है। हर फ्लैट की अपनी एक अन्तर्कथा है। इसी प्रक्रिया में वह उस तथा कथित सभ्य समाज का वास्तविक रूप देखता है। उसे उस बिल्डिंग में पानी तो नहीं मिलता लेकिन सफेदपोश लोग किस तरह की गतिविधियों में लिप्त रहते हैं उसको देख कर उसके होश उड़ जाते हैं। वह जाली नोट छापने वाले भद्र लोगों से लेकर बेईमान उद्योगपतियों के असली चेहरे से रूबरू होता है। अन्त में सुबह होने पर उसे पानी नसीब होता है। जलीय प्यास के साथ ही साथ नायक की सच्चाई की तलाश की प्यास बुझती है एक अबोध, सच्ची, भोली-भाली सदाशय महिला द्वारा पानी पिलाने से। चैपलिन सरीखे रोल में राज कपूर ने इस फ़िल्म में अपने जीवन का बेहतरीन अभिनय किया है। यह समाज के उस यथार्थ को दिखलाता है कि यदि आप सीधे सरल हैं, गरीब हैं

और आपके कपड़े सामान्य हैं तो समाज उसे सहज स्वीकार नहीं करता है। राज कपूर ने इस फ़िल्म में उच्च कोटि का अभिनय किया है।

फ़िल्म की विषय वस्तु का निर्वाह कहानी में वर्णित समय तथा फ़िल्म में घटित समय के समानान्तर है। फ़िल्म का प्रारम्भ रात में एक बजकर बीस मिनट से होता है और तीन घण्टे की घटनाओं को समेटता हुआ प्रातः काल होते-होते समाप्त हो जाता है। इस प्रकार आधी रात के बाद शुरू होने वाली कहानी दिन होने के पहले ही 'जागते रहो' के साथ समाप्त हो जाती है। अंतिम दृश्य में प्यासे ग्रामीण राज कपूर को नरगिस पानी पिलाती है। जिसमें 'जागो मोहन प्यारे गीत' भी उभरता है। फ़िल्म के अन्तिम दृश्य का यह प्रतीक ही फ़िल्म की कहानी को अपने में आत्मसात किये हुए हैं जिसके मूल में भारत को जगाना है—'जागो भारत प्यारे!'

फ़िल्म पूर्णतः नाटकीयता से रहित न होने पर भी दिन-प्रतिदिन घटित होने वाला यह यथार्थ बहुत कुछ काल्पनिक तत्त्व से रहित है। इस प्रकार यह फ़िल्म सामयिक जीवन के अधिक निकट है। फ़िल्म-भाषा का कलात्मक प्रयोग उसकी सार्थकता को समृद्ध करता है। सम्पूर्ण फ़िल्म में नायक कुछ नहीं बोलता किन्तु अन्त में मानवीय संस्पर्श का अनुभव करता है। वह प्यास बुझाता है एक शोषित उत्पीड़ित मनुष्य की जो सांकेतिक है और प्रश्न करता है—

'क्या चोरी किए बिना कोई बड़ा आदमी नहीं बन सकता?'

तत्कालीन भारतीय समाज पर यह प्रश्न चिन्ह अत्यन्त गम्भीर जीवन स्थितियों का सूचक बन जाता है।

'जागते रहो', एक अपने में पूर्ण सामाजिक व्यंग्य है। भ्रष्टाचार और अनैतिकता की जड़ें कितनी गहरी हैं इस फ़िल्म का मुख्य कथ्य है। आप कल्पना कीजिये कि यह आज़ादी के तुरन्त बाद की कथा है। इस फ़िल्म ने समाज के सामने एक चेतावनी प्रस्तुत की कि समाज कहाँ जा रहा है, उसे किस तरह भ्रष्ट होने से बचाया जा सकता है। एक सीधा-साधा ग्रामीण जो कि आज़ाद भारत के जन मानस को प्रतिनिधित्व करता है, उसकी स्थिति क्या है, 'जागते रहो' फ़िल्म इस यथार्थ को बखूबी सामने लाता है।

मिर्च मसाला

केतन मेहता की फ़िल्म 'मिर्च मसाला' में तानाशाह के चरित्र के विस्तार के लिए ग्रामोफोन का बहुत ही सुन्दर इस्तेमाल है। यह इस्तेमाल इसलिए भी महत्त्वपूर्ण है कि इसकी मदद से केतन मेहता तानाशाह के चरित्र को वर्तमान सन्दर्भ देते हैं। फ़िल्म में लोकगीत सुनने के बाद जब हम ग्रामोफोन पर फ़िल्मी गीत सुनते

हैं, तो हमें एक तरफ जहाँ यह पता चलता है कि कैसे औद्योगिकी संस्कृति से लोकसंस्कृति और लोक-कलाओं को खतरा है, वहीं दूसरी तरफ़ हम मशीन के आतंक को भी देखते हैं। कहीं यह संकेत भी देखा जा सकता है कि तानाशाह कैसे संगीत और कला में अपना चेहरा छिपाता है।

यहाँ केतन मेहता की फ़िल्म का जिक्र इसलिए किया है कि हम सिनेमा जैसे तकनीकी माध्यम को वर्तमान सन्दर्भों से जाँच-परख सकें। तकनीक का इस्तेमाल नव-सामन्ती और नव-पूँजीवादी व्यवस्था में आदमी को उसके सांस्कृतिक रूपों से काटकर उसे एक असहाय इकाई में ढलने के लिए भी हो सकता है और उसे मुक्त करने के लिए भी।

सिनेमा में पहली तरह का इस्तेमाल ज़्यादा हुआ है। यह व्यापक अध्ययन का विषय है कि कैसे हमारी फ़िल्मों ने भारतीय परम्परा में सांस्कृतिक रूपों का सरलीकरण करके उन्हें ऐसे रूपों में बदल दिया है कि उनका जन-जीवन के लिए कोई महत्त्व नहीं रह जाता।

फ़िल्म में नारी के लिए ही सांस्कृतिक रूपों का जिक्र करें तो आज हमारे यहाँ परित्यक्त नारी के लिए शकुन्तला के रूप का इस्तेमाल जिस तरह महेश भट्ट की फ़िल्म 'जनम' में हुआ, वह किसी से छिपा नहीं है। इसी तरह कुन्ती और कर्ण के आदिरूप फ़िल्मों में इस तरह इस्तेमाल होते हैं जो समाज में यथास्थिति को बढ़ावा दें और अधिक स्पष्ट करें, तो इन रूपों का इस्तेमाल औरत को आगे बढ़ाने वाला नहीं होता, बल्कि पीछे ले जाने वाला होता है।

तरंग

लेकिन 'मिर्च मसाला' जैसी फ़िल्मों के साथ ऐसे फ़िल्मकार सामने आये हैं, जिनके लिए ग्रामोफोन का मतलब 'हिज मास्टर्स वॉयस' नहीं होता। ऐसे ही फ़िल्मकार हैं कुमार शहानी, जिनकी फ़िल्म 'तरंग' में हम औरत को सतह से उठते हुए देखते हैं। 'तरंग' इसका बेहतर उदाहरण है, जहाँ हम औरत के आदिरूपों के इस्तेमाल उसे संघर्ष से जोड़ने वाले रूपों में देखते हैं, तोड़ने वाले रूपों में नहीं।

यहाँ यह उल्लेखनीय है कि 'मिर्च मसाला' में हम 'तरंग' वाली हीरोइन स्मिता पाटिल को ही तानाशाह के मुँह पर थप्पड़ मारते देखते हैं। 'तरंग' का जिक्र करें, तो कुमार शहानी ने अपनी फ़िल्म में औरत के रूप 'महाभारत' में ढूँढे थे। कुमार शहानी के लिए महाभारत के रूपों का महत्त्व इसलिए था कि वह फ़िल्म को महाभारत जैसे एपिक स्ट्रक्चर में ही छोटे-से-छोटे किरदार को उभरने

का मौका दे सकते थे।

इस फ़िल्म में स्मिता पाटिल ने जानकी का रोल किया था और इस फ़िल्म में कुमार शहानी द्वारा स्मिता के लिए इस्तेमाल किये गये आदिरूपों में औरत को सतह से उठते देखा जा सकता है।

'तरंग' के अन्तिम दृश्य में उन्होंने स्मिता को उर्वशी के रूप में प्रस्तुत किया। प्रसंग उन्होंने ऋग्वेद से लिया था। इस दृश्य के लिए उन्होंने स्मिता से कहा था, "स्मिता! मैं तुम्हें यहाँ दुर्गा की तरह बहुत सारी बाहों के साथ चाहता हूँ। उस शक्ति के साथ, जिससे वह शेर की सवारी करती है।" स्मिता ने वह ताकत महाराष्ट्रीय जन-जीवन में ढूँढ़ी। स्मिता ने दृश्य के बारे में कुमार शहानी की पत्नी को बताया कि किस तरह वह यहाँ अपनी टाँगों का इस्तेमाल महाराष्ट्र की स्त्रियों की तरह एक खास अन्दाज में साड़ी पहनते हुए करती है—शेरनी की तरह।

जिन्होंने 'तरंग' देखी है, उन्हें स्मिता का यह दृश्य भूला नहीं होगा, बल्कि फ़िल्म में उन्हें स्त्री के कई रूपों का इस्तेमाल मिल जायेगा, जहाँ हम स्त्री को उसकी सम्पूर्णता में देख सकते हैं।

सबसे बड़ी बात तो यह है कि यहाँ एक्टिंग का मतलब इमिटेट करना नहीं होता। यह अपनी तरह से वह पहली फ़िल्म थी, जहाँ स्त्री उस क्षण को ही सक्रिय नहीं करती जो उसे अभिनीत करने के लिए दिया गया है, बल्कि वह उससे परे जाकर इतिहास को विस्तार देती है।

कुमार शहानी के अनुसार, स्मिता जानती थी यथार्थ वह नहीं होता, जो सतह पर नज़र आता है। एक्टिंग का मतलब इमीटेट करना नहीं है। याद है कि जिन दिनों वह 'भूमिका' में कुछ कर रही थी, उन दिनों उसने मुझसे कहा था, 'हंसा वाडेकर के रोल में मैं जो कुछ कर रही हूँ वह इमीटेशन कैसे हो सकती है? वह हंसा की फीलिंग कैसे हो सकती है, क्योंकि वह तो मैं फील कर रही हूँ, फीलिंग मेरी है अहसास मेरा है।"

'भूमिका' में हम औरत को अपनी अस्मिता की खोज के लिए संघर्ष करते देखते हैं। 'तरंग' में स्त्री-संघर्ष के लिए उन रूपों को सतह से उठाती है, जिनमें उसे संघर्ष के लिए शक्ति मिले।

कुमार शहानी कहते हैं, "सीता, शकुन्तला, कुन्ती ये रूप सरल नहीं है, बल्कि इनमें औरत के संघर्ष करने की शक्ति, सही चीज़ के लिए लड़ाई और जीवन को पोषण देने के गुण देखे जा सकते हैं। इस फ़िल्म की खूबी यह है कि

स्त्री के संघर्ष को तीव्र करने वाले जो रूप-आकार हैं, वे पश्चिम से आयातित नहीं। यहाँ ग्रामोफोन यथार्थ नहीं है। यहाँ एक्टिंग एक क्रियेटिव प्रोसेस के रूप में सामने आती है, जहाँ औरत क्षण से परे जाकर इतिहास को विस्तार देने के लिए अपने इतिहास से जुड़ती है। दरअसल, औरत को सतह से उठने के लिए उन्हीं रूपों को उनके मूल रूप में लाने की ज़रूरत है, जो जन-जीवन से कट गये हैं। यहाँ यह बताना अप्रासंगिक नहीं होगा कि यह चेतना नये फ़िल्मकारों को ऋत्विक घटक की फ़िल्मों से आयी कि जिन चीज़ों को अभिजात्य वर्ग मैलोड्रामा कहकर नाक-भौंह सिकोड़ता है, स्टीरियों-टाइप कहता है, वे अपने मूल रूप में समूह के साथ जुड़ने वाले रूप थे। 'तरंग' में ग्रामोफोन रिकार्ड-भर नहीं है। इस फ़िल्म में आजादी के बाद का पीरियड है और यहाँ हम औरत के संघर्ष को औद्योगिक सम्पत्ति के रूप में देखते हैं, जहाँ पूँजीवादी औद्योगिक सभ्यता में न केवल स्त्री-पुरुष सम्बन्धों की व्याख्या वाले रूप मिलते हैं, बल्कि इस सभ्यता में हम स्मिता के रूप में स्त्री को सामन्ती काल की औरत से अलग, औद्योगिक सभ्यता में श्रमिक वर्ग के संघर्ष के लिए रूप, आकार और शक्ति ग्रहण करते देखते हैं और बिना वे गुण खोये, जो जीवन का पोषण देते हैं। 'तरंग' तो स्मिता के अभिनय में उन स्रोतों को दिखाती है, जो जीवन के कारक हैं, और वे मनुष्य में ही नहीं, पशु, पक्षी, पौधों सब में होते हैं।

आज ज़रूरत इस बात की है कि व्यावसायिक सिनेमा में भी औरत मुक्त होने के लिए उन रूपों से जुड़े, भारत की सांस्कृतिक परम्परा से शक्ति ग्रहण करे, वरना 'परोमा' जैसी फ़िल्मों में नारी-स्वतन्त्रता के रूप में सामने आते रहेंगे, जो पश्चिम से आयातित हैं। दूरदर्शन पर भी हम 'स्वयंसिद्धा' में वह सत्य देख सकते हैं, जो स्त्री को उसके संघर्ष में अकेला ही बनाता है और हम उसे उसके अकेलेपन में काक्रोच मारते हुए देखते हैं। यहाँ औरतें अपनी लड़ाई में पूरी नारी जाति से नहीं जुड़ पातीं। हम इसमें ग्रामोफोन-यथार्थ ही देख पाते हैं और वहाँ भी पश्चिमी राग ही सुन पाते हैं।

गोविन्द निहलानी

गोविन्द निहलानी को एक फ़िल्मकार के रूप में दर्शकों ने 'आक्रोश' से पहचाना। उनकी इस फ़िल्म को भारत के आठवें अन्तर्राष्ट्रीय फ़िल्म समारोह में एक चेक फ़िल्म की साझेदारी में स्वर्ण-मयूर मिला था। यहाँ यह बात बताना ज़रूरी है कि स्वतन्त्र फ़िल्मकार के रूप में पहचान बनाने से पहले वह श्याम बेनेगल

की फ़िल्मों के कैमरासैन के रूप में ख्याति पा चुके थे। श्याम की 'अंकुर' से लेकर 'भूमिका' तक की फ़िल्मों के कैमरामैन निहलानी ही थे। 'आक्रोश' के बारे में यह भी उल्लेखनीय है कि उस फ़िल्म में वह नसीरुद्दीन शाह, स्मिता पाटिल, अमरीशपुरी और पटकथा लेखक विजय तेंदुलकर वाली टीम लेकर ही आये। हाँ, फ़िल्म की केन्द्रीय भूमिका करने वाले ओमपुरी इस टीम में ज़रूर एक वृद्धि थे।

आक्रोश

श्याम बेनेगल वाली फ़िल्मों की ही टीम होने से आक्रोश फ़िल्म के लिए सबसे बड़ा खतरा तो गोविन्द निहलानी के लिए यह था कि कहीं उनकी फ़िल्म उस मुहावरे को ही विस्तार न दे जो बेनेगल ने विकसित किया था। यहाँ गोविन्द निहलानी को श्रेय देना पड़ेगा कि इस फ़िल्म को देखकर लगता था कि निहलानी के पास श्याम बेनेगल से अलग होकर फ़िल्म बनाने के पर्याप्त कारण हैं। उन कारणों को 'आक्रोश' से समझा जा सकता है। न केवल यह फ़िल्म अपनी शैली में श्याम बेनेगल की पिछली सब फ़िल्मों से भिन्न थी, बल्कि उसे देखकर यह भी लगता था कि गोविन्द निहलानी को फ़िल्म से 'फॉर्म' और कथ्य की दृष्टि से बिल्कुल एक अलग मुहावरे की तलाश है। वे शायद श्याम बेनेगल से अलग इसलिए हुए हैं कि बेनेगल की फ़िल्मों में उन्हें वे सिनेमाई सम्भावनाएँ नहीं मिल सकती थीं, जहाँ वह फ़िल्मकार के रूप में ही नहीं, कैमरामैन के तौर पर भी अपने उपकरणों का इस्तेमाल कर सकें।

जिन्होंने 'आक्रोश' देखी है, वे जान सकते हैं कि श्याम बेनेगल की किसी भी फ़िल्म में यह कोशिश नहीं दिखती कि वह नाटकीयता के लिए सिनेमाई सम्भावनाओं को निचोड़ने की कोशिश कर रहे हों। बल्कि उनके यहाँ एक सीधा-सादा 'नैरैटिव स्ट्रक्चर' रहा है, जिसमें उस तेजी की गुंजाइश नहीं हो सकती जो 'आक्रोश' में थी, जहाँ फ़िल्मकार सिनेमाई मुहावरे के लिए उपलब्ध सभी उपकरणों का इस्तेमाल करने के लिए लालायित नज़र आये। 'अंकुर' में उन्हें जूम तक के इस्तेमाल की ज़रूरत नहीं पड़ी।

बात बहुत स्पष्ट है कि गोविन्द निहलानी ने 'आक्रोश' में प्रायः अपने सभी उपकरण दिखा दिये थे और यह भी सिद्ध कर दिया था कि वह फ़िल्म की मुखरता के लिए उनका कितना मुखर और नाटकीय इस्तेमाल कर सकते हैं।

आज हम 'आक्रोश' को देखते हैं तो हमें लगता है कि कैसे यह फ़िल्म

राजनीतिक फ़िल्मों को एक अलग मुहावरा दे गयी। हिन्दुस्तानी फ़िल्मों के लिए 'आक्रोश' में थ्रिलर के ढाँचे का इस्तेमाल नया था, लेकिन विश्व-सिनेमा की मामूली जानकारी रखने वाला भी जानता होगा कि राजनीतिक फ़िल्मों का 'थ्रिलर' का यह मुहावरा कोस्ता गावरास ने दिया। 'थ्रिलर' फ़िल्मों की शैली में राजनीतिक सिनेमा के विस्तार की असीम सम्भावनाएँ है। गावरास ने अपनी फ़िल्मों से उन सम्भावनाओं का एक तरह से रचनात्मक इस्तेमाल किया और उनकी फ़िल्मों के साथ उस मुहावरे को समृद्ध होते देखा गया।

'आक्रोश' में गोविन्द निहलानी ने जो शैली अपनायी, उसे कोस्ता गावरास का प्रभाव कहा जा सकता है। कथ्य की दृष्टि से देखें तो उस दृष्टि से यह एक तरह की पहली फ़िल्म थी, जिसके जरिये आदिवासियों के शोषण और न्याय की प्रक्रिया पर एक टिप्पणी करने की कोशिश की गयी थी। यही नहीं, उन्होंने इस फ़िल्म में कथ्य को कैसे नाटकीय रूप भी दिये, जैसे कोस्ता की फ़िल्मों में देखने को मिल रहे थे।

आज फ़िल्म के उन रूपों पर हम विचार करते हैं तो क्या यह नहीं लगता कि 'आक्रोश' में वे रूप बहुत योजनाबद्ध थे? मिसाल के तौर पर आदिवासी की भूमिका में ओमपुरी की चुप्पी ही ले लीजिए, क्या वह 'चुप्पी' बहुत योजनाबद्ध ढंग से नहीं रखी गयी? इससे तो यकीन नहीं किया जा सकता कि केन्द्रीय पात्र की इस चुप्पी का मतलब नाटकीय स्थितियों को जुटाना है। यह एक खास क़िस्म के प्रभाव के लिए है और फ़िल्म के वे रूप तय करती है जो उस वकील की भूमिका से आते हैं जो यह चुप्पी तुड़वाने की कोशिश कर रहा है। क्या यह नहीं लगता कि यह चुप्पी जान-बूझकर एक नाटकीय 'डिवाइस' के रूप में रखी गयी है ताकि उन शक्तियों के बारे में सस्पेंस बना रहे, जिनके कारण 'आक्रोश' का नायक चुप है? हम उन लोगों को न जान पायें जो उसके ईद-गिर्द मँडरा रहे हैं, वकील का पीछा कर रहे हैं। अमरीश पुरी वाले फोन पर भी वे लोग गालियाँ देते हैं। इस चुप्पी से ही वह डर में डूबे हुए गाँव को भयभीत करने वाले रूप-आकार देते हैं। बल्कि यों लगता है कि योजनाबद्ध तरीके से वे नाटकीय स्थितियाँ उत्पन्न की गयी हैं, जिनसे सिनेमाई सम्भावनाओं को ज़्यादा-से-ज़्यादा निचोड़ा जा सके।

आज अगर राजनीतिक सिनेमा के बारे में आमतौर पर यह कहा जाता है कि वह मुखरता और नाटकीयता सिनेमाई सम्भावनाओं को ज़्यादा-से-ज़्यादा निचोड़कर खाली कर देने, बल्कि खत्म कर देने में लगा है तो गलत नहीं लगता।

मेरा खयाल है कि गोविन्द निहलानी को ग्यारहवें अन्तर्राष्ट्रीय फ़िल्म समारोह में कोस्ता गावरास की 'फैमिली बिजनेस' देखनी चाहिए थी, जहाँ वह अपने पुराने मुहावरे से निकलकर एक नया मुहावरा खोजते नज़र आते हैं।

गोविन्द निहलानी की इस फ़िल्म से उनकी रचनात्मक क्षमताओं का पता तो चला। वह अपने औजारों को कितना जानते हैं, इसका पता तो उनकी शशि कपूर के लिए बनाई गयी फ़िल्म 'विजेता' से भी लगता है, जो एक ऐसी फ़िल्म है जिसे शायद निहलानी याद भी न करना चाहें। गौर करने की बात है कि जब हम नाटकीयता के लिए सम्भावनाओं को खाली कर दें तो उसका नतीजा यही होता है जो 'आक्रोश' में हुआ था। अन्त में दर्शक क्या उस आदिवासी के बारे में जान पाता है, जो चुप है? क्या उन ताकतों के बारे में जान जाता है, जिसके कारण वह चुप हैं? जो वकील का लगातार पीछा कर रही हैं? वे ताकतें जो न्याय-व्यवस्था में बाधक हैं—हम उन शक्तियों की छाया ही देख पाते हैं, लेकिन जिसकी वह छाया है, वह शरीर सामने नहीं आता।

'आक्रोश' में वह छाया दिखा देना ही साहस का कार्य था। बेशक गोविन्द निहलानी का मजाक यह कहकर उड़ाया जाये कि 'आक्रोश' में हम आदिवासियों के बारे में सिर्फ यह जान पाते हैं कि वे प्रेम कैसे करते हैं।

अर्द्धसत्य/पार्टी/आघात

'आक्रोश' के बाद गोविन्द निहलानी ने 'अर्द्धसत्य', 'पार्टी' और 'आघात' तीन फ़िल्में और बनाई हैं। इन तीनों फ़िल्मों की प्रेस में पर्याप्त चर्चा हुई है। इन्हें लेकर विवाद भी उठे हैं, खासतौर पर 'अर्द्धसत्य' को लेकर। उनकी फ़िल्मों के बारे में बहुत-से विवाद हैं, इसके बावजूद वह महत्त्वपूर्ण फ़िल्मकार हैं। कम-से-कम उनकी फ़िल्मों से यह पता तो चलता है कि राजनीतिक विषयों पर भी फ़िल्में बनाई जा सकती हैं। यह अलग बात है कि उनकी फ़िल्मों में हम उन शक्तियों की छाया ही देख सकते हैं, उनके शरीर नहीं। 'आक्रोश' में वह जमींदार निजाम के रूप में हैं, राजनीतिक नेता के रूप में हैं। 'अर्द्धसत्य' में वह ताकत पुलिस, माफिया और राजनीतिक नेताओं के रूप में आती है। लेकिन ट्रेजडी यह होती है कि ये ताकतें उनकी फ़िल्मों को नाटकीयता ही दे पाती हैं और उन नाटकीय प्रसंगों में इन सब ताकतों के वही व्यावसायिक सिनेमा वाले सरलीकरण हो जाते हैं। हम इन सब ताकतों के वही सरलीकृत रूढ़ियों में देख पाते हैं जो सिनेमा ने उनकी बनाई हैं। ये फ़िल्में दर्शक को पुलिस और माफिया के बारे में, मध्यवर्ग के बारे

में उन्हीं निष्कर्षों के साथ छोड़ जाती हैं, जिन निष्कर्षों के साथ व्यावसायिक सिनेमा। व्यावसायिक सिनेमा की ये रूढ़ियाँ इसलिए ख़तरनाक हैं कि वे समाज में उसी व्यक्तिवाद और व्यक्ति-पूजा को बढ़ावा देती हैं।

क्या यह दिलचस्प नहीं कि 'अर्द्धसत्य' में वह ताकत अन्तः में इतनी निरीह है कि वैलणकर उसका गला दबाकर मार डालता है। 'पार्टी' में तो गोविन्द निहलानी बिल्कुल एक्सपोज हो गये, जहाँ फिर उन्हीं वर्ग-चरित्रों के साथ मिलते हैं, 'पार्टी' में जहाँ उनका कैमरा लगातार घूमता है। फ़िल्म को देखकर पता ही नहीं चलता कि आख़िर वह किसका मजाक कर रहे हैं? जैसे उन्हें स्वयं पता नहीं कि इनमें दोस्त कौन है और दुश्मन कौन है? आख़िर वे कौन हैं जिनके साथ दोस्ती की सम्भावनाएँ हो सकतीं? वह कौन है जो इनमें से ही आदिवासियों के लिए लड़ रहा है? क्यों लड़ रहा है? और अन्त में हम उसका ख़ून से लिथड़ा हुआ चेहरा देखते हैं, कटी हुई जुबान के साथ।

बात कही जा रही है कि इन सब चरित्रों को तो हम पहले ही उसी रूप में पहचानते हैं। यही नहीं, उनकी सारी फ़िल्में वर्गों की खतरनाक एकायामी रूढ़ियाँ बना रही हैं—ऐसी रूढ़ियाँ, जिनमें दोस्त-दुश्मन की पहचान नहीं हो सकती।

'पार्टी' के बाद 'आघात' में भी सिनेमाई सम्भावनाओं को निचोड़ने की कोशिश है। गोविन्द निहलानी कैमरामैन अच्छे हैं। फ़िल्म में वह हमें दृश्य को बिना कट किये ग्रिल्ड खिड़की से सड़क पर नाटकीय घटना दिखा सकते हैं, एन्तोनियोनी के पैसेन्ज़र की तरह। लेकिन क्या इस बात से इंकार किया जा सकता है कि 'आघात' में भी वर्गों की रूढ़ियाँ वही हैं? फ़र्क इतना है कि वहाँ मालिक और मजदूर हैं। वही 'अर्द्धसत्य' वाला माफिया यहाँ भी है, लेकिन वे सभी ताकतें जो हमने 'आक्रोश' में देखी थीं वहाँ भी मौजूद हैं, बदले हुए रूप में। लेकिन हम उनके बारे में नहीं जान सकते। ऐसा लगता है कि इन ताकतों को लेकर जो ड्रामा होता है, उसमें एक ख़ास तरह की हिंसा दिखाने का फार्मूला उन्हें मिल जाता है।

ख़तरनाक बात तो यह है कि उनकी फ़िल्मों का एक खास फार्मूला बन गया है जहाँ हम सिनेमा की अपने लिए सम्भावनाएँ खोजने के बजाय उन्हें खो देते हैं।

सईद मिर्ज़ा

बत्तीसवें राष्ट्रीय फ़िल्म महोत्सव में दिखाई गयी फ़िल्मों में सईद मिर्जा की 'मोहन जोशी हाजिर हो' उल्लेखनीय फ़िल्म को 1984 के लिए परिवार-कल्याण की

सर्वश्रेष्ठ फ़िल्म पुरस्कार मिला था।

'मोहन जोशी हाजिर हो' से पहले सईद मिर्जा अपनी दो फ़िल्मों 'अरविन्द देसाई की अजीब दास्तान' और 'अल्बर्ट पिंटो को गुस्सा क्यों आता है?' के लिए काफ़ी चर्चित हो चुके हैं। 'अरविन्द देसाई की अजीब दास्तान' फ़िल्मों के चालू मुहावरे से बिल्कुल अलग हटकर बनाई गयी फ़िल्म थी। उस फ़िल्म का एक-एक फ्रेम अपनी बुनावट में फ़िल्म व्याकरण से बँधा हुआ था और उसमें उन्होंने फ़िल्म-निर्माण की उस क्लासिकल शैली का इस्तेमाल किया था जिसके बारे में वह 'फ़िल्म संस्थान, पुणे' से सीखकर आये थे। वे स्वयं कहते हैं—"पुणे की शिक्षा के बाद मेरे लिए वह फ़िल्म बनाना मुश्किल नहीं था।" दूसरी फ़िल्म 'अल्बर्ट पिण्टो को गुस्सा क्यों आता है' में उन्होंने 'अरविन्द देसाई......' की क्लासिकी शैली के बन्धनों से अपने-आप को काफ़ी हद तक मुक्त करके फ़िल्मों के वर्णनात्मक ढाँचे के साथ एक नया प्रयोग किया।

मोहन जोशी हाज़िर हो

'मोहन जोशी हाज़िर हो' में तो उनकी शैली और बदली है। जिन्होंने सईद मिर्जा की पिछली दोनों फ़िल्में देखी हैं, उन्हें 'मोहन जोशी हाज़िर हो' ने काफ़ी हद तक चौंकाया है। वैसे तो गुस्सा उनकी इस फ़िल्म में भी है, लेकिन फ़िल्म अपनी शैली और बुनावट में उनकी पिछली दोनों फ़िल्मों से भिन्न हैं। फ़िल्म देखने वालों के चौंकने का कारण यह है कि इस फ़िल्म में उन्होंने वकील और कालोनाईजर के चरित्रों का इस्तेमाल केरीकेचर के रूप में ही किया है—उसी रूप में, जिसमें यह चरित्र बम्बइया फ़िल्म में 'स्टीरियो टाइप' हो चुके हैं। हाँ, फ़िल्म का मुख्य पात्र मोहन जोशी ज़रूर ऐसा है, जो फ़िल्मी नहीं है। इस भूमिका के लिए उन्होंने एक ऐसा व्यक्ति चुना है जो अभिनेता नहीं है। यह व्यक्ति है—हिन्दी के प्रसिद्ध लेखक भीष्म साहनी। पूरी फ़िल्म में यह एक वास्तविक चरित्र फ़िल्मी दुनिया के अवास्तविक और टाइप-चरित्रों से घिरा हुआ है। न केवल अवास्तविक चरित्रों से, बल्कि अवास्तविक स्थितियों से भी। ज़रूरत इस बात को समझने की है कि आख़िर सईद मिर्जा ने फ़िल्मी दुनिया के चरित्रों को उसी रूप में क्यों प्रस्तुत किया, जो रूप उन्हें भ्रष्ट व्यावसायिक सिनेमा ने दे दिया है? फ़िल्म में नसीर और अमजद जोकर लगते हैं।

यह उल्लेखनीय है कि सईद मिर्जा ने ऐसा जान-बूझकर किया है। दरअसल 'मोहन जोशी' की वास्तविक दुनिया के यथार्थ को वह कथाचित्र में प्रस्तुत

करना चाहते हैं—एक साथ वृत्तचित्र और कथाचित्र में। हालांकि वृत्त-कथाचित्र में इस दोहरे स्वरूप को गोदार का प्रभाव कहा जा सकता है, लेकिन बस प्रभाव ही, क्योंकि सईद मिर्जा ने यह प्रयोग अपनी शैली में किया है। यहाँ यह भी उल्लेखनीय है कि फ़िल्म में 'अल्बर्ट पिंटो' की तरह 'जम्प' भी नहीं है। फ़िल्म अभिनेताओं का इस्तेमाल दर्शकों को कथा-चित्र का आभास देने के लिए है और मोहन जोशी, जो अभिनेता नहीं है, वह फ़िल्म को वृत्त-चित्र का यथार्थ प्रदान करने के लिए। मोहन जोशी के इर्द-गिर्द जो अवास्तविक चरित्र और स्थितियाँ हैं वे मोहन जोशी के संघर्ष का प्रतीक बन जाती हैं कि कैसे वह अपनी लड़ाई में अवास्तविक चरित्रों और स्थितियों से घिरा हुआ है।

बम्बइया फ़िल्मों के चरित्रों का यथार्थ के लिए ऐसा इस्तेमाल हिन्दी फ़िल्मों में पहले नहीं हुआ। यह चरित्र फ़िल्म को जो कॉमिक-ट्रेजिक पक्ष प्रदान करता है, वह दर्शकों के लिए फ़िल्म को ज़्यादा ग्राह्य बनाता है।

सबसे बड़ी बात तो यह है कि फ़िल्म अपने कथ्य में एकांगी नहीं है। फ़िल्म सिर्फ़ न्याय-प्रक्रिया की ही नहीं, पीढ़ियों की बात भी कहती है, महानगरीय यथार्थ से भी परिचित कराती है और मोहन जोशी के माध्यम से आज़ादी के बाद बदले हुए मूल्यों पर भी टिप्पणी करती है।

गौतम घोष

मोहन जोशी की तरह वृत्त-चित्रों वाला यथार्थ गौतम घोष की फ़िल्म 'पार' में भी है। गौतम घोष फ़िल्म के यथार्थ को व्यक्त करने के लिए सईद मिर्जा जैसा कोई प्रयोग नहीं करते, बल्कि उसी ढाँचे का इस्तेमाल करते हैं, जो अच्छे भारतीय फ़िल्मकारों की फ़िल्मों के साथ विकसित हुआ है।

पार

गौतम घोष ने 'पार' का निर्माण समरेश बसु की एक छोटी-सी कहानी को लेकर किया है। इस कहानी में वह सब-कुछ नहीं है, जो फ़िल्म में है, कहानी के अनुसार यह फ़िल्म देहात से कलकत्ता आये पति-पत्नी द्वारा सूअरों को नदी पार करवाने की होती है। लेकिन गौतम घोष ने इन दोनों चरित्रों को, जो महानगर की नारकीय स्थिति में फँस गये हैं, पूरा सामाजिक और राजनीतिक परिप्रेक्ष्य दिया है। समरेश बसु की कहानी को भारतीय गाँवों के दमन की उस प्रक्रिया के साथ जोड़ा है जिसके कारण लोगों को गाँव छोड़कर शहर भागना पड़ता है।

इस कहानी को ऐसा विस्तृत परिप्रेक्ष्य प्रदान करना जिसनें महानगर का क्रूर यथार्थ गाँव की क्रूरता से जुड़ जाये, सरल काम नहीं था। एक बड़ा खतरा यह था कि एक विशाल फ़िल्म दो फ़िल्मों का आभास देने लगे। यह कहना गलत नहीं होगा कि गौतम घोष अपनी प्रतिबद्धता और विषय के प्रति सतर्कता के चलते समरेश बसु की कहानी के उस नाटकीय भाग तक पहुँचते हैं, जहाँ बीस रुपये के लिए नौरंगिया अपनी गर्भवती पत्नी के साथ सूअरों के झुण्ड को हुगली पार कराने के लिए तैयार जो जाता है। सामाजिक और राजनीतिक परिप्रेक्ष्य के बिना सूअरों को हुगली 'पार' कराने की घटना महज नाटकीय रह जाती।

यों एक वर्ग-विशेष को गाँव में दमन की प्रक्रिया की विस्तार से फ़िल्म में व्याख्या अनावश्यक लग सकती है। वे कह सकते हैं कि फ़िल्म उन हिस्सों में बहुत ज़्यादा डॉक्यूमेंटरी बन गयी है। लेकिन फ़िल्म में अपनी बात व्यापक दर्शक-वर्ग तक पहुँचाने के लिए यह आवश्यक था।

'पार' के बारे में एक विशेष बात यह है कि फ़िल्म अपने पहले हिस्से में 'दामुल' की तरह बिहार में हरिजनों के कत्लेआम की कहानी कहती है। लेकिन जहाँ 'दामुल' में प्रतिरोध नहीं है, इसमें है। जमींदार का प्रतिरोध करते हुए उसकी हत्या में सम्मिलित हो जाने के कारण नौरंगिया को अपनी गर्भवती पत्नी के साथ भागकर कलकत्ता आना पड़ता है, जहाँ फ़िल्म महानगर की हत्यारी सभ्यता की कहानी कहती है। उसे भीख माँगने के लिए मजबूर होना पड़ता है। उसे सूअरों को हुगली 'पार' कराते वक़्त अपनी गर्भवती पत्नी की इतनी चिन्ता नहीं जितनी सूअरनी की।

'पार' को वेनिस फ़िल्म के समारोह में सिर्फ अभिनय के लिए पुरस्कार मिला। पश्चिमी लोग भारतीय यथार्थ और परिस्थितियों को वास्तविक परिप्रेक्ष्य में नहीं देख पाते। यहाँ तक कि गुंटर ग्रास ने जिन्होंने 'पार' दो बार देखी, गौतम घोष से पूछा था कि आख़िर फ़िल्म की नायिका अपने पति के लिए खाना बनाकर क्यों खा लेती है? यूरोप में लोगों को सामाजिक स्थितियों की व्याख्या भी बुरी लगी। गौतम घोष ने जबाव दिया था कि आप लोगों की ज्याँ रोश की फ़िल्मों में भाषण बुरे नहीं लगते, लेकिन हमारी फ़िल्मों में आपको बुरे लगते हैं, क्योंकि आप हमारी परिस्थितियों से अपने-आपको जोड़ नहीं पाते। हम आपके यथार्थ से अपने आपको इसलिए जोड़ पाते हैं कि हमारा पालन-पोषण औपनिवेशिक वातावरण में हुआ है।

'पार' में भारत को वैसे नहीं दिखाया गया, जिस रूप में उन्हें विदेशी देखना चाहते हैं। यह बात 'दामुल' और 'मुखामुखम' के बारे में भी सही है। शायद

इसलिए इस बार कांस में इनमें से कोई फ़िल्म स्वीकार नहीं की गयी, क्योंकि ऐसी फ़िल्मों के भारतीय यथार्थ से पश्चिमी अपने-आपको जोड़ नहीं पाते।

एन. चन्द्रा

आज के कुछ वर्ष पहले जब टी.वी. और वीडियो के हमले के कारण बॉक्स ऑफिस पर बड़ी-बड़ी फ़िल्में धराशायी हो रही थीं, तब एक नये निर्देशक एन. चन्द्रा की कम बजट और बिल्कुल नये कलाकारों वाली फ़िल्म ने बॉक्स ऑफ़िस पर धूम मचा दी थी।

यह फ़िल्म थी 'अंकुश'। यह बताना भी अप्रासंगिक नहीं होगा कि टी.वी. और वीडियो से डरा फ़िल्मोद्योग 'डेथ विश' जैसी फ़िल्मों में सफलता के लिए रूप-आकार तलाश रहा था। बी.आर. चोपड़ा की 'आज की आवाज' जैसी फ़िल्मों का उदाहरण दिया जा सकता है। 'डेथ विश' के प्रभाव से अंकुश भी मुक्त नहीं थी, लेकिन इस फ़िल्म में एन. चन्द्रा ने उस प्रभाव को अपनी किशोरावस्था के आत्मकथात्मक बिम्बों के साथ अपनाया था। हिंसक फार्मूले के साथ ही फ़िल्म गुलज़ार की 'मेरे अपने' के युवा पीढ़ी वाले चरित्रों की याद दिलाती थी। एन. चन्द्रा यह स्वीकार भी करते हैं कि उन्हें फ़िल्मों की तरह आकर्षित करने वाली फ़िल्म 'मेरे अपने' थी। उसके बाद वह गुलज़ार के सहायक के रूप में भी काम करते रहे और 'नमकीन' तक वह गुलज़ार की यूनिट के महत्त्वपूर्ण सदस्य हो गये थे। गुलज़ार के अतिरिक्त एन. चन्द्रा ने बापू के साथ 'हम पाँच' के जमाने में काम किया।

अंकुश और प्रतिघात

'अंकुश' देखकर यह पता चलता था कि एन. चन्द्रा (पूरा नाम चन्द्रशेखर नार्वेकर) ने यह कला गुलज़ार से ही सीखी कि फ़िल्मों में फार्मूला-फ़िल्मों के तत्त्वों का इस्तेमाल ऐसे किया जाये कि वह आर्ट लगे। उन दिनों 'डेथ विश' फार्मूला थी और फार्मूला को 'आर्ट' की तरह दिखाने का आर्ट 'अंकुश' में नज़र आता था। एन. चन्द्रा ने 'डेथ विश' के बिम्बों में अपनी किशोरावस्था की स्मृतियों को अभिव्यक्त किया था और उनकी वह 'नाइट-मेयरिश' स्मृतियाँ बहुत असली लगती थीं। बम्बई की चाल की ज़िन्दगी के दृश्य भी बड़े वास्तविक लगते थे।

'अंकुश' एन. चन्द्रा की पहली फ़िल्म थी। इस फ़िल्म की सफलता ने ही उन्हें 'प्रतिघात' का अनुबन्ध दिलवा दिया। 'प्रतिघात' ने बॉक्स ऑफिस पर वही करिश्मा किया और इस दूसरी फ़िल्म की सफलता ने एन. चन्द्रा को एक सफल निर्देशक के रूप में स्थापित कर दिया।

'अंकुश' और 'प्रतिघात' के बारे में एक समीक्षक के रूप में भले ही किसी की राय अच्छी न हो, लेकिन इनकी सफलता को नज़रअन्दाज नहीं किया जा सकता। 'प्रतिघात' तो खैर एक दक्षिण भारतीय फ़िल्म की रीमेक थी। फिर भी 'अंकुश' और 'प्रतिघात' का इस दृष्टि से समाजशास्त्रीय अध्ययन दिलचस्प हो सकता है कि उनमें दर्शकों से संवाद के लिए एन. चन्द्रा ने कौन-से रूप इस्तेमाल किये। ये रूप बहुत नये नहीं थे। 'अंकुश' में 'मेरे अपने' वाले रूप थे। 'प्रतिघात' में 'जंजीर' और 'अर्द्धसत्य' जैसी फ़िल्मों से लोकप्रिय हुए रूपों में औरत द्वारा अन्याय का प्रतिकार करने वाला रूप था, जहाँ हीरोइन अन्त में फरसा उठाती है।

मुख्यधारा में जो रूप लोकप्रिय होते हैं उन्हें सिरे से काटने के बजाय उनके गम्भीर अध्ययन की ज़रूरत है। देखने की बात यह है कि दर्शकों से संवाद के लिए ये रूप कहाँ से आते है? अमेरिका में फिल्म और टी.वी. ने बाकायदा सम्प्रेषण के लिए इन रूपों का वर्गीकरण कराकर रखा है। सम्प्रेषण के जो सिस्टम हैं, उनमें एक आयरिनिकल रूपों वाला है, एक मिमोटिक रूपों वाला, एक नेता-टाइप और एक मिथिकल।

वहाँ इन टाइप का इस्तेमाल बहुत ही दिलचस्प होता है। लीडर-टाइप किसी महिला-चरित्र का इस्तेमाल करके स्त्रियों में प्रतिनिधित्व के गुणों का मजाक भी उड़ा सकते हैं। मीमेटिक-टाइप वहाँ विज्ञापन के लिए इस्तेमाल होते हैं।

एन. चन्द्रा की 'प्रतिघात' में आपको मिथिकल टाइप मिलेगा। औरत को सरेआम नंगा दिखाने के लिए वह महाभारत का (द्रौपदी-चीरहरण) वाला सन्दर्भ देते हैं। नायिका के फरसा उठाने वाले रूप के पीछे भी दुर्गा का आदिरूप है।

अध्ययन का विषय यह हो सकता है कि इन आदिरूपों के इस्तेमाल से क्या फ़िल्मवाले सामन्ती मूल्यों को ही महिमामंडित नहीं करते? एन. चन्द्रा तो भी फिर अलग हैं। मनमोहन देसाई तो अपनी फ़िल्मों में चमत्कारों तक जाते हैं। चरित्रों के लिए टाइप के इस्तेमाल में नारी के लिए शकुन्तला, कुन्ती, सीता के रूपों का इस्तेमाल किया जाता है।

अगर गहराई से विश्लेषण किया जाय, तो इन रूपों से माल और इस्तेमाल के दर्शन को अच्छी तरह समझा जा सकता है। इन रूपों के इस्तेमाल से हमारे फ़िल्म-निर्माता हॉलीवुड की फ़िल्मों की रूढ़ियों का यहाँ इस्तेमाल करते हैं।

मिथिकल और मिमेटिक कला के निर्देशक हिंसा को माल के रूप में बदलते हैं। होता यह है कि 'जिस देश में गंगा बहती है' में डाकू—समस्या थी और आज डाकू फ़िल्मों में हल है। फ़िल्मों में ऐसे अजीब फार्मूले बन गये हैं। हीरो मवाली बनकर अभिजात्य समाज से लड़कर निम्न वर्ग को खुश करता है और क्लाइमेक्स

में पता चलता है कि वह जिस वर्ग से लड़ रहा है, दरअसल उसी वर्ग का खून है। इस तरह उसी वर्ग की सत्ता उस पर आधारित कर दी जाती है।

हालाँकि इन फ़िल्मों से यह पता चलता है कि फ़िल्मों में मिथिकल सिस्टम और चमत्कार का मतलब है समाज में परिवर्तन की शक्तियों का गायब होना। लेकिन ये उन्हीं शक्तियों को महिमामंडित भी करती हैं, जो यथा-स्थिति चाहती हैं।

'अंकुश' को दर्शकों ने पसन्द किया था, क्योंकि उसके केन्द्र में युवा-वर्ग था और उसकी समस्याएँ थीं। 'प्रतिघात' में तो खैर एन. चन्द्रा का अपना ज़्यादा नहीं था। अब उनकी तीसरी फ़िल्म आयी है 'तेजाब'।

तेजाब

'तेजाब' इस बात का सबूत है कि कैसे पूँजीवाद अपना माल बेचने के लिए इमेज का इस्तेमाल करता है और चरित्रों को कैरीकेचर और कला को मिमैटिक कला तक रिड्यूस करके रख देता है, ताकि अपने माल के विज्ञापन के लिए उनका मनचाहा इस्तेमाल कर सके। 'तेजाब' में विज्ञापन फ़िल्मों वाली सिंथेटिक इमेज देखी जा सकती है, जिसका मतलब वकौल मुद्राराक्षस यह होता है कि उँगलियाँ अगर काम की चीज़ हैं तो एक हाथ पर उँगलियों के कई गुच्छे हो सकते हैं। यहाँ आपको फ़िल्मों के पॉपुलर रूपों का इस्तेमाल हिंसा को माल में बदलने के लिए मिलेगा। एन. चन्द्रा ने दर्शकों से पात्रों को हिंसक सिचुएशन से ही परिचित करवाया है। फ़िल्म के शुरू में लोटिया पठान द्वारा नायिका के पिता से पचास हजार वसूल करने के लिए नायिका का अपहरण, युवा पीढ़ी के प्रतिनिधि चरित्र अनिल कपूर, जो मुजरिम हैं, का बहन का तार पाकर बम्बई लौटना, वायरलैस पर एक पुलिस स्टेशन में खबर सुनकर और मुन्ना की तस्वीर देखकर इंस्पेक्टर सुरेश ओबेराय का कहना कि यह तो महेश देशमुख है, मुन्ना कैसे बना? फ्लैशबैक में इंस्पेक्टर का नायक को एक होनहार नौजवान के रूप में देखना जो नेवी ऐडमिरल बनना चाहता था (बैंक में एक डकैती के दौरान उसने जान पर खेलकर एक बच्चे की जान बचाई थी।)– ऐसे दृश्य हैं।

फ्लैशबैक में आप फ़िल्म में कई विश्वप्रसिद्ध फ़िल्मों के बिम्ब देखेंगे। एक बिम्ब डि-सिका की फ़िल्म का है, जिसमें एक सेनिटोरियम में डॉक्टर टॉर्च का इस्तेमाल करता है। एक बिम्ब एन्थनी क्विन की फ़िल्म का है, जहाँ नायक नायिका का प्यार पाने के लिए कूदकर मरने की धमकी देता है।

फ्लैशबैक में महेश देशमुख इंस्पेक्टर को अपने मुन्ना बनने की कहानी सुनाता है कि कैसे पुलिस अत्याचार ने ही उसे अपराधी बना दिया। 'फ्लैशबैक'

इतना लम्बा है कि जब खत्म होता है, तो देखने वाला नायिका के अपहरण को लगभग भूल चुका होता है। माल बेचने के लिए विज्ञापन-फ़िल्मों की तरह ही 'तेजाब' में लोकप्रिय चरित्रों का इस्तेमाल है और कहीं-कहीं तो फ़िल्म की शैली ऐसे बदल जाती है कि अगर आप वीडियो फ़िल्म देख रहे हों तो आपको लगेगा जैसे अचानक ही फ़िल्म में विज्ञापन शुरू हो गया, जैसे अनुपम खेर आपको 'बुनियाद' के लोकप्रिय चरित्र शामालाल की याद दिलायेगा, अनिल कपूर हिंसावाली अमेरिकन वेस्टर्न फ़िल्मों की।

'दयावान' के बाद 'तेजाब' में भी माधुरी दीक्षित या दर्शकों में दया उपजाने वाला रूप ही इस्तेमाल किया गया।

'तेजाब' में आपको सम्प्रेषण के लिए लोकप्रिय रूप तो मिलेंगे, लेकिन जहाँ तक सम्प्रेषण का सवाल है, वह सिवाय हिंसा के और कुछ भी सम्प्रेषण नहीं कर पाता। ऐसा लगता है कि एन. चन्द्रा को 'अंकुश' और 'प्रतिघात' के बाद हिंसा बड़े काम की चीज़ लग रही है और यह फ़िल्म हिंसा को समस्या के बजाय उसी तरह 'हल' में बदल देती है, जैसे डाकू कभी समस्या थे और आज फ़िल्मों में समस्या का हल होते हैं। इस सबके लिए एन. चन्द्रा विश्व प्रसिद्ध फ़िल्मों के बिम्बों पर डाका डालने से नहीं चूके।

हिन्दी से परे

हर वर्ष फ़िल्मों को दिये जाने वाले राष्ट्रीय पुरस्कारों का अपना एक अलग महत्त्व है, ख़ासकर इसलिए कि भारत एक ऐसा देश है, जहाँ विभिन्न प्रान्तों से विभिन्न भाषाओं में फ़िल्में बनती हैं और राष्ट्रीय फ़िल्म समारोह के माध्यम से ही हमें सिनेमा के पूरे राष्ट्रीय परिदृश्य की जानकारी मिलती है। एक राहत भी होती है कि हमारे यहाँ अच्छी फ़िल्में बन रही हैं, बेशक वे प्रान्तीय भाषाओं में हों।

मलयालम फ़िल्म 'पीरवी' को सर्वश्रेष्ठ फ़िल्म का राष्ट्रीय पुरस्कार मिलता है तो हमें पता चलता है कि हमारे देश में सिनेमा की जड़े कहाँ हैं। जिसे हम भारतीय सिनेमा कह सकते हैं, वह प्रान्तीय भाषाओं में बन रहा है। वह मुख्यधारा का सिनेमा नहीं है, जिसकी जड़ें इस देश की जमीन और संस्कृति में हों। कभी उड़िया में बनी 'माया मृगया', कभी मलयालम में बनी अरविन्दन की 'अन्तरम' और कभी शाजी की 'पीरवी' से हमें पता चलता है कि सिनेमा की जड़ें कहाँ हैं। यही नहीं प्रकाश झा की 'दामुल' हिन्दी फ़िल्म थी, लेकिन उसकी जड़ें विहार में भी थीं।

गौतम घोष की 'पार' सरीख़ी फ़िल्म भी बताता है कि सिनेमा की राष्ट्रीय पहचान के लिए ज़रूरी है कि वह अपना आधार अपने देश की जमीन में तलाश

करे। मुख्यधारा के सिनेमा की तरह हम हॉलीवुड की फ़िल्मों से आयातित सामग्री से अपने देश का सिनेमा नहीं बना सकते, वरन् दर्शक के लिए सांस्कृतिक शून्य ही पैदा करते हैं। कहने का तात्पर्य यह है कि हमारे यहाँ होने वाले राष्ट्रीय फ़िल्म समारोह ही उस सांस्कृतिक शून्य को भरते हैं, जो हॉलीवुड से आयातित सामग्री 'क्रियेट' करती है। यह अलग बहस का विषय है कि इन राष्ट्रीय फ़िल्म समारोहों का मुख्यधारा के सिनेमा और दर्शकों पर व्यापक असर क्यों नहीं हो पाता। पुरस्कृत फ़िल्में अन्तर्राष्ट्रीय फ़िल्म समारोह और देश में एक खास वर्ग में ही चर्चित होकर रह जाती हैं। यह तथ्य यह प्रश्न ज़रूर उत्पन्न करता है कि हमारे यहाँ जो फ़िल्में बनती हैं, उनकी माँग भी दुनिया के ऐसे महोत्सवों द्वारा पैदा की जाती है, जो फ़िल्म-महोत्सवों के नाम कल्चरिंग करते हैं। राष्ट्रीय फ़िल्म समारोहों के बाद उन्हें चर्चा या बाजार कांस, बर्लिन और वेनिस जैसे महोत्सवों से ही मिलता है। इन कारणों का पता लगाने की ज़रूरत है कि आख़िर क्यों अचछे सिनेमा की माँग हमारे यहाँ ही पैदा नहीं होती? क्यों अपने देश में इन फ़िल्मों को वह बाजार नहीं मिलता कि अन्य महोत्सवों पर उनकी निर्भरता खत्म हो? क्यों नहीं यह सम्भव होता है बाहर किसी फ़िल्म को इनाम मिले या न मिले, फिर भी हमारे यहाँ अच्छी फ़िल्में बनती रहें? दामुल के बाद प्रकाश झा बर्लिन में पहचान न पाने के कारण 'परिणति' बनाकर ही बस कर दें और अपने देश में बाजार पाने के लिए 'हिप्प हिप्प हुर्रे' ही बनाना पसन्द करें?

राष्ट्रीय फ़िल्म समारोहों के सन्दर्भ में ये प्रश्न महत्त्वपूर्ण हो सकते हैं कि क्यों बंगाल एक लम्बे समय तक अच्छे सिनेमा में अग्रणी रहा है और क्यों सत्यजित राय, मृणाल सेन और ऋत्विक घटक के बाद वह पीछे चला गया? बंगाल में बुद्धदेव दासगुप्त, गौतम घोष, उत्पलेंदु चक्रवर्ती सरीखे फ़िल्मकारों की पीढ़ी सिनेमा को राय और सेन से आगे नहीं ले जा सकी। 'पीरवी' को पुरस्कार मिलना भी यह साबित करता है कि सिनेमा में जो जगह बंगाल की थी, वह आज केरल की है। बंगाल का प्रभुत्व सिनेमा की दुनिया में बना है तो सिर्फ इस दृष्टि से कि फ़िल्मों की जूरी के अध्यक्ष तपन सिन्हा रहे और सर्वश्रेष्ठ लेखन की जूरी के अध्यक्ष बंगाल के चिदानन्द दास गुप्ता।

नवेन्दु घोष
आदित्य भट्टाचार्य
मीरा नायर

नवेन्दु घोष की पहली फ़िल्म 'तृषाग्नि' थी जिसे राष्ट्रीय पुरस्कार दिया गया लेकिन उसी वर्ष आदित्य भट्टाचार्य की 'राख' फ़िल्म आयी थी। किसी निर्देशक की पहली फ़िल्म का पुरस्कार नवेन्दु घोष की 'तृषाग्नि' के बजाय आदित्य भट्टाचार्य की 'राख' को मिलना चाहिए था। सिनेमा की दृष्टि से भी जितनी समृद्ध 'राख' थी, उतनी 'तृषाग्नि' नहीं। 'तृषाग्नि' का सफर अतीत की तरफ था। बौद्ध मठ और दर्शन की पृष्ठभूमि में बनाई गयी इस फ़िल्म को अगर हम विषय-वस्तु की दृष्टि से उल्लेखनीय मान भी लें तो यह फ़िल्म अपनी संरचना में कहीं भी फ़िल्मों की रूढ़ियों को तोड़ती नहीं थी। वास्तविकता यह है कि यह फ़िल्म 'चित्रलेखा' जैसी उन फ़िल्मों की गूँज बनकर रह जाती थी, जहाँ एक्टिंग तक 'स्टाइलाइज्ड' होती थी। ठीक है फ़िल्म में रेगिस्तान है, लेकिन इसकी मेटाफिजिकल सम्भावनाओं को नवेन्दु घोष पूरी तरह 'एक्सप्लायॅट' नहीं कर पाये। नवेन्दु घोष की 'तृषाग्नि' उस स्कूल की फ़िल्म है, जिसकी रूढ़ियों को तोड़कर आदित्य भट्टाचार्य सामने आये हैं। यहाँ हम उस युवा फ़िल्मकार का संघर्ष भी देखते हैं जो स्टिल फोटोग्राफर के रूप में अपने स्थिर चित्रों को यथार्थ की मूविंग रियेलिटी में बदलने की कोशिश कर रहा है। स्टिल फोटोग्राफर की मजबूरी के बावजूद आदित्य फिल्मों की संरचना में आये ठहराव को तोड़कर उसे बहाव देने में कामयाब रहा है।

अब अगर नवेन्दु घोष की फ़िल्म को किसी निर्देशक की पहली फ़िल्म का पुरस्कार दे ही दिया गया तो हिन्दी की सर्वश्रेष्ठ फ़िल्म का पुरस्कार तो 'सलाम बॉम्बे' को न देकर 'राख' को दिया जा सकता था। मैं यह मानती हूँ कुछ कमजोरी के बावजूद 'राख' पिछले वर्ष की कई दृष्टियों से महत्त्वपूर्ण फ़िल्म है। 'सलाम बॉम्बे' से तो कई मील आगे है। 'राख' हमें वहाँ नहीं छोड़ती जहाँ मीरा नायर छोड़ती है। मीरा नायर उस फ़िल्म में यही देखती हैं कि इस दुनिया में 'सरवाइव' करने के लिए 'किल' करना ज़रूरी है। किशोर अवस्था में उनका नायक एक हत्या कर चुका है।

मीरा नायर की दुनिया 'रेडलाइट एरिया', जिस्म और नशीली दवाओं का धन्धा करने वालों तक सीमित है, वह भी व्यावसायिक कारणों से, क्योंकि जो बिकता है वही मीरा नायर की फ़िल्मों की संरचना तय करता है। अपने कथ्य, शैली और निर्वाह में पूरी तरह यह फ़िल्म विज्ञापन फ़िल्मों की तरह एक योजनाबद्ध फ़िल्म है। यह दर्शक को वहीं छोड़ती है जहाँ कोई चालाक कोशिश छोड़ सकती है, जबकि 'राख' में हम दुनिया की विपरीत स्थितियों में आदमी के ज़िन्दा रहने

के संघर्ष को पूरी समग्रता में देखते हैं। आदित्य ने यथार्थ को बेचने के लिए बम्बई के चकलों को शो-केस नहीं बनाया और न ही फ़िल्म हमें एक हत्या के साथ छोड़ती है। हत्या के जिस बोझ के साथ 'सलाम बॉम्बे' नायक कृष्णा को छोड़ती है, उसका अन्तर्द्वन्द्व 'राख' में देखा जा सकता है। अपराध-जगत की तह तक जाने वाली 'राख' में दिखाया गया है कि एक हत्या करने के बाद आदमी की क्या मनोदशा होती है। यहाँ यह फ़िल्म नायक के अन्तर्द्वन्द्व में हर क़िस्म की हत्या और हिंसा के खिलाफ एक मानवीय दस्तावेज बन जाती है। फ़िल्म अपराधी को समाज और समाज को अपराधी के बारे में सोचने का मौका देती है। आज जब फ़िल्में हर समस्या का हल हिंसा में दिखाती हैं, यह फ़िल्म देखने के बाद कोई हिंसा या हत्या की प्रेरणा नहीं लेगा। आदित्य भट्टाचार्य जिस दृष्टि के साथ 'राख' में सामने आये हैं, उस दृष्टि से 'सलाम बाम्बे' के बजाय यह फ़िल्म पुरस्कार की हकदार थी। पता नहीं 'सलाम बॉम्बे' जैसी फ़िल्म 'ऑस्कर एवार्ड' के लिए कैसे नामजद हो जाती है, जबकि उसे ऑस्कर मिलता तो ऑस्कर एवार्ड ही एक्सपोज हो जाता। फ़िल्म देखकर हैरानी होती है कि कैसे मीरा नायर फ़िल्मकार की मानवीय दृष्टि से रिक्त मालूम पड़ती हैं। जिस दृश्य में मैंनेजर उसे पान पराग के डिब्बे लेने भेजता है, उस दृश्य का मतलब यह हो सकता था कि कैसे बाल श्रमिकों को शोषण होता है। उसे तनख्वाह न देनी पड़े इसलिए जब सर्कस जाने वाला था, उसे पान पराग लेने दौड़ा दिया। लेकिन मीरा नायर ने तो पान पराग के डिब्बे से विज्ञापन-फ़िल्मों की तरह फ़िल्म की टोन तय कर रखी थी। यहाँ बच्चा दरअसल 'इमोशनल एक्सप्लॉयटेशन' के लिए था। फ़िल्म में राज कपूर की 'बूट पालिश' की भी गूँज थी।

बासु चटर्जी

'सारा आकाश' एक ऐसी फ़िल्म थी जिससे हिन्दी में नये सिनेमा की शुरूआत मानी जा सकती है। यह भी सच है कि 'सारा आकाश' जैसी सफलता मृणाल सेन की 'भुवन शोम' को छोड़कर 'फ़िल्म वित्त निगम' के सहयोग से बनी अन्य फ़िल्मों को नहीं मिली। एम.एस. सथ्यू की 'गर्म हवा' और राजेन्द्र सिंह बेदी की 'दस्तक' कुछ अन्य अपवाद है।

यहाँ यह स्पष्ट करना ज़रूरी है कि 'सारा आकाश' का सही-सही मूल्यांकन नहीं हो सका, खासतौर पर सिनेमाई दृष्टि से। लेकिन आज हम जब मृणाल सेन

की 'खँडहर' या गोविन्द निहलानी की 'अर्धसत्य' में छत के यादगार दृश्य देखते हैं तेा 'सारा आकाश' की छत के दृश्य याद आते हैं। हालांकि यह नहीं कहा जा सकता कि मृणाल सेन की 'खँडहर' या गोविन्द निहलानी की 'अर्धसत्य' में छत के दृश्य 'सारा आकाश' के प्रभाव हैं। दरअसल ऐसे दृश्य फ़िल्म की सिच्युएशन या फिर लोकेशन की माँग होते हैं। मृणाल सेन ने 'खँडहर' वाली लोकेशन पर पहुंचने से पहले हो सकता है कि फ़िल्म के इस यादगार दृश्य के बारे में सोचा भी न हो जहाँ फ़िल्म के चरित्र पिलर को देखते हैं। मुख्य बात यह है कि फ़िल्म-पत्रकारिता में इसे समीक्षकीय दृष्टि का अभाव भी कहा जायेगा कि तब बासु चटर्जी के फ़िल्म के दृश्य को मृणाल सेन की खँडहर जैसी प्रशंसा नहीं मिली और न किसी समीक्षक ने 'सारा आकाश' की छत के दृश्यों को वैसे ही उत्तर-भारत के जन-जीवन के साथ जोड़कर देखा, जैसे 'अर्धसत्य' के छतवाले दृश्य को जहाँ पिता पुत्र से व्यायाम करवा रहा है। महाराष्ट्रियन जीवन के साथ जोड़कर विष्णु खरे ने एक समीक्षा में उसकी व्याख्या की।

आज 'सारा आकाश' के सिनेमाई दृष्टि से पुनर्मूल्यांकन की ज़रूरत है और यह समझने की कि कैसे बासु चटर्जी ने 'सारा आकाश' में एक ऐसे सिनेमाई मुहावरे का निर्माण किया, जहाँ दृश्य स्टाइल को नहीं, स्टाइल दृश्य को फॉलो करता हैं उनकी 'सारा आकाश' की शैली फ़िल्म कहानी और उस लोकेशन को माना है जहाँ फ़िल्म की शूटिंग हुई। हालांकि 'सारा आकाश' में कुछ दोषपूर्ण दृश्य भी मिल जायेंगे—क्योंकि 'आगरा' के जिस घर में उन्होंने शूटिंग की, वहाँ उन्हें मनचाही रोशनी नहीं मिल रही थी। जो लाइट दाई तरफ से आनी चाहिए थी, वह बाईं तरफ से आ रही थी।

उस समय निश्चय ही 'सारा आकाश' बम्बई की व्यावसायिक फ़िल्मों के बीच एक क्रान्ति थी। छतवाले दृश्य भी, क्योंकि स्टूडियों में बनने वाले व्यावसायिक सिनेमा में तो उस छत की कल्पना भी नहीं कर सकते। यही नहीं, इस फ़िल्म में छायांकन की ख़ूब प्रशंसा हुई थी और के.के. महाजन कैमरा लेकर वहाँ भी पहुँच जाते थे जहाँ ट्राली नहीं पहुँच सकती।

'सारा आकाश' की जितनी भी प्रशंसा हुई कहानी की दृष्टि से और आलोचना भी की उन्होंने, फ़िल्म में उपन्यास का जितना भी हिस्सा लिया, इस दृष्टि से कि उसे बम्बइया फ़िल्म की तरह एण्ड किया जा सके। इस बात को एक समझौता माना गया, हालांकि वह दौर ऐसा था, जहाँ फ़िल्म के रूढ़िवादी ढाँचे से एकदम अलग होने की बात भी समझदारी की बात नहीं थी।

उस समय का साहित्य देखें तो वहाँ भी यह देखने को मिलेगा। कहानी और अन्य विधाओं में भी जो नया करने की कोशिश थी, कहानी के प्रचलित ढाँचें के बीच ही हो रही थी, उस स्वरूप को तोड़े बिना जिसमें उसे पहचाना जाता था। हालांकि बाद में कहानी का वह ढाँचा भी बदला। जब अन्य विधाओं की स्थिति को देखें तो सिनेमा से यह आशा कैसे की जा सकती है, जो अपने समय की अन्य कलाओं के साथ चलता है?

बासु चटर्जी उन फ़िल्मकारों में से हैं जो सिनेमा-माध्यम की सही समझ लेकर फ़िल्मों में आये थे। यह अलग बात है कि 'सारा आकाश' में सिनेमा के जो क्षितिज उन्होंने खोजे थे, वे बाद की फ़िल्मों में खोने लगे। व्यावसायिकता के दबाव में उन्हें ऐसी फ़िल्में बनानी पड़ी कि कहा जा सकता है कि 'सारा आकाश' का गिरा 'पिया का घर' में अटका, जिनमें उनका कला से, आर्ट से व्यावसायिकता की तरफ फाल देखा था। इस बात को एक समझौता माना गया, हालांकि वह दौर ऐसा था, जहाँ फ़िल्म के रूढ़िवादी ढाँचे से एकदम अलग होने की बात भी समझदारी की बात नहीं थी।

बासु चटर्जी के बारे में यहाँ मैं स्पष्ट करना ज़रूरी समझती हूँ कि उन्होंने फ़िल्मों में जो कुछ भी नया करने की कोशिश की, वह फ़िल्मों के प्रचलित ढाँचे में और उस ढाँचे में 'छोटी-सी बात' और 'रजनी गन्धा' जैसी सफल फ़िल्में भी दीं। 'रजनी गन्धा' और 'छोटी-सी बात' ही क्यों, 'चितचोर' और 'शौकीन' जैसी फ़िल्में भी—ऐसी फ़िल्में, जिनका परिष्कृत रुचि के दर्शक भी आनन्द उठा सकें। ऐसी कोशिश उन्होंने नहीं की कि मृणाल सेन या सत्यजित राय जैसा कुछ करके दिखायें, लेकिन उन फ़िल्मों में भी ऐसे बहुत सारे रूप मिल जायेंगे जो उन्होंने मौलिक सिनेमाई दृष्टि से सक्रिय होकर दिये। यह सच है कि 'सारा आकाश' को छोड़कर उनका नाम फ़िल्मों के इतिहास में नहीं आयेगा।

'सत्यकाम' एक ऐसी इंजीनियर की कहानी है, जिस पर बचपन से ही सत्य बोलने के संस्कारों की गहरी छाप पड़ी है। इंजीनियरिंग स्कूल के छात्रों की एक बस ड्राइवर की असावधानी से उलट जाती है। जब दादा जी अपने पोते को देखने आते हैं तो वे सभी छात्रों से समान भाव से मिलते हैं और अपने पोते को भी उतना ही समय देते हैं जितना किसी अन्य छात्र को। इंजीनियरिंग की पढ़ाई पूरी कर लेने के बाद उसे एक रियासत में जमीन का नक्शा तैयार करने का काम मिल जाता है, लेकिन वह इंकार कर देता है। इसी बीच रियासत का राजकुमार अपने महल में रहने वाली एक नर्तकी तथा गायिका लड़की से बलात्कार

करता है। यह इंजीनियर उस लड़की को अपनी पत्नी बनाकर घर ले आता है। घर पर दादा उस लड़की को इसलिए स्वीकार नहीं करता क्योंकि उसका कुल तथा गोत्रादि अज्ञात है।

जीवन भर यह इंजीनियर इस स्त्री को अपनी पत्नी के सभी अधिकार तथा सुविधाएँ देता है, लेकिन उससे शारीरिक सम्बन्ध नहीं रखता। वह पब्लिक वर्क्स डिपार्टमेंट में नौकरी करता है, इसी विभाग में उसका सहपाठी और मित्र भी काम करता है। पूरी कथा इस पात्र के दृष्टिकोण से कही गयी है। एक जगह वह कहता है, 'अपने जिन गुणों, कर्तव्य निष्ठा और ईमानदारी, के कारण मैं दिनों-दिन तरक्की करता जा रहा था, सत्यव्रत उन्हीं गुणों के कारण नीचे गिरता जा रहा था। अपनी सत्यवादिता के कारण वह अपने विभाग के लिए एक बोझ बन जाता है। सरकारी इंजीनियर होने के नाते वह ठेकेदार को बाध्य करता है कि उन मजदूरों को उनकी मजदूरी समय पर दे। ठेकेदार इसे अनाधिकार चेष्टा मानता है। क्योंकि ठेकेदार इमारत में सस्ती और कच्ची ईंटें लगा रहा है, इस पर भी वह ठेकेदार से उलझ पड़ता है। इस कर्तव्यनिष्ठ इंजीनियर का अक्सर तबादला होता रहता है। विवाह के सात वर्ष बाद ही वह क्षय रोग का शिकार हो जाता है और इलाज कराने के सामर्थ्य न होने के कारण मृत्यु का समय करीब आता जाता है।

जीवन के इन दुर्बलतम क्षणों में उसे ब्लैकमेल करने का प्रयत्न किया जाता है। ऐसे समय में उसकी पत्नी यह आरोप लगाती है कि उसने कभी भी अपने बीवी बच्चे की परवाह नहीं की क्योंकि वह इस स्त्री को अपनी पत्नी नहीं मानता और बच्चा तो उसका है ही नहीं। इस आरोप को सुनकर वह तिलमिला उठता है। पत्नी द्वारा इन शब्दों को कहलवा देने के बाद ठेकेदार अपनी अन्तिम चाल चलता है। ठेकेदार उसके अस्पताल में रहने और दवाइयों के बिल आदि का खर्च वहन कर रहा है। वह इंजीनियर की पत्नी को लालच देता है कि यदि सत्यव्रत उस ठेकेदार द्वारा निर्मित इमारत को सही ढंग से बनी होने का प्रमाण-पत्र दे दे तो वह उसकी पत्नी और बच्चे की परवरिश के लिए कुछ धन दे देगा। पत्नी इस कागज को लेकर आती है और इंजीनियर उस पर हस्ताक्षर कर देता है। पत्नी इस कागज को फाड़ देती है। जब बूढ़ा दादा अपने इंजीनियर पोते की मृत्यु के बाद अन्तिम संस्कारों हेतु आता है तभी उस पर यह भेद खुलता है जिस स्त्री और बच्चे को वह अपने पुरातनवादी संस्कारों और रूढ़ियों के कारण नहीं स्वीकार पा रहा था, वे परिवार की सत्य बोलने की परम्परा के प्रति उससे भी अधिक एक

निष्ठ हैं, वह उन्हें स्वीकार कर लेता है।

'सत्यकाम' भारतीय सिनेमा की यथार्थवादी परम्परा की श्रेष्ठ कड़ी है। इकबाल मसूद का कहना है, 'एक ईमानदार पी.डब्ल्यू.डी. के इंजीनियर की व्यथा यथार्थवादी चित्रण ही इस फ़िल्म की जान है जिसे मौत के दरवाजे तक पहुँचने तक हैरान और परेशान किया जाता है। इस फ़िल्म की ताकत स्थितियों की पेच दर पेच व्याख्या में है जहाँ हम भ्रष्टाचार तथा स्वातन्त्र्योत्तर भारत में नौकरशाही के दौर्बल्य का पीड़ादायक और प्रामाणिक चित्र देखते हैं। धर्मेन्द्र के विलक्षण अभिनय ने इस फ़िल्म को स्मरणीय बना दिया है। नाटकीय होने के बावजूद यहाँ यथार्थवाद का श्रेष्ठतम रूप देखने को मिलता है।

सलीम लंगड़े पे मत रो

'सलीम लंगड़े पे मत रो' नया सिनेमा आन्दोलन के जोरदार प्रवक्ता सईद मिर्ज़ा की बहुचर्चित की बहुचर्चित फ़िल्म है। सईद मिर्ज़ा ने सामाजिक समस्याओं को लेकर अनेक वृत्तचित्र तथा कथा-फ़िल्मों का निर्माण किया है। उनका अपने बारे में कहना है कि "मैं निरन्तर एक ऐसे रूप-विधान की तलाश में हूँ जिसमें मेरे अपने विकास के चिन्तन, विचार और अनुभव एक फ़िल्मकार के नाते तथा एक भारतीय समाज के सदस्य की दृष्टि से समा सकें।"

अपने प्रारंभिक दौर में नया सिनेमा युगों से ग़रीबी और ज़ेहालत झेलते देश के शोषित सर्वहारा वर्ग के भीतर संचित व्यवस्था विरोधी क्रोध तथा व्यवस्था द्वारा उनके दमन को फ़िल्मों की विषय-वस्तु बनाता रहा है। अपने विकास की प्रक्रिया में वह समसामयिक जीवन में निरन्तर बढ़ती हुई हिंसा तथा साम्प्रदायिता से उत्पन्न सामाजिक अस्थिरता को विविध सन्दर्भों में प्रस्तुत करता है। इससे यह सिद्ध होता है कि क्रमशः मुख्यधारा के सिनेमा से जुड़े विषयों के क्षेत्र में भी प्रवेश करके नया सिनेगा उन्हें कलात्मक ढाँचे में प्रस्तुत करके उनकी सार्थकता प्रमाणित करता है। इस दृष्टि से अल्पसंख्यकों की सामाजिक स्थिति तथा साम्प्रदायिकता के मूल कारणों की खोज करती हुई 'सलीम लंगड़े पे मत रो' एक महत्त्वपूर्ण फ़िल्म है। इसे सथ्यू की 'गरम हवा' की अगली कड़ी भी माना जा सकता है। 'गरम हवा' में निर्देशक प्रश्न करता प्रतीत होता है कि 'पाकिस्तान क्यों बना?' इसकी सृष्टि क्यों हुई? तथा कहाँ किससे गलती हुई? सईद मिर्ज़ा 'सलीम लंगड़े पे मत रो' में इस प्रश्न को आगे बढ़ाते हैं और उसे जोड़ते हैं उस अतीत से जो अब इतिहास बन चुका है। आज समस्या है समाज की उस बुनियाद के साथ वर्तमान

को जोड़ने की। सांप्रदायिकता जैसे भयावह समस्या को इतिहासव्यापी गहरी दृष्टि से देखना और वर्तमान सन्दर्भ में समझना-समझाना निर्देशक को जागरूकता तथा देश के प्रति उसकी निष्ठा का प्रमाण है।

फ़िल्म का मुख्य चरित्र सलीम है जिसके जीवन की गतिविधियों के आस-पास की घटनाओं सहित कहानी का ढाँचा निर्मित किया गया है। वह कुछ लँगड़ाकर चलता है। उसका एक छोटा परिवार है जो निर्धन होते हुए भी सम्मानित है। उसके पिता किसी सूती मिल में काम करते थे लेकिन अपनी उग्रता के कारण बेकार बैठे हैं। वैसे भी मिल में बहुत लम्बे समय से हड़ताल चल रही है और बंद है। उसके भाई को जो बिजली का काम करता था, सड़क दुर्घटना में मृत्यु हो गयी थी। उसकी छोटी बहन घर पर ही रहती है। सलीम की माँ कपड़े सिलकर कुछ कमा लेती है। सलीम की ज़िन्दगी की जड़ें परिवार और परिवेश की गहराइयों में छिपी हैं।

परिवार से अलग सलीम की एक और दुनिया है जिसमें उसके कुछ विश्वसनीय और सदा साथ रहने वाले दोस्त हैं। यह दूसरी दुनिया सतह के नीचे की दुनिया है। जिसमें तरह-तरह का संगठित अपराध है। मारधाड़ और चाकू-छूरी की दुनिया है। पैसे छीन लेना, धमकाना, मारना-पीटना और दादागीरी उनके दैनिक धन्धे हैं। सलीम और उसके दोस्त यह सब देखते हैं, वे सब भी इसी में लग जाते हैं जिसकी परिणति सड़क पर पड़ी हुई सलीम की लाश में होती है। सईद मिर्जा के लिए 'सड़क पर एक व्यक्ति की लाश एक व्यक्तिगत घटना उसकी अक्षमताओं के लिए हो सकती है। लेकिन यह एक ऐतिहासिक घटना भी है। बुनियादी बात मनुष्य को देखने या न देखने की है।' निर्देशक ने कथ्य को ऊपरी तौर से नहीं लिया है। देश, समाज की सतह पर होने वाली हलचलों में निहित मूलभूत प्रश्नों को उठाया गया है।

'सलीम लंगड़ा' की छवि एक ऐसे मुसलमान युवक की है जो विभाजन के बाद भारत में जन्मा और पला है। वह महानगर की भीड़-भाड़ में ज़िन्दगी बिता रहा है। उसकी ज़िन्दगी हिंसा-द्वेष तथा भीतरी दुनिया के घात-प्रतिघात से भरी हुई है। ग़रीब तथा कमजोर प्रेम प्रसंग के साथ कॉफो के कुछ प्यालों पर सारा दिन बिता देना उसकी नियति है। अपनी सड़क का यह 'दादा' महान स्वप्न भी देखता है। लेकिन क्या सलीम बचपन से ही ऐसा था? नहीं। शिष्ट, जागरूक मुसलमान परिवार के इस युवक की सबसे बड़ी आकांक्षा थी एक अच्छी नौकरी पाना। नौकरी की तलाश में सलीम उस हद तक पहुँच गया जहाँ से

उसका लौटना सम्भव नहीं हो सका। इस दौर में उसकी भेंट असलम से होती है। जिसका जीवन भी सलीम की तरह अभावों से भरा था लेकिन शिक्षा तथा जीवन के प्रति उसका प्रत्यक्ष बोध उसकी सबसे बड़ी शक्ति है। सलीम भिवंडी में हुए दंगों पर बनी फ़िल्म भी देखता है। इस बीच उसके गिरोह के दोस्त की सुनसान मृत्यु होती है। ये घटनाएँ युवा सलीम को झकझोरती हैं। उसके लिए ये सब उत्तर रहित प्रश्न बन जाते हैं जो उसे उसके सर्वनाश होने तक ले जाते हैं। सलीम ऐसी दुनिया में पहुँच जाता है जिसे निर्देशक नागपाड़ा, कमाठीपुरा तथा दो टंकी लेन की जीवन्त और यथार्थ दुनिया होने का दावा करता है। यह दुनिया तस्करों, मुनाफाखोरों, वेश्याओं तथा दलालों की दुनिया है। यह वह दुनिया है, जहाँ नैतिक मूल्य जनता के सिर के ऊपर खड़े हैं। यह पुलिस तथा चारों के सहअस्तित्व की दुनिया है। इस दुनिया में वे ज़िन्दा है चाकू के साथ और मरते हैं तो भी उसी के साथ। इस दुनिया में लोग 'हम' और 'वे' से समझे जाते हैं विशेषकर जब प्रश्न अभावों का होता है। इस सांप्रदायिक दुनिया में सलीम पैदा हुआ और इसी में वह समस्त हिंसा, धर्मान्धताओं एवं राग-द्वेषों के साथ बड़ा हुआ जिनसे अज्ञानता जन्मती है। इस सब का निष्पादन फ़िल्म में सटीक व्यंजना से होता है..."वे मस्जिद-मन्दिर के लिए लड़ते हैं और गटर में मरते हैं। जीवन का कितना बड़ा सत्य 'मनुष्य' समझ नहीं पाता। एक का बलिदान दूसरे की बदला लेने की सन्तुष्टि का कारण बनता है।''

वस्तुतः यह फ़िल्म भारत-पाक विभाजन के हिन्दू-मुस्लिम सवालों से नहीं जुड़ी है। यह फ़िल्म एक भारतीय अल्पसंख्यक सम्प्रदाय की नवोदित भावनाओं सहित कहीं अधिक गहरे एक भारतीय युवक की बेकारी तथा उससे उत्पन्न होने वाली सामाजिक-राजनीतिक स्थितियों को तथा उसकी त्रासदी को बहुत गहराई से व्यंजित करती है। यदि फ़िल्म में प्रयुक्त संज्ञाएँ बदल दी जाये तो यह स्थिति भारत के किसी भी सम्प्रदाय, जाति या वर्ग के युवा की हो सकती है। कहानी का प्रस्तुतीकरण अत्यन्त प्रभावशाली है। सलीम की मृत्यु के बाद कैफी आज़मी की एक कविता का पार्श्व-गायन के द्वारा ऐसा सुन्दर उपयोग किया गया है कि बिम्बों के माध्यम से भाषा की प्रेषणीय शक्ति निखर उठी है।

अच्छा सिनेमा-नया सिनेमा

नये सिनेमा को सही ढंग से परखने के लिए उसकी विकास यात्रा के साथ-साथ उसके प्रेरणा स्रोतों की सही समझ विकसित करना ऐतिहासिक अनिवार्यता है। हिन्दी सिनेमा के विकास की यह एक अविच्छिन्न कड़ी है। नया सिनेमा व्यावसायिक

सिनेमा का अच्छा अंश ही नहीं बल्कि उसके समांतर एक अलग धारा का सिनेमा था। व्यावसायिक सिनेमा का अच्छा अंश तो बिमल राय, ऋषिकेश मुखर्जी, असित सेन, महबूब और गुलज़ार द्वारा निर्देशित फ़िल्मों में मिलता है। इन फ़िल्मों में एक साफ-सुथरी कहानी को बिम्बों की भाषा का रूप दे दिया जाता था। इन फ़िल्मों की विशेषता यह थी कि इन्हें पूरा परिवार एक साथ बैठकर देख सकता था। इन फ़िल्मों को देखकर प्राप्त हुए सन्तोष को स्वस्थ तथा निरापद ननोरंजन की संज्ञा दी जाती थी। यह माना जाता था कि तीन घण्टे की एक फ़िल्न को देख लेने के बाद उसे भुला दिया जाना ज़रूरी है। अभिनेता धर्मेन्द्र ने एक बार कहा था कि मुझे नहीं लगता 'सत्यकाम' फ़िल्म देखकर किसी ने सच बोतने का व्रत लिया होगा यानी सिनेमा एक दयनीय, निरीह और बेअसर माध्यम बनकर रह गया था।

इस मध्यमार्गी सोच से हिन्दी दर्शक को खींच कर बाहर निकालने में मृणाल सेन की 'भुवन शोम' को पहली सफलता मिली थी। पहली बार इस फ़िल्म ने बताया कि यह अथाह दलदल से निकलने का यदि कोई रास्ता बचा है तो वह रोमांटिक यथार्थवाद के सिक्के के दूसरे पहलू को भी पलट कर देख लेने के बाद ही मित सकता है। हिन्दी सिनेमा के इतिहास में यह घटना पहली बार घटी कि दर्शक हॉल से बाहर निकलने के साथ-साथ फ़िल्म को सिनेमाघर में ही झाड़ कर नहीं छोड़ दिया। "मेरा तबादला बड़े स्टेशन पर हो गया है, बड़े स्टेशन का मतलब जानती हो, ज़्यादा कमाई। सुहासिनी मुले के भोले चेहरे के साथ यह वाक्य भी देर तक दर्शक के साथ चलता रहा। यहीं से एक प्रश्न करने वाले, परेशान करने वाले 'विचार सिनेमा' का जन्म हुआ। यहीं से दर्शक को सिनेमा के जरिये यह समझाने का प्रयास भी आरम्भ हुआ कि निरपेक्ष स्वस्थ मनोरंजन नाम की कोई चीज़ नहीं है। प्रत्येक फ़िल्म, पुस्तक या संगीत रचना आपको धीरे से बदलती ज़रूर है या तो आपको आसपास के जीवन से उदासीन या निष्क्रिय बनाती है या फिर आपको जगाती और उकसाती है।

इसलिए जो लोग नये सिनेमा और अच्छे सिनेमा को एक ही मानते हैं, वे पूरी तरह गलती पर हैं। सत्यजित राय का सिनेमा और गुरुदत्त की फ़िल्में 'कागज के फूल' और 'प्यासा' उच्चकोटि की फ़िल्में हैं, पर वे 'नया सिनेमा' नहीं हैं। जाहिर है नया सिनेमा अच्छी फ़िल्मों के अभाव को दूर करने का जरिया मात्र नहीं था। न ही इन फ़िल्मों को विदेशों में भारत की इज्जत बनाने के तिए ज़्यादा कारगर तरीके से इस्तेमाल किया जा सकता था। इनका महत्त्व तो विशुद्ध भारतीय सन्दर्भ में था। नया सिनेमा स्पष्ट है कि 60 के दशक के पश्चात् हिन्दी के नवीन चित्रपट में यथार्थवादी चित्रण प्रमुखता से हुआ है। स्वतन्त्रता से पूर्व ख़्वाजा अहमद

अब्बास, वी. शान्ताराम तथा एस.एस. वासन जैसे समर्थ फ़िल्म निर्माताओं ने मजदूरों, भारतीय स्वातन्त्र्य के सन्दर्भों, आर्थिक जटिलताओं, सामन्ती क्रूरताओं, पारिवारिक विषमताओं, अन्धविश्वासों, जातिगत संघर्षों, प्रेमगत असफलताओं आदि प्रमुख बिन्दुओं को लेकर फ़िल्में बनाई हैं। इसमें प्रगतिशीलता, राष्ट्रीय-चिन्तन और जन-जीवन की आकांक्षाओं की सफलतम् अभिव्यक्ति मिलती है।

सुप्रसिद्ध फ़िल्म अभिनेता और निर्माता राज कपूर की फ़िल्मों में जहाँ एक ओर सामाजिक यथार्थ का चित्रांकन है वहीं वैयक्तिक तथा पारिवारिक वास्तविकताओं का सफल फ़िल्मांकन भी दृष्टिगोचर होता है। अन्य फ़िल्मकारों बी.आर. चोपड़ा, प्रसाद, ताराचन्द वड़जत्या, ओ.पी. रल्हन, जेमिनी प्रोडक्शन तथा वी. शान्ताराम की फ़िल्में यथार्थवादी चिन्तन की दृष्टि से मील का पत्थर साबित हुई हैं।

यह सुखद आश्चर्य है कि जहाँ फ़िल्मों ने अपना विकासात्मक पग पौराणिक कथाओं, रामायण तथा महाभारतकालीन प्रसंगों, प्रमुख देवी-देवताओं के जीवन पर आधारित घटनाओं, राजा-महाराजाओं-सामन्तों आदि के क्रिया-कलापों आदि से सम्बन्धित रखना प्रारम्भ किया था वहीं क्रमशः आम-आदमी के जीवन-संघर्षों, सामाजिक-आर्थिक-राजनीतिक-धार्मिक-मनोवैज्ञानिक आदि जटिलताओं का सफलतम् फ़िल्मांकन हुआ है। वर्तमान जीवन की इन संवेदनशील परिस्थितियों पर फ़िल्मकारों ने फ़िल्मांकन किया है जहाँ जीवन का यथार्थ झलकता है। इस दृष्टि से 'अंकुर', 'चक्र', 'पार', 'तरंग', 'मोहन जोशी हाजिर हो', 'सलीम लंगड़े पर मत रो' आदि फ़िल्में सहज ही ली जा सकती हैं। इनमें पूँजीवादी व्यवस्था के प्रति, सामाजिक रूढ़ियों के प्रति, पारिवारिक मान्यताओं के प्रति, मनोवैज्ञानिक विकृतियों के प्रति तथा पति-पत्नी में सहज सम्बन्धों के प्रति यथार्थवादी दृष्टि का फ़िल्मांकन प्राप्त होता है। शैक्षिक जागरूकता तथा पाश्चात्य जीवन के प्रभाव का भी यथार्थवादी चित्रण प्रस्तुत करने में महत्त्वपूर्ण योगदान है।

Last, but not least – in fact, this is most important –you need a happy ending. However, if you can create tragic situations and jerk a few tears before the happy ending, it will work much better.

—Satyajit Ray

अध्याय-10

नया सिनेमा : क्या पाया

मनुष्य के सचेत होते ही उसकी पसन्द और उससे भी अच्छी वस्तु की चाह से समीक्षा प्रारम्भ होती है। कहा जाता है कि साहित्य के उद्गम से आलोचना की शुरूआत होती है। किन्तु साहित्य में समीक्षा की सुस्पष्ट क्रियाशीलता उस समय होती है जब अस्पष्ट स्वाभाविक अभिरूचि सचेत होकर मूल्यांकन का अतिक्रमण करती है जिसे बुद्धिसंगत भी कहा जा सकता है। यह वह स्थिति होती है जब मूल्यांकन के लिए बौद्धिक आग्रह प्रबल होता है। वस्तुतः किसी भी कला या साहित्य के सौन्दर्यशास्त्र के होने का आधार भी यही है। अतः किसी भी कलाकृति को समझने या उसका आनन्द अनुभव करने के लिए उसकी भाषा, व्याकरण को जानना होगा। यह मूल बात है। किसी कलाकृति या साहित्य रचना को व्यक्तिगत रूचियाँ या प्रतिक्रियाएँ महत्त्वपूर्ण नहीं बनाते क्योंकि कलाकृतियाँ प्रायः जटिल होती हैं। अतः उनके लिए सौन्दर्यशास्त्र के मूलाधार की यथेष्ट समझ और विश्लेषण की क्षमता होना चाहिए। कलाकार के सामान्य निर्णयों के तत्त्वों तक पहुँचने के लिए यह अत्यन्त आवश्यक है, जिससे कि ऐसी कृति तैयार हुई है जो सम्पूर्ण प्रभावोत्पादक है।

सिनेमा एक समिश्र विधा है जिसमें साहित्य और विभिन्न कलाओं की अनेक विशेषताओं को ग्रहण किया गया है, किन्तु वह प्राचीन कलाओं का यान्त्रिक सम्मिश्रण नहीं है। सिनेमा एक ऐसी कला है जो मानवीय अनुभवों को व्यक्त करने के लिए अपने अधिकार में नितान्त नया तरीका अपनाती है। फ़िल्म की भाषा साहित्य की लिखित भाषा से भिन्न होती है। साहित्य की भाषा का आधार शब्द है, जिसमें उद्‌बोधनात्मक शक्ति होती है। शब्द, पाठक को उसकी कल्पना की सीमा तक ले जा सकता है जिससे उसे अपना

एक अनुभव संसार रचने की छूट होती है। शब्द का आधार ध्वनि होता है। फ़िल्म की भाषा कैमरे के द्वारा चल चित्रांकन, ध्वनि-यन्त्र द्वारा ध्वनियों के अंकन तथा उनका पुनर्मिश्रण तथा विभिन्न टुकड़ों के संकलन की तकनीक पर आधारित होती है। इस प्रकार इस नव्यतम कलारूप में मानवीय अनुभवों को व्यक्त करने के लिए यान्त्रिक साधनों का उपयोग किया जाता है जो अनुभवों को साकार करने के माध्यम बनते हैं। इसके पहले की कलाओं में यह नहीं था। अतः अनुभव संक्रमित करने का यह अन्तर स्पष्ट है। फ़िल्म की भाषा तथा लिखित शब्द की भाषा का मूल अन्तर उनके अमूर्त और मूर्त रूप का भी है। लिखित शब्द की भाषा स्वभावतः अमूर्त होती है इसलिए उसकी अर्थवत्ता में लचीलापन होता है तथा वह मानवीय अनुभवों को व्यक्त करने में बहुविध उपयोगी होती है। फ़िल्म गतिशील मूर्त बिम्बों की कला है। अतः उसकी भाषा भी गतिशील मूर्त बिम्बों पर आधारित होती है। वस्तुतः फ़िल्म दृश्य-श्रव्य हू-ब-हूपन की एक नयी भाषा है, अनुभव संक्रमित करने का एक नया सांचा, एक नव्यतम दृश्य-श्रव्य कलारूप जो अपने प्रयोगों की जटिलताओं और विस्तार में बहुत कुछ शाब्दिक भाषा के समान है। विगत डेढ़ सौ वर्षों से सिने-कला का विकास फ़िल्म-संस्कृति का विकास है। देखने-सुनने के सीधे ऐंद्रिय बोध से जुड़ी होने के कारण मानवीय चेतना की गहरी उच्च पकड़ से युक्त है। साहित्य की तरह उसमें कल्पना की छूट नहीं होती। शायद इसलिए अंग्रेजी के प्रसिद्ध निबन्धकार चार्ल्स लैम्ब ने शेक्सपियर के नाटकों के प्रेमियों को सावधान करते हुए कहा था, "उन्हें शेक्सपियर के नाटकों पर बनी फ़िल्में नहीं देखनी चाहिए।" फ़िल्म के बिम्बों के माध्यम से जो चरित्र देखते हैं वे हमारी चेतना के अभिन्न अंग बन जाते हैं।

मिर्ज़ा ग़ालिब, अकबर, चारूलता, देवदास आदि सब हमारी संवेदना के अंश बनते हैं। यह फ़िल्म माध्यम का चमत्कार है। वास्तव में एक फ़िल्म स्वप्न या सम्मोहन जैसा कुछ होती है। लेकिन कुछ फ़िल्में 'फेड इन' के क्षणों तक ही जीवित रह पाती हैं, इसके पहले कि वे स्वतः भूल जाई जाये। श्रेष्ठ फ़िल्में "फेड आउट" के बाद भी मानसिकता पर छाई रहती हैं। उन्हें चाहकर भी नहीं भुलाया जा सकता भले ही उससे प्रकम्पित कर देने वाला अनुभव ही क्यों न हुआ हो।

आज फ़िल्म-संस्कृति अपने विविध रूपों में हमारे जीवन में व्याप्त हो चुकी है। टेलीविजन से उसने सामाजिक जीवन में नयी हलचलें पैदा कर दी है।

इसलिए यह सबसे उपयुक्त समय है जब फ़िल्म को गम्भीरता से ग्रहण करना चाहिए। एक लम्बे समय तक दर्शक सिनेमाघर के अँधेरे में अनजान लोगों के साथ अपने अनुभवों को, सपनों को अनजाने ही संजोता रहा और भागीदार बनता रहा। आज उससे भिन्न अपने घर के अन्दर बैठा हुआ छोटे परदे पर भी परिवार के साथ या अकेले चौबीस घंटे चुने हुए कार्यक्रमों के बीच सुख पाता रहता है। समाचार पत्र-पत्रिकाएँ, फ़िल्म-सामग्री, फ़िल्मी-संसार की गप्पों और मनचाहे सितारों की मोहक छवियों से भरे होते हैं। विज्ञापन, रेडियो, गीत-संगीत, ग़ज़ल, कीर्तन, फैशन, बातचीत का तेवर फ़िल्मी तर्ज के दिखाई-सुनाई पड़ते हैं। आम व्यक्ति प्रतिदिन, प्रतिक्षण इनसे टकराता रहता है। इसलिए फ़िल्म को मात्र मनोरंजन मान लेने और जीवन को उसी रूप में ढालने से हमारा सामाजिक जीवन अव्यवस्थित हो रहा है। मानवीय गौरव का भाव लगभग नगण्य हो रहा है। क्योंकि दर्शक मानसिक रूप से फ़िल्म में होता है। वह फ़िल्मगत अनुभव से अपनी दूरी कायम नहीं रख पाता। फ़िल्म माध्यम की यह शक्ति का द्योतक है। दर्शक के सजीव अनुभव होने के कारण इससे उपभोक्तावादी समाज में टेलीविजन के दुरुपयोग का खतरा बढ़ गया है। ऐसी स्थिति में फ़िल्म-संस्कृति के महत् लक्ष्य को सामाजिक अस्मिता की पुनर्खोज की ओर प्रेरित करना होगा।"

फ़िल्म मनोरंजन के अतिरिक्त भी कुछ है, और वह क्या है? उसकी भाषा, विषयवस्तु तथा रूपविधान से क्या सम्प्रेषित हो रहा है, इसे जानना-समझना होगा। यह तभी सम्भव होगा जब फ़िल्म के सौन्दर्यशास्त्र को उसकी परख का आधार, साहित्य तथा अन्य कलारूपों की तरह स्वीकार किया जायेगा क्योंकि कला की कसौटी व्यक्तिगत पसन्द और नापसन्द पर आधारित नहीं होती। कलाकृति के सम्बन्ध में किसी की निजी पसन्द मात्र व्यक्तिगत अभिमत होता है। कलाकृतियाँ साधारण नहीं होती। उनकी जटिल संरचना को विश्लेषित करने के लिए जिस व्याकरण की ज़रूरत होती है वही कृति की श्रेष्ठता को निर्धारित करती है। एक पेंटिंग के रचनाविधान में रेखाओं के पैटर्न को देखना होता है कि वे किस अनुपात में रची गयी हैं तथा किस प्रकार एक दूसरे से मिलती हैं या टकराती हैं। यह पैटर्न दुरुह हो सकता है लेकिन उसकी समझ में ही कलाकृति की समझ निहित है। यह समीक्षक की सजगता का प्रमाण है। फ़िल्म के सन्दर्भ में मुख्य बात यह सुनना है कि जो बिम्बों में रचित और ध्वनित है, उसमें फ़िल्मकार ने क्या कहा है। इसलिए किसी फ़िल्म के अध्ययन के लिए यह जानना आवश्यक है कि फ़िल्म निर्माण में फ़िल्मकार ने विषयवस्तु के अन्तः सूत्रों की जो रचना की है

वे उस कृति को सम्पूर्णता में प्रस्तुत कर रहे हैं तथा क्या अन्ततः सम्पादक के द्वारा दृश्यविधान के विवरणों में स्पष्ट पारस्परिक सम्बन्ध स्थापित किया गया है। फ़िल्म को जानने की यह प्रक्रिया ही कृति की कलात्मक समीक्षा है।

यह प्रायः निश्चित है कि रूपविधान के माध्यम से ही फ़िल्म और साहित्य या अन्य कलाओं के पारस्परिक सम्बन्ध और उनके प्रभाव को समझा जा सकता है। उपन्यास की समीक्षा के सन्दर्भ में हेनरी जेम्स ने बहुत महत्त्वपूर्ण बात कही है जो किसी भी कलारूप के अध्ययन के सम्बन्ध में सटीक हो सकती है। जेम्स का विचार है कि कला चयन और पुनर्विन्यास के सहारे जीवित रहती है। जीवन तो मात्र एक विशृंखलता और अव्यवस्था है, एक अराजकता और हंगामा। यदि जीवन अपनी सम्पूर्ण धारासारता, स्वच्छन्दता और असंगतियों के साथ साहित्य पर हावी होना चाहता है तो साहित्य का कोई भी रूप ऐसा नहीं, यहाँ तक कि चेतना प्रवाहात्मक उपन्यास भी नहीं जो उसकी दुर्दान्त आक्रमक शक्ति के आगे टिक पाये। वस्तुतः यह उसके दबाव से टूट-बिखर जायेगा और धूल में मिल जायेगा। एकमात्र रूपविधान ही ऐसी चीज़ है जो अनुभव को अर्थवत्ता प्रदान करती है। रूपविधान के महत्त्व को स्वीकार करके ही कृति की रचना होती है। फ्रांस की "न्यू वेव" के युगांतकारी फ़िल्मकार ज्याँ लुक गोदार ने सिनेमा के परम्परागत ढाँचे को तोड़ दिया था किन्तु उन्हें भी कहानी कहने के लिए नये रूपविधान की सृष्टि करनी पड़ी। हेनरी जैम्स ने ह्यू बालपोल को अपने एक पत्र में लिखा "रूपविधान ही वस्तु तत्त्व को आधार और स्थायित्व प्रदान करता है"।

फ़िल्म माध्यम साहित्य के अनेक मूल्यों को आत्मसात करता है और फिर फ़िल्म को दृश्यकला में रूपान्तरित कर देता है। इन दोनों माध्यमों को लेकर भ्रम नहीं होना चाहिए। साहित्य या विभिन्न कला माध्यमों—पेंटिंग, संगीत आदि की अभिव्यक्तियाँ उनके कलारूपों की विशेषताएँ होती हैं और वे उन विशेषताओं में श्रेष्ठ हैं। हमें देखना चाहिए कि साहित्य के वे कौन से सरोकार हैं जो उसे फ़िल्म-संस्कृति से जोड़ते हैं।

साहित्य की विविध विधाओं का इस नव्यतम दृश्यकला रूप फ़िल्म से सम्बन्ध जोड़ने का गहरा प्रयास पिछले कुछ दशकों से चल रहा है। यद्यपि फ़िल्म का स्वतन्त्र कलारूप प्रतिष्ठित हो चुका है फिर भी साहित्य के साथ उसके लगाव का प्रश्न सदैव जीवन्त रहता है। फ़िल्म का साहित्य से सम्बन्ध स्थापित करते समय गीत, कविता, नाटक और उपन्यास की प्रायः चर्चा होती रहती है। फ़िल्म के आविष्कार के पांच-सात वर्षों में ही कहानियों पर आधारित फ़िल्में भी बनने लगीं।

इससे कथा-साहित्य और फ़िल्म के सम्बन्धों में एक नयी हलचल हुई। फ़िल्मों में ध्वनि की शुरूआत होने पर उसे नाटक के अधिक निकट माना जाता रहा और एक समय में नाटकीय फ़िल्मों की भरमार रही। किन्तु धीरे-धीरे यह स्पष्ट हो गया कि रंगमंच—जो एक प्रतीकात्मक अभिनय की कला है वह फ़िल्म माध्यम के चित्रांकन तथा ध्वन्यांकन की वास्तविक ज़रूरतों से मेल नहीं खाती।

नाटक में दर्शक अभिनीत दृश्य को उसकी सम्पूर्णता से अधिक दिक्काल में देखता है। वह उसे निश्चित अपरिवर्तनशील दूरी से देखता है तथा एक निश्चित अपरिवर्तनशील दृष्टिकोण से भी देखता है। फ़िल्म इन सिद्धान्तों का प्रतिरोध करती है और एक नया आयाम देती है। फ़िल्म में एक ही दृश्य में दर्शक और अंकित चरित्रों की दूरी में भिन्नता हो सकती है। एक ही दृश्य कई शाट्स में विभाजित हो सकता है तथा कैमरे की स्थिति और परिप्रेक्ष्य में एक शाट् के अन्दर ही परिवर्तन हो सकता है और अन्ततः शाट्स का संकलन जो एक निश्चित क्रम में होता है, उनके समिश्रण या मोंटाज के द्वारा एक नया सौन्दर्य-प्रभाव रच देते हैं जो थियेटर में पूरी तरह अनुपस्थित होता है। यहाँ यह सब कहने का तात्पर्य नाटक और फ़िल्म की तुलना के द्वारा नाटक के महत्त्व को कम करना नहीं है वरन् यह स्पष्ट करना है कि फ़िल्म दर्शक को एक भिन्न रूप से प्रभावित करती है। अतः नाटक और फ़िल्म के समीप होने का भ्रम नहीं होना चाहिए। फ़िल्म एक नये क़िस्म का दिक्-काल रचती है जो व्यक्तिनिष्ठता का इन्द्रियगोचर रूप होता है तथा मानसिक कथ्य को सादृश्य करती है। उससे भी अधिक महत्त्वपूर्ण होता है मनोवैज्ञानिक प्रक्षेपण और प्रतीति के द्वारा दर्शक का अनुभूत होना। यह वह तत्त्व है जो सिनेमा को विशिष्ट, स्पष्ट और अद्वितीय बनाता है।

नाटक की अपेक्षा फ़िल्म के साथ उपन्यास का सम्बन्ध अधिक निकट है क्योंकि फ़िल्म उपन्यास की कहानी को रूपाकार देती है और उसकी शैली भी नयी है। यह सम्बन्ध दोनों रूपों के बीच समाभिरूपता अथवा पारस्परिक आदान-प्रदान का है।

फ़िल्म में चीज़ें एक दृश्याभास के रूप में होती हैं। अतः फ़िल्म को एक ढाँचे की ज़रूरत होती है। यह रूप अपने को एक दिशा में या दूसरी दिशा में प्रस्तुत करता है, कभी बहुत दिशाओं में एक साथ नहीं। जहाँ तक उसके अन्तरंग का प्रश्न है यह यथार्थ नहीं होता। वह अपने को केवल बाहर की ओर प्रदर्शित करने का उपक्रम करने का प्रयास कर पाता है। अतः जो दिखाई पड़ता है वह देखे जाने से भिन्न नहीं होता यानी कि वास्तविक होता है।

उपन्यास भी इसी प्रकार की समस्या का सामना करता है। उसके मूल में भी कहानी कहने की ज़रूरत निहित होती है। वस्तु को कहाँ से देखा जाये, किस कोण से, कितनी दूरी से कितने प्रकाश में। वह स्थान परिवर्तित करता है या स्थिर रहता है। इस प्रकार सब जगह अविच्छिन्न रूप से उपस्थित रहने वाले और दिखाई पड़ने वाले उपन्यासकार को चुनौती का सामना करना पड़ता है। वह अपनी रचना में कोई पात्र न होने पर भी एक मानवीय आँख होता है जैसे सिनेमा में कैमरा। वह मनुष्य को कल्पना लोक से हटाकर यथार्थ भूमि पर तथा केन्द्रीय स्थिति में खड़ा करता है।

यह निश्चित है कि फोटोग्राफी तथा सिनेमा ने संसार को जैसा हम समझते हैं, उससे क्रांतिकारी रूप में बदल दिया। यह इसलिए हुआ कि जहाँ तक मनुष्य का सम्बन्ध है उसके पास ऐसा मस्तिष्क है जो बिम्ब को रचने के लिए संवेदनशील है। उसमें बिम्ब निर्माण करने की क्षमता है। इसलिए वह अमूर्त विचारों की अपेक्षा बिम्बों को सहज ग्रहण करता है।

एक उपन्यासकार तब तक उपन्यास की रचना नहीं करता जब तक वह निरन्तर विभिन्न अवस्थाओं का निर्धारण नहीं कर लेता जो एक कथावाचक के रूप में उसकी परिदृष्टि को घेरे होते हैं तथा उसकी दूरी, गति जिसका सम्बन्ध उस दृश्य से है जिसका वर्णन हो रहा है। इसे सिनेमा की शब्दावली में कह सकते हैं, कैमरा ऐंगल, क्लोज अप, मीडियम शाट् या बिना गति के शाट्स। एक और महत्त्वपूर्ण पहलू है, जो इन दो भिन्न कला-रूपों की सौंदर्यानुभूति के अन्तर को स्पष्ट करता है। वह है दोनों की वर्णन पद्धति, जो आंतरिक रूप से इतनी भिन्न होती है कि एक दूसरे की समानताओं को रोकती है। वस्तुतः उपन्यास की वर्णन पद्धति की सिनेमा में कोई बराबरी नहीं है।

उपन्यास तथा फ़िल्म की समीपता बिम्ब निर्माण में निहित है। कोई लेखक यदि लेखन-कला को इस स्तर पर ले आता है जिससे वह शब्दों के माध्यम से बिम्ब-रचना करता है तो वह भाषा महत्त्वपूर्ण बन जाती है। इस प्रकार वह किसी वस्तु या घटना को मस्तिष्क के आंतरिक पर्दे पर प्रक्षेपित करने में सक्षम हो पाता है। फ़िल्म के साथ उसका यही सरोकार है। फ़िल्मकार के लिए गतिशील मूर्त बिम्ब विषय वस्तु के सम्प्रेषण का आधार होता है। फ़िल्मकार जैसे ही मासिक रचना को छोड़कर गतिशील मूर्त बिम्बों का कलारूप स्वीकार करता है परिवर्तन अपरिहार्य हो जाते हैं। अतः यह निश्चित है कि उपन्यास का प्रयोजन और उसका रचनामूलक साध्य तथा फ़िल्म एक भिन्न सौन्दर्यशास्त्र का प्रतिनिधित्व करते हैं।

फ़िल्मकार किसी वास्तविक घटना में सार्थकता की कुछ के आंतरिक संरचना का प्रत्यक्षण करता है। वह इन चाक्षुष खण्डों या ध्वनिक खण्डों का चयन कर लेता है जो कि इस सार्थकता की अभिव्यक्ति करते हैं। फिर वह उन खण्डों का विन्यास एक ऐसी फ़िल्म संरचना में करता है जो कि वास्तविक घटना की उसके द्वारा उसकी प्रत्यक्षित तात्विक गुणवत्ता को अभिव्यक्त करती है। इसलिए दर्शक किसी घटना के पर्दे पर प्रदर्शित किसी सुनिश्चित बिम्ब से घटना की हूबहू पूर्णता को ग्रहण करता है भले ही वह एक क्रम में जुड़े हुए दृश्यखण्डों या ध्वनिखण्डों मात्र को देख रहा होता है। यही किसी फ़िल्म के आलेखन का रहस्य भी होता है।

फ़िल्मकार बिम्बों के माध्यम से रूप, रस, गन्ध सम्प्रेषित करता है जिसे दर्शक अपने अनुभवों से जोड़ता है। वह प्रतीकों, और रूपकों आदि के द्वारा बिम्बों को समर्थित और व्यंजित करता है। ये सब अर्थ सम्प्रेषित करने के विविध साधन हैं। मूलतत्व है विषय वस्तु की समझ और उसके प्रति फ़िल्मकार की दृष्टि। एस.आइजेंसटाइन के शब्दों में—"एक कलाकृति का निर्माण सम्भव होता है जब कला के विभिन्न संघटकों के अपेक्षित सहअस्तित्व के सन्निधान से कोई कृति आयविक एकता प्राप्त करती है तथा लेखक के विचारों भावनाओं तथा उसकी प्रत्येक सांस के साथ समग्र तथा अविच्छिन्न रूप से वह एकाकार हो जाती है।"

एक कलाकृति तनावों, संकल्पों, सन्तुलन और असन्तुलन तथा लयात्मक संगति का ऐसा संयोजन होती है कि अनिश्चित होने पर भी उसमें अविच्छिन्न एकता होती है। जीवन ऐसे तनावों, सन्तुलन तथा लय की स्वाभाविक प्रक्रिया है। मौनावस्था या भावनाओं में इस सबकी अनुभूति होती है जैसे कि वह हमारे अपने जीवन का स्पंदन है। एक कलाकृति में इस सबकी प्रतीकात्मक अभिव्यक्ति होती है। वस्तुतः कलाकृति में अनुभूति के सभी पक्षों को ऐसे विकसित किया जाता है जैसे कोई एक विचार को एक दूसरे के अनुरूप स्पष्टतया प्रस्तुति के लिए करता है। कलाकृतियाँ मानव-संस्कृति की श्रेष्ठतम देन हैं। साहित्यिक कृतियों के समान कुछ फ़िल्में कलाकृतियाँ होती है; सब नहीं।

फ़िल्म-संस्कृति और साहित्य के प्रस्तुत विवेचन के सन्दर्भ में नया सिनेमा आन्दोलन की फ़िल्मों के महत्त्व को जाना जा सकता है जिनमें भारतीय जीवन अनेक फ़िल्मों में बिम्बित हुआ है।

नया सिनेमा आन्दोलन ने फ़िल्म को एक मानवीय दस्तावेज का स्वरूप प्रदान किया है। वह सामाजिक जीवन पर टिप्पणी होती है क्योंकि नया सिनेमा के निर्देशों के यथार्थबोध ने समकालीन जीवन को कथारूप देने में वृत्त-चित्र

शैली का भी उपयोग किया है। इस प्रकार फ़िल्म कथा कलात्मक रूपविधान में जीवित हो उठी है। इसलिए ये फ़िल्में मुख्यधारा की व्यावसायिक फ़िल्मों से एकदम अलग दिखाई पड़ती हैं। इससे फ़िल्मकार के बदले हुए जीवन-बोध का भी परिचय मिलता है। अतः इन फ़िल्मों को समझने के लिए फ़िल्मकार के यथार्थ-बोध को भी समझना होगा।

परिवर्तित जीवन-बोध के कारण वह अपने परिवेश के प्रति अत्यन्त सजग है। वर्तमान ही उसके लिए सब कुछ है। इन फ़िल्मों की विषय वस्तु में यथार्थ जीवन के चुनाव का आग्रह महज़ चित्रण के लिए नहीं है वरन् उनमें समाधान के खोज की प्रक्रिया भी अन्तरनिहित है। कला की सार्थकता भी यही है कि वह दर्शक को जीवन के महत् लक्ष्य की ओर प्रेरित और क्रियमान कर सके। अतः नया सिनेमा की फ़िल्में कला और दर्शक के बीच कारक का काम करती हैं। बहुत कम ऐसे फ़िल्म निर्देशक हैं जिनका सरोकार फ़िल्म उद्योग से कम तथा समाज और संस्कृति से अधिक है। उन निर्देशकों की भी संख्या कम है जो कुछ नया विचारोत्तजक समकालीन, कलात्मक और प्रयोगात्मक देने का प्रयास करते हैं। स्थापित ढाँचे को तोड़ने के लिए साहस चाहिए वह कम लोगों में होता है।

नया सिनेमा आधुनिक मनुष्य की प्रगति तथा मानवीय संस्कृति के विकास के लिए होने वाले संघर्ष की कहानी है। मनुष्य की "मनुष्य" के रूप में पहचान उसका मूल बिन्दु हैं। इस पहचान की प्रतीति कराने के लिए इन फ़िल्मों का निर्देशक किसी कल्पित संसार की सृष्टि नहीं करता और न दिवास्वप्न देखता है। उसका सरोकार रोज़मर्रा की ज़िन्दगी से है, उस संकट से है जिसका सामना आम आदमी प्रतिदिन कर रहा है। वह मनुष्य को उसकी सम्पूर्णता में देखता है जो अच्छा भी है और बुरा भी है। माध्यम का यह सशक्त उपयोग है।

अभिव्यक्ति के माध्यम के सम्बन्ध में अमेरिका के प्रसिद्ध समीक्षक एडविन न्यूमेन एक्रास द बोर्ड में लिखते हैं—

"अपने अभिप्राय को कहने की अनिवार्यता की अपेक्षा कुछ ही और चीज़ें मस्तिष्क को अधिक कुशलता से केन्द्रित कर पाती हैं। ये तुम्हें आमने-सामने करती हैं कि तुम किसके बारे में कह रहे हो, या वास्तव में क्या प्रस्तावित कर रहे हो। इस प्रकार तुम उस चलताऊ शैली से पृथक् होते हो जो केवल चिन्तन का स्थानापन्न न होकर उसका पूर्वाभास होता है।"

नया सिनेमा की सार्थक तथा कलात्मक फ़िल्मों की विषयवस्तु की प्रस्तुति तथा उसकी सम्प्रेषणीयता के सन्दर्भ में प्रस्तुत दृष्टिकोण के महत्त्व को समझा जा सकता है।

विषयवस्तु फ़िल्म का महत्त्वपूर्ण तत्त्व है। नया सिनेमा में यह उभरकर आया है। उसकी आंतरिक बनावट में पूर्णतः संगति होती है। विषयवस्तु की गहराई को व्यंजित करने के लिए इन निर्देशकों ने उपमा, रूपक, प्रतीक, रूपक-कथा, रूपकाशयोक्ति तथा संकेतों, सादृश्य विधान का सौन्दर्यमय प्रयोग किया है जिससे विषयवस्तु की अर्थवत्ता कई गुना बढ़ गयी हैं। यहाँ यह भी उल्लेखनीय है कि नया सिनेमा की फ़िल्मों के निर्देशकों ने अनेक प्रसिद्ध साहित्यकारों की कृतियों को फ़िल्म की विषयवस्तु का आधार बनाया है और उनका फ़िल्म में रूपान्तरण किया है। किन्तु इन निर्देशकों ने ऐसी कहानियों को कच्चेमाल की तरह इस्तेमाल न करके उन्हें कलात्मक और साहित्यिक आयाम दिया है। ऐसे साहित्यकारों की बहुत बड़ी सूची है जिनकी रचनाओं का फ़िल्म में रूपान्तरण हुआ है। बाँग्ला के रवीन्द्रनाथ टैगोर, विभूति भूषण बन्धोपाध्याय, बनफूल, समरेश बसु, प्रेमेन्द्र मित्र, बिमल मित्र, ताराशंकर बन्धोपाध्याय, हिन्दी के प्रेमचन्द, निर्मल वर्मा, मोहन राकेश, कमलेश्वर, राजेन्द्र यादव, मन्नू भण्डारी, विजयदान देथा (राजस्थानी), कन्नड़ के शिवराम कारंत, यू.आर.अनन्तमूर्ति, मलयालम के बशीर, गुजराती के चुन्नीलाल माड़िया तथा मराठी के विजय तेंदुलकर के नाम उल्लेखनीय हैं।

कोई भी कला आन्दोलन विशिष्ट सामाजिक-राजनीतिक परिस्थितियों की देन होता है। वह जहाँ से शुरू होता वहीं ठहर नहीं जाता है। वह अपने उद्भवकालीन वैशिष्ट्य को संरक्षित रखने के प्रयास में निरन्तर परिवर्तन होता रहता है। कालान्तर में वह शक्तिमान भी होता है और क्षीण भी होता है और उसमें प्रत्यंतर भी होता है। यह सम्पूर्ण प्रक्रिया उसकी जीवन्तता का प्रमाण है। महत्त्वपूर्ण तथ्य यह है कि प्रत्येक आन्दोलन एक समृद्ध परम्परा स्थापित करता है। विगत दो दशकों से भी अधिक समय से नया सिनेमा, फ़िल्म-संस्कृति के माध्यम से भारतीय चेतना का निरन्तर विस्तार करने के प्रयत्न में रत है। नया सिनेमा ने मनुष्य के उस बिम्ब को संरक्षित किया है जिसमें "समय सत्य" के दबावों से नये विश्वास का स्थापन होता है। मानवीय जीवन में नये मानदण्ड स्थापित होते हैं। मनुष्य अपने समस्त परिवेश सहित प्रमुख होने के कारण अधिक आत्मीय लगता है। सम्पूर्ण भारत में, उसकी विविध भाषाओं में, कितने ही निर्देशक आज इस महत्त्वपूर्ण सर्जन कर्म में संलग्न हैं तथा उसके जीवन्त होने के साक्षात् चाक्षुष प्रमाण हैं। आज इन निर्देशकों को किसी आन्दोलन के नाम से जोड़ने की आवश्यकता नहीं रहीं, क्योंकि अपनी रचनाधर्मिता में वे आन्दोलन की प्रतिमूर्ति हैं, और उनकी फ़िल्में उसकी अभिव्यक्ति हैं।

यथार्थवादी दृष्टि को एक पैमाना बनाकर कतिपय फ़िल्म निर्माताओं ने अश्लीलता को महत्त्वपूर्ण बनाया है। फ़िल्म की कथावस्तु, चरित्र-चित्रण, देशकाल, सन्दर्भ तथा प्रस्तुति की अभिनव तकनीक के सहारे पाश्चात्य संस्कृति एवं जीवन शैली को प्रस्तुत करते हुए आर्थिक व्यवसाय की आड़ में यथार्थवादी दृष्टि कहना सही नहीं है। ये फ़िल्म निर्माता अश्लीलता और नैतिकता पर अपने तर्क प्रस्तुत करते हैं।

अश्लीलता और नैतिकता पर बहस पुरानी है। आदिम से सांस्कृतिक-सामाजिक होने की प्रक्रिया में ही अश्लीलता और नैतिकता के सवाल पर विचार होना शुरू हो गया होगा। ऐसा माना जाता है कि अश्लील शब्द ऋग्वेद में प्रयुक्त "अश्रीर" शब्द का—जिसका सायण ने पहले स्थान पर अश्लील और दूसरे स्थान पर श्रीहीन, गुण-विहीन और कुत्सित अर्थ किया है—ही रूपान्तर है। भारत और पश्चिम के काव्यशास्त्रियों ने अश्लीलता की सौन्दर्यबोध के सन्दर्भ में व्याख्या करते हुए उसे एक काव्य-दोष माना है जबकि आधुनिक मनोवैज्ञानिकों, समाजशास्त्रियों, न्यायविदों आदि ने अश्लीलता की प्रकृति और परिभाषा के विषय में व्यक्तिगत और सामाजिक नैतिकता के सन्दर्भ में विचार किया है। इसके साथ ही आधुनिक राज्य व्यवस्थाओं में अश्लीलता को अपराध मान कर उसकी रोकथाम के लिए कानून बनाये गये हैं। इन कानूनों के औचित्य-अनौचित्य पर लगातार बहस चलती रहती है। केट मिलेट और अन्य कई आलोचकों ने अश्लीलता का स्त्रीवादी विचारधारा के परिप्रेक्ष्य में विश्लेषण किया है। इस सारे विवेचन की सीमा यह है कि वह ज़्यादातर लिखित साहित्य के सन्दर्भ में हुआ है। आधुनिक औद्योगिक सभ्यता के उच्च-प्रौद्योगिकी युग में प्रचलित फीचर फ़िल्मों, गैर फीचर फ़िल्मों, टेलीविजन, केबल और इंटरनेट प्रसारणों में अश्लीलता का सवाल नये हैं। जहाँ तक अवैध रूप से प्रसारित नग्न यौनाचार का सवाल है उसे सीधे कानूनन प्रतिबंधित किया जा सकता है। वैसे प्रसारणों पर प्रतिबन्ध होता भी है। इनका निर्माण और प्रदर्शन समाज और कानून से छिप कर ही होता है। बच्चे और किशोर, जिन पर अश्लीलता के दुष्प्रभाव की सर्वाधिक चिन्ता की जाती है उनसे कुछ हद तक बचे रह सकते हैं। लेकिन बाकी बचा हुआ जो कानून-सम्मत प्रसारण है उसमें भी अश्लीलता का सवाल सुलझा हुआ नहीं है और अक्सर बहस का विषय बनता रहता है।

इधर, पिछले कुछ वर्षों से फ़िल्मी तथा गैरफ़िल्मी नाच-गानों, प्रेम-दृश्यों और कुछ विज्ञापनों में स्त्री के शरीर की झटकेदार-मसालेदार नुमाइश भारतीय समाज

के सन्दर्भ में अभूतपूर्व कही जायेगी। कहा जा सकता है कि नग्न यौनाचार की हदों को छूता रमणियों का देह-प्रदर्शन किन्हीं भी कलात्मक और नैतिक मानदण्डों से स्खलित महज कामोत्तेजक होता है। शायद सौन्दर्य पहली बार इतना श्रीहीन और कुत्सित हुआ है। हालाँकि साहित्य, स्थापत्य और चित्रकलाओं में बहुत पहले से स्त्री-शरीर और काम-चेष्टाओं का चित्रण पढ़ने-देखने को मिलता है लेकिन नयी लहर की विशिष्टता यह है कि उसमें शुरू से आख़िर तक बाजारूपन तारी है। बाजारूपन इस मायने में भी कि वह सबके 'कंजम्शन' के लिए होता है। इलेक्ट्रानिक मीडिया की क्रान्ति के चलते इसकी पहुँच समाज के हर तबके और हर उम्र के दर्शकों के लिए एक साथ है। यानी वैश्वीकरण केवल व्यापार का ही पोर्नोग्राफी से लेकर स्त्री देह के खुले प्रदर्शन तक का उद्गम-स्रोत अमेरिका और पश्चिमी यूरोप के देश हैं।

बहुलतावाद की बात करने वाली उत्तर-आधुनिक विचारधारा में, उच्च पूँजीवाद जिसका व्यवस्थागत आधार है, सभी समाजों और सभी उम्र के दर्शकों के लिए सुलभ एक जैसा खुलापन परोसा जा रहा है।

उपभोक्तावाद के नशे में ज़्यादातर मध्य और उच्च वर्ग का युवा गैर फ़िल्मी नाच-गानों की मौज-मस्ती में बहा जा रहा है। इस परिघटना के संगीन सांस्कृतिक आयाम की तरफ ध्यान दिया जा सकता है। लोकसंस्कृति को अब बाजार के रास्ते उतारा जा रहा है।

वर्जनाओं और काम-कुंठाओं से ग्रस्त समाज में खुलापन लाने की आवश्यकता से इन्कार नहीं किया जा सकता। लेकिन साथ ही देह और काम-चेष्टाओं के खुले प्रदर्शन को समस्या का समाधान भी नहीं माना जा सकता। बल्कि समस्या इससे और जटिल होती है। यहाँ ध्यान दिया जा सकता है कि जब से अश्लील देह-प्रदर्शन की बाढ़ आयी है, भारतीय फ़िल्मों में स्त्री-पुरुष सम्बन्धों में काम्य खुलेपन की वस्तु गायब होती चली गयी है।

ऐसा लगता है भारतीय फ़िल्मों में खासकर स्त्री-जीवन से जुड़ी प्रगतिशीलता दम तोड़ चुकी है। ऊपर से तुर्रा यह है कि मनोरंजन के नाम पर जो परोसा जा रहा है वह जनता की रुचि और माँग पर है। यह वर्ग-स्वार्थी तर्क है जिसमें फाइनेंसर, निर्माता, वितरक, अभिनेता ही नहीं माफिया गिरोह और तस्कर भी शामिल हैं।

हिन्दी के नया सिनेमा साहित्य में यथार्थवादी दृष्टि को परख तथा मूल्यांकन इस दृष्टि से महत्त्वपूर्ण है कि आज मानव जीवन को विविध कोणों से सेल्यूलाइड के पर्दे पर चित्रित किया जा रहा है। इसमें दूरदर्शन के विकास की शृंखला में

यदि देखा जाये तो लगता है कि आज आकाश की अनन्त ऊचाई से अतल सागर की गहराई तक फ़िल्म ने अपना असीम साम्राज्य स्थापित कर लिया है। पौराणिक फ़िल्मों से लेकर वर्तमान जीवन की कठोर तथा संघर्षपरक स्थितियों तक को चित्रपट साहित्य ने आत्मसात कर लिया है।

नवीन फ़िल्मों में मानव जीवन से सम्बन्धित आर्थिक चिन्तन, सामाजिक दृष्टिकोण में परिवर्तन, धार्मिक विवेचन, राजनीतिक मूल्यांकन तथा सांस्कृतिक अवमूल्यन आदि मूल्यों पर यथार्थवादी दृष्टि का फ़िल्मांकन किया गया है। यथार्थवादी दृष्टि के माध्यम से समाज की उन स्थितियों-परिस्थितियों की ओर इंगित भी की गयी है जिन पर अधिकांश लोगों की दृष्टि नहीं है। ऐसा करके इन फ़िल्म निर्माताओं ने मानवीय एवं सामाजिक चेतना के जागरण में अमूल्य योगदान किया है।

If you want a happy ending, that depends, of course, on where you stop your story.

—**Orson Welles,** *American film maker*

अध्याय-11

और 21वीं शताब्दी

बीसवीं शताब्दी के नब्बे के दशक तक कला और यथार्थवादी फ़िल्में मुम्बइया फ़िल्मों से समानान्तर दूरी बनाई हुई थीं, लेकिन 1998 में रीलीज हुई रामगोपाल वर्मा की फ़िल्म 'सत्या' ने इस दूरी को तोड़ने की कोशिश की। हालाँकि यह फ़िल्म भी अंडरवर्ल्ड की दुनिया पर आधारित थी, लेकिन यह एक यथार्थपरक फ़िल्म थी, जिसमें रामगोपाल वर्मा ने गहन रूप से शोध किया था। सच कहा जाये, तो यहीं से समानान्तर सिनेमा और व्यावसायिक सिनेमा के अलग हुए रास्ते एक हुए और दोनों सिनेमा के दर्शक भी एक हुए। ऐसी फ़िल्मों की कथाएँ यद्यपि यथार्थपरक ही थीं, लेकिन कुछ एलीमेंट उसमें व्यावसायिकता की भी थी। इस तरह की फ़िल्मों का एक ज़रूरी पक्ष था, इसका आम जन से जुड़ाव। भले ही यह जुड़ाव निम्न वर्ग की समस्याओं से खिसक कर मध्य वर्ग की समस्याएँ हो गयी हों, लेकिन इस सिनेमा को मास द्वारा स्वीकार किया गया। इसके मूल में कारण था कि इस वर्ग का जो यथार्थ था, वह पहली बार परदे पर आ रहा था। उनका वह चेहरा सामने आ रहा था, जिनसे दर्शक वर्ग अपरिचित था। इस तरह 21वीं सदी के आरम्भ के पूर्व ही भारतीय सिनेमा में परिवर्तन की नींव पड़ गयी थी। यह समय तकनीकी विकास का था और कंटेंपरेरी सिनेमा की शुरुआत का भी। हिन्दी सिनेमा अपनी श्रेष्ठता की नयी ऊँचाइयों को छू रहा था। समानान्तर सिनेमा और व्यावसायिक सिनेमा के बीच की दूरी दर्शकों के पॉइंट ऑफ़ व्यू से ख़त्म हो गयी थी। रियलिस्टिक कंटेंट वाली फ़िल्मों को भी कुछ सजावटों के साथ प्रस्तुत किया जाने लगा। फ़िल्म इंडस्ट्री के महँगे कलाकार भी कंटेंट वाली फ़िल्म करने के लिए उत्सुक होने लगे।

सिनेमा का भिन्न स्वरूप यह सिद्ध कर रहा था कि हिन्दी सिनेमा अब काफ़ी परिपक्व हो गया है और हर प्रकार का रिस्क लेने को तैयार है।

उदाहरण के लिए यहाँ हम दो फ़िल्मों की चर्चा कर सकते हैं। 2007 में बनी आमिर ख़ान निर्देशित 'तारे ज़मीन पर' और शिमित अमीन निर्देशित 'चक दे इंडिया', दोनों ही रियलिस्टिक फ़िल्मे हैं, जिनमें कोई हीरोइन नहीं, कोई रोमांस नहीं और न सेक्स और न ही हिंसा।

'1947 : अर्थ' जो कि दीपा मेहता द्वारा निर्देशित और बाप्सी सिध्वा के उपन्यास 'क्रेकिंग इंडिया' पर आधारित थी, भी यथार्थवादी फ़िल्म थी, जो कि भारत-पाक विभाजन की क्रूर सच्चाई पर आधारित थी। किरण राव द्वारा निर्देशित फ़िल्म 'धोबी घाट : मुम्बई डायरी', जनवरी, 2011 में रिलीज हुई जो भारत में प्रदर्शन के पूर्व 2010 में टोरंटो फ़िल्म फेस्टिवल में प्रदर्शित हुई थी। यह सामान्य मुम्बइया फ़िल्म नहीं थी, बल्कि मुम्बई के जीवन के यथार्थ को प्रदर्शित करती हुई थी। यह फ़िल्म मुम्बई के जीवन की ऐसी कथा थी, जिस जीवन से लोग अनभिज्ञ रहते हैं। मुम्बई ही एक ऐसा शहर है, जिसमें अलग-अलग स्टेट के लोग भी आपस में घुल मिल जाते हैं। श्रेणीकरण उनके लिए मायने नहीं रखता। इस चकाचौंध वाली मुम्बई में बहुत लोग आपस में उस रिश्ते को निभाते हैं जो उनके अपने लोग भी नहीं निभाते। इस फ़िल्म में चार चरित्रों की कथा है, जिसमें एक धोबी, एक आर्टिस्ट, एक फोटोग्राफ़र और एक दुखी बहन है।

लेकिन इन मुद्दों से कमर्शियल सिनेमा हरदम बचता रहा। एंटरटेनमेंट, एंटरटेनमेंट और एंटरटेनमेंट से युक्त व्यावसायिक सिनेमा का जो बीसवीं शताब्दी में स्वरूप था वह तो बना रहा, लेकिन समानान्तर सिनेमा और व्यावसायिक सिनेमा की दूरी कम हो गयी और मध्यवर्ग का यथार्थ भी इसमें शामिल हो गया।

डॉ. चन्द्रप्रकाश द्विवेदी की फ़िल्म 'पिंजर' (2003) स्त्री जीवन के यथार्थ की कथा है जो कि अमृता प्रीतम के उपन्यास पर आधारित है। विभाजन की पृष्ठभूमि की बनी यह फ़िल्म महिलाओं की दयनीयता को उभारती है। प्रेम और विभाजन की अन्तर्कथा और त्रासदी को यह फ़िल्म बख़ूबी व्यक्त करती है और वह भी पूरे यथार्थ के साथ। दिवाकर बनर्जी की पहली फ़िल्म 'खोसला का घोसला' (2006) भी सिनेमा की इन धाराओं को मिलाने का कार्य करती है। दिवाकर बनर्जी श्याम बेनेगल, केतन मेहता और रामगोपाल वर्मा की फ़िल्मों से प्रभावित हैं। 'खोसला का घोसला' कमल खोसला की कहानी है, जिसके बहुत ही श्रम से अर्जित धन से ख़रीदे गये प्लॉट के साथ रियल स्टेट डीलर किशन खुराना फ्रॉड करता है। इन दोनों चरित्रों को क्रमशः अनुपम खेर और बोमन ईरानी ने निभाया है। यह एक मध्यमवर्गीय चरित्र की व्यथा-कथा है, और इस यथार्थ के भुक्तभोगी बहुतायत लोग होते हैं।

समानान्तर सिनेमा के पुरोधा श्याम बेनेगल 2008 में 'वेलकम टू सज्जनपुर' लेकर आते हैं। जिसमें उन्होंने स्टारडम से दूर अभिनेताओं को कास्ट करते हैं। यह फ़िल्म एक गाँव की यथार्थ कथा है जो कि उत्तर भारत का गाँव है। यह उस वर्ष की सबसे अच्छी फ़िल्म थी। श्रेयस तलपड़े और अमृता राव इसमें स्टारडम से दूर बहुत ही सहज नज़र आते हैं। इसकी कथा बहुत लाउड नहीं है। सब कुछ सहज और स्वाभाविक। महादेव की भूमिका में श्रेयस तलपड़े ने बहुत ही अद्भुत अभिनय किया है। इस फ़िल्म के माध्यम से बेनेगल समानान्तर सिनेमा और व्यावसायिक सिनेमा पर टिप्पणी करते हुए स्वीकार करते हैं कि पहले समानान्तर सिनेमा और व्यावसायिक सिनेमा में एक दुर्भाग्यपूर्ण विभेदीकरण था। लेकिन सिनेमा का उद्देश्य है दर्शको का मनोरंजन करना और अब मैं महसूस करता हूँ कि यह विभेद अब धीरे-धीरे ख़त्म हो रहा है।

आगे इसी क्रम में और भी फ़िल्में आयी हैं—वेडनसडे (2008), नो वन किल्ड जेसिका (2011), तलवार, आर्टिकल 5, राज़ी, न्यूटन, पान सिंह तोमर, अलीगढ़, लंच बॉक्स, पिंक, मसान, मुक्ति भवन आदि और निर्देशकों में नयी पीढ़ी के अनुराग कश्यम, दिवाकर बनर्जी, अनुभव सिन्हा, मेघना गुलज़ार, नीरज पाण्डेय आदि आदि।

क्या क्या बदला

21वीं सदी में इंटरनेट और टेलीविज़न के आने से लोगों में एक भय था कि सिनेमा अब संकट में है। लेकिन टेलीविज़न और इंटरनेट के माध्यम से सिनेमा और भी स्थिर हुआ है। मोबाइल भी माध्यम बना सिनेमा के अस्तित्व को अक्षुण्ण रखने के लिए, क्योंकि पहले समानान्तर सिनेमा के लिए हॉल मुश्किल से मिल पाते थे, लेकिन अब आपके पास विकल्प है। अब जिन फ़िल्मों में कंटेट है, उनको दर्शक भी मिल रहे है, क्योंकि दर्शक वर्ग अब फ़िल्म देखने को लेकर सजग हुआ है और उसके पास चयन का विकल्प भी है। अब कॉमर्शियल सिनेमा के नायको को भी समझ में आने लगा है कि उन्हें सतही और काल्पनिक कथाओं से हटकर ऐसी फ़िल्में बनानी चाहिए, जो यथार्थपरक हों, लेकिन अब भी फ़िल्म अभिनेताओं का दो वर्ग स्पष्ट है, एक ओर रणवीर सिंह, रणवीर कपूर और सैफ़ अली ख़ान जैसे लोग हैं तो दूसरी ओर आयुष्मान खुराना, नवाजुद्दीन सिद्दीकी, राजकुमार राव, सुब्रत दत्ता और पंकज त्रिपाठी जैसे लोग भी अपनी स्थिति मज़बूती से बनाये रखे हुए हैं। एक महत्त्वपूर्ण बात यह भी है कि अब नायिका प्रधान फ़िल्में भी इस क्षेत्र में अपना वर्चस्व बना रही हैं। नीरजा, बेगम जान, नो वन किल्ड जेसिका आदि

फ़िल्मों ने अपनी छाप छोड़ी है जो कि सत्य घटनाओं पर आधारित हैं। इसी क्रम में देखें तो नागेश कुकनूर की 'तीन दीवारें' (2003) और 'डोर' (2006) अनुराग कश्यप की 'ब्लैक फ्राइडे' (2007), विक्रमादित्य मोटवाने की 'उदय' (2009) इस दिशा में एक सार्थक हस्तक्षेप है। हम यहाँ एक महत्त्वपूर्ण फ़िल्म निर्देशक की चर्चा करेंगे, राष्ट्रीय नाट्य विद्यालय से निकले तिग्मांशु धूलिया की, जो कि सर्व प्रथम शेखर कपूर की फ़िल्म 'बेंडिट क्वीन' से जुड़े थे। बेंडिट क्वीन की मेकिंग से एक पूरी पीढ़ी ही तैयार हुई जो कि आगे चलकर शेखर कपूर की मेकिंग से प्रभावित रही। तिग्मांशु ने 'हासिल' से शुरुआत की थी। पान सिंह तोमर को बेस्ट फीचर फ़िल्म का नेशनल पुरस्कार, इरफ़ान ख़ान को बेस्ट एक्टर और उषा जाधव को बेस्ट एक्ट्रेस का पुरस्कार मिला था।

यह सदी फ़िल्मों के लिए और भी कई परिवर्तन लेकर आया। इंटरनेट का पूरा साम्राज्य स्थापित हो गया। फ़िल्मों की मेकिंग में भी क्रान्तिकारी परिवर्तन आया। फ़िल्में डिजिटल हो गयीं और डिजिटल होने से इसकी मेकिंग आसान हो गयीं। फ़िल्म मेकिंग के कई प्राइवेट स्कूल खुल गये। सर्वसुलभ होने से नयी पीढ़ी भी कैमरे के साथ खेलने लगी और उन मुद्दों पर काम होने लगा जो मुद्दे अभी तक अछूते थे। यद्यपि सिनेमा घरों में ये फ़िल्में प्रदर्शन के लिए नहीं जा पातीं, इसलिए सेंसर की कैंची से भी ये फ़िल्में मुक्त थीं और अभिव्यक्ति की पूरी स्वतन्त्रता थी। फ़िल्में स्टारडम से पूर्णतः मुक्त नहीं थीं लेकिन अधिकांश फ़िल्मों में यथार्थ को लेकर फ़िल्म मेकर्स बहुत गम्भीर थे।

नयी सदी में भारतीय फ़िल्मों को अन्तरराष्ट्रीय प्लेटफॉर्म मिला और भारतीय निर्देशकों और मेकर्स की पीढ़ी को अन्तरराष्ट्रीय फ़िल्मों को देखने, समझने और सीखने का अवसर मिला। इस दौर में बहुत से निर्देशकों की खेप निकली, जिनका बिलीव रियलिस्टिक सिनेमा को बनाने में था। यह दौर विभिन्न्न क्षेत्रीय फ़िल्मो का भी था। हिन्दी ही नहीं बाँग्ला, मराठी, मलयालम में भी फ़िल्मों को लेकर महत्त्वपूर्ण कार्य हुए। 'कांजीवरम' (2007), 'गाँधी माय फ़ादर' (2007), 2010 में सलीम अहमद की मलयालम फ़िल्म 'एडामिंट मकान अबू', जिसे कि बेस्ट फीचर फ़िल्म का पुरस्कार मिला, इस समय की महत्त्वपूर्ण फ़िल्में रहीं। राज कुमार गुप्ता की 'नो वन किल्ड जेसिका' (2011), सौमिक सेन की 'गुलाबी गैंग' (2014), मराठी फ़िल्म 'देउल' जिसे उमेश कुलकर्णी ने निर्देशित किया था, उसे बेस्ट हिन्दी फीचर फ़िल्म का अवार्ड मिला। 2014 में आनन्द गाँधी की फ़िल्म 'शिप ऑफ़ थेसेयस' को 2014 का बेस्ट फीचर फ़िल्म का और राज कुमार राव और

गीतांजलि थापा को बेस्ट एक्टर और एक्ट्रेस का अवार्ड मिला। 2015 में बेस्ट फीचर फ़िल्म का अवार्ड 'कोर्ट' को मिला था जो कि कई भाषाओं में बनी थी।

पुणे फ़िल्म इंस्टीट्यूट से निकले सुशान्त मिश्र ने 2019 में 'जोसेफ बॉर्न इन ग्रेस' का निर्देशन किया। विजय पण्डित और ज़ाकिर ख़ान लिखित इस फ़िल्म को ऑस्कर एवार्ड के एलिजिबिल श्रेणी में शामिल किया गया। इसके साथ ही इसके लेखन, निर्देशन, फ़ोटोग्राफ़ी और कला के लिए कई अन्तरराष्ट्रीय पुरस्कार भी मिला। यह एक अनाथ बच्चे की कहानी है जो कि बहुत ही यथार्थ परक है। इसे उड़िया पृष्ठभूमि के अशोक महापात्र ने प्रोड्यूस किया था।

पुणे फ़िल्म इंस्टीट्यूट से ही निकले सुप्रसिद्ध कैमरामैन व निर्देशक ज्ञान सहाय ने 2017 में 'अ से अनार' फ़िल्म का निर्माण व निर्देशन किया, जो कि उत्तर भारत के प्राइमरी स्कूलों में मिड डे मील की समस्यायों पर आधारित था। इस फ़िल्म को भी कई फ़िल्म समारोहों में पुरस्कृत किया गया। इसका लेखन उमेशचन्द्र उपाध्याय, विजय पण्डित और ज्ञान सहाय ने किया था। कम बजट में ही 2015 में प्रतीक शर्मा और अस्मिता शर्मा ने खुले में शौच की समस्या को लेकर 'गुटुर गूँ' फ़िल्म का निर्माण और निर्देशन किया जो कि कई फ़िल्म समारोहों में प्रदर्शित और पुरस्कृत हुई। इस तरह इन फ़िल्मों की एक लम्बी सूची है। नये निर्माता और निर्देशकों की इस तरह की फ़िल्मों में विश्वास है और उनकी प्रतिबद्धता दिखती है।

इस दौर में महत्त्वपूर्ण कार्य यह हुआ है कि भारतीय फ़िल्म उद्योग में विदेशी निवेश बढ़ा है। वाल्ट डिज्नी, वार्नर ब्रदर्स आदि भारतीय फ़िल्मों को प्रोड्यूस करने के लिए आगे आये हैं। भारतीय कम्पनियाँ यथा एडलैब, वायकॉम, जी.टी.वी., यू.टी.वी. आदि ने फ़िल्म के मेकिंग और वितरण में अच्छी दख़लन्दाजी की है। यह भारतीय फ़िल्मों के लिए एक शुभ लक्षण है, लेकिन इसका एक पक्ष यह है कि ये कम्पनियाँ केवल अपने लाभ के लिए फ़िल्मों का निर्माण और वितरण करती हैं और उनका एक मात्र उद्देश्य लाभ कमाना होता है। वे कहीं से भी रचनात्मकता के नाम पर रिस्क लेने के लिए तैयार नहीं हैं और यही कारण है कि जीवन से जुड़े यथार्थपरक फ़िल्में उनकी प्राथमिकता में नहीं आतीं।

सार्थक और यथार्थपरक फ़िल्मों पर फ़िल्मकार व पत्रकार राजीव सक्सेना की टिप्पणी के अनुसार–"माहौल के मुताबिक कथा-पटकथा के सूत्र बुनकर, फ़िल्में बनाई जायें तो समाज के लिए सिनेमा या सिनेमाकार की प्रतिबद्धता साबित होती है। सत्तर से अस्सी के दशक के बीच सार्थक फ़िल्मों ने ख़ासा ज़ोर पकड़ा था। मुद्दों को लेकर बनाई जाने वाली फ़िल्मों, ख़ास कर हिन्दी फ़िल्मों के फाइनेंसरों

में, इनके अवार्ड जीतने और फेस्टिवल में सीमित होकर रह जाने का जोखिम बना रहा है। श्याम बेनेगल, गोविन्द निहलानी, सुधीर मिश्रा जैसे धुरन्धरों से लेकर मधुर भण्डारकर, महेश मांजरेकर, अनुराग कश्यप तक इस कड़वे सच से बच नहीं पाये हैं। श्याम बेनेगल ने 'जुबेदा' में रेखा, करिश्मा कपूर और मनोज बाजपेयी सरीखी व्यावसायिक स्टार कास्ट लेकर लीक बदली। वहीं प्रकाश झा ने 'अपहरण', 'मृत्युदण्ड' और 'गंगाजल' से बाज़ार की पसन्द को अपनाया। आज प्रकाश झा, रामगोपाल वर्मा की तर्ज़ पर उनसे बड़ी फ़िल्म फैक्टरी चला रहे हैं, जो पाँच साल में दस प्रोडक्ट बाहर निकालती है।

ठेठ व्यावसायिक प्रतिस्पर्धा के बीच भी सोंधी महक के साथ आर. बाल्की, श्रीनारायण सिंह जैसे फ़िल्ममेकर उभर कर आये हैं। 'पैडमैन', 'बत्ती गुल मीटर चालू', 'टॉयलेट एक प्रेमकथा' जैसी फ़िल्में लेकर। अनुराम कश्यप की 'साँड़ की आँख' टाइटल थोड़ा अजीब लगेगा, पर फ़िल्म पर फिट बैठता है। 'शरीर बूढ़ा होता है, मन नहीं' स्लोगन के साथ। इस फ़िल्म की पटकथा में यू.पी., हरियाणा के सीमावर्ती इलाक़े की अधेड़ से कुछ ज़्यादा उम्र की दो महिलाओं के बहाने लक्ष्य के पीछे लगे रहने से कामयाबी मिलती ही है और सीखने की कोई उम्र या जेंडर नहीं होता, जैसे सन्देश सम्प्रेषित किये गये हैं।

पर, नये निर्देशक तुषार हीरानन्दानी के 'होम वर्क' और कंटेंट पर पकड़ की तारीफ़ बेमानी नहीं होगी। तापसी पन्नू को 'पिंक' सरीखा निर्देशक मिले तो उनकी प्रतिभा खुल कर निकलती है वरना 'वीरे दी वेडिंग' की तरह फ़िज़ूल भी जाया हो सकती है, जिसमें 'बोल्डनेस' की अति भी बर्दाश्त के बाहर साबित हुई। भूमि पेडनेकर को 'दम लगा के हइसा' व 'टॉयलेट' फ़िल्मों से सीखने को मिला, जो अभिनय में स्वाभाविक निखार लाने में पर्याप्त था। बहुत बड़ा बजट या स्टार कास्ट ही किसी हिन्दी फ़िल्म को, मल्टीफ्लेक्स संस्कृति के चूजी क़िस्म के दर्शकों के बीच जगह दिला सकती है। हाल की कुछ फ़िल्में इसकी अपवाद रही। 'साँड़ की आँख' भी इसी बात को रेखांकित करती है। कुछ वजह हुआ करती हैं कि 'टर्निंग थर्टी, लिपस्टिक अंडर द बुर्का' जैसी लीक से हटकर बनीं फ़िल्मों को ऑडियंस ने नोटिस नहीं किया, और वहीं कुछ बात होती है कि 'साँड़ की आँख' को 'ख़ास' भी मिला और 'मास' भी।

नयी पीढ़ी के तेवर

'हमारी सिनेमा और उनकी सिनेमा' के तर्ज पर परम्परागत फ़िल्म निर्माण के विरोध में एक नयी पीढ़ी हरदम सामने आती है और यह पीढ़ी आज हमारे सामने है।

इस पीढ़ी की फ़िल्म एक तरह से परम्परागत फ़िल्मों के प्रति विद्रोह की पीढ़ी है। उनका विद्रोह हर तरह से है, चाहे बड़े फ़िल्मी कम्पनियों के सामने याचना करके पैसे लगवाने की बात हो, कंटेंट की बात हो, स्टोरी टेलिंग के तरीक़े की बात हो, ट्रीटमेंट की बात हो या फ़िल्मों के वातावरण और प्रदर्शन की बात हो। यह पीढ़ी अपने तेवर के साथ खड़ी है और वह भी मुम्बइया फ़िल्मों के एकदम समानान्तर। ये पीढ़ी अपने को विश्व सिनेमा के परिप्रेक्ष्य में देखती है।

यहाँ इस समानान्तर दस्तक को समानान्तर सिनेमा के रूप में कतई नहीं देखना चाहिए। यह जान-बूझ कर क्रिएट किया हुआ टर्मिनोलॉजी नहीं है। इधर विगत एक दशक के सिनेमा को इस रूप में भी लेना चाहिए कि इस पीढ़ी के फ़िल्मकारों ने उस दूरी को पाटा है, जो समानान्तर और मुम्बइया सिनेमा के बीच की रही है।

एक दौर में ऐसा था कि समानान्तर और थर्ड सिनेमा के नाम पर ही दर्शक वर्ग को दो भागों में बाँट दिया गया था। सार्थक सिनेमा और मुम्बइया सिनेमा। साफ-साफ ये दूरी बनाई गयी थी, लेकिन ये पीढ़ी उस दूरी को पाटते हुए अपने ढंग के सिनेमा में आस्था जगायी है और यह सिनेमा है मौलिक कथ्य वाला, अर्थपूर्ण सिनेमा जो कि एक ओर बॉक्स ऑफ़िस को अपने दायरे में लेता है और दूसरी ओर यश चोपड़ा, करण जौहर और महेश भट्ट के स्कूल को भी नकारता है।

हमें तो अपने पन्थ ही प्यारे हैं

अगर प्रकाश झा, गोविन्द निहलानी, केतन मेहता के दौर को छोड़ दिया जाए तो वर्तमान पीढ़ी में पहला नाम अनुराग कश्यप का आता है। अनुराग कश्यप ने अपनी एक परम्परा स्थापित की है और उस परम्परा ने पूरी-की-पूरी एक पीढ़ी भी तैयार की है। अनुराग का तेवर पहली फ़िल्म से ही कड़क रहा है, हर मायने में—प्रजेंटेशन से लेकर कंटेंट तक। इसी कारण उनकी पहली फ़िल्म 'पाँच' को सेंसर से भी जूझना पड़ा, लेकिन वे अपने तेवर से कभी समझौता नहीं किये। 'पाँच' के बाद 'देव डी' और इस यात्रा की परिणति 'गैंग ऑफ़ वासेपुर' की सीरीज। एक तरह से सबकी सब फ़िल्में हर मायने में लीक से हटकर और कन्वेंशनल फ़िल्म मेकिंग से विद्रोह करने वाली। वे जिस तरह की फ़िल्मों में आस्था रखते हैं उसको लेकर वे दृढ़ रहते हैं, फ़िल्म कोई ख़रीदे या न ख़रीदे, लेकिन वे बनायेंगे उसी तरह की फ़िल्म जैसा कि वे चाहते हैं। 'गैंग्स अॅफ़ वासेपुर' एकदम अनुराग के तर्ज की सिनेमा है, जो इस पीढ़ी के दर्शकों को प्रभावित तो करती ही है, आज के उन फ़िल्मकारों को भी प्रभावित करती है जो अनुराग के तर्ज की सिनेमा में विश्वास करते है। सिनेमा के उस पीढ़ी को भी प्रेरित करती है,

जो कि फ़िल्म मेकिंग के तमाम रूढ़ियों को तोड़ देना चाहता है। अनुराग की फ़िल्म परम्परा कहने का यह भी अर्थ नहीं कि यह पीढ़ी उनके सिनेमा के हर एलीमेंट में विश्वास करती हो, लेकिन इतना तो तय है कि हम अपने ढंग से काम करेंगे, बिना मुम्बइया फ़िल्मी भगवानों के आशीर्वाद के और यह पीढ़ी सफल भी इसलिए है, क्योंकि यह वर्तमान पीढ़ी के दर्शकों के नब्ज़ को समझते हैं। अनुराग के इसी आत्मविश्वास ने फ़िल्म 'गैंग्स ऑफ़ वास्सेपुर' सीरीज को बॉक्स ऑफ़िस पर हिट किया। अनुराग अपनी फ़िल्मों में सदैव फ़िल्म-शुचिता के विरोध में खड़े होते हैं। हिन्दी साहित्य के राजकमल चौधरी और काशीनाथ सिंह की तरह। अनुराग जैसे आज के निर्देशकों की पीढ़ी भी उसी तरह के सिनेमा में विश्वास करती है, बिना सजाये-सँवारे, इत्र-फुलेल से रहित।

तो वह क्या है, जो अनुराग कश्यप के बहाने समकालीन फ़िल्मकारों को कन्वेंशनल सिनेमा से अलग करती है? सच तो यह है कि यह पीढ़ी सांस्कृतिक विचारों और अभिव्यक्तियों में स्वतन्त्रता चाहती है, पूर्ण स्वतन्त्रता। यहाँ तक कि उन्हें सिगरेट के दृश्य में स्क्रीन पर आने वाले उस कैप्शन पर भी ऐतराज है, जो कि स्वास्थ्य के नफ़ा-नुक़सान की बात करता है। वे चाहते हैं कि वे जब दृश्य दिखायें, कोई भी बाहरी अतिक्रमण न हो और दृश्य के साथ-ही-साथ अपने सिनेमा को लेकर भी यही अपेक्षा रखते हैं और यही तेवर सबको भाता भी है। वे किसी भी विषय को भी अपना कथानक बनाने के लिए तैयार हैं। चाहे वह 'गे' हो 'लेस्बियन' या नारी-पुरुष के सम्बम्धों की कोई भी विविधता हो।

राहुल ढोलकिया, जहाँ अपनी फ़िल्म 'परज़ानिया' में गुजरात के मुद्दे को उठाते है, वहीं पर अगली ही फ़िल्म 'लमहा' में कश्मीर की महिलाओं की समस्याओं को लेकर ताना-बाना बुनते हैं। निष्ठा जैन अपनी डॉक्यूमेंट्री 'गुलाबी गैंग' में सम्पत पाल को विषय बनाती हैं। अभिषेक चौबे की 'डेढ़ इश्किया' स्त्री अन्तर्मन के कई परतों को खोलती है। दूसरी ओर आनन्द गाँधी 'शिप ऑफ़ थेसिअस' के बाद 'न्यू बोर्न' नाम से एक प्रायोगिक डॉकुमेंट्ररी फ़िल्म प्रोड्यूस करते हैं, जो कि उन महिलाओं की दास्ताँ बयान करती है, जिन पर एसिड अटैक हुआ है, और इस तरह के कई नाम हैं, जो कि अपने ढंग से सेल्यूलायड पर नये प्रतिमान गढ़ते हैं।

अनुराग बसु-बर्फी, तिग्मांशु धूलिया-पान सिंह तोमर, साहब बीबी और गैंगेस्टर, गौरी शिन्दे-इंग्लिश विंग्लिश, शूजित सरकार-विकी डोनर, उमेश शुक्ल-ओह माय गॉड, सुजॉय घोष—कहानी, रितेश बत्रा-लंच बॉक्स, विक्रमादित्य मोटवाने—उड़ान और इन नामों के अलावा अन्य वे नाम जो कथ्य के साथ अलग

काम तो कर ही रहे हैं, बड़े वितरकों के अभाव में अपनी फ़िल्मों के प्रदर्शन के लिए अलग उपाय भी कर रहे हैं और इस तरह के तेवर के कई लोग हिमायती हैं और भले ही कंटेंट और प्रजेंटेशन को लेकर इस पीढ़ी के फ़िल्मकारों में विविधता रही हो, लेकिन उनका सिनेमा निकलता है उनके ही तरीक़े से। तो देखा जाये तो यह पीढ़ी अपने निर्माण के तरीक़े और साथ-ही-साथ प्रदर्शन के तरीक़े में भी स्वतन्त्रता चाहती है और उसके लिए वह किसी भी सीमा तक जा सकती है। हाँ, अगर इस स्वतन्त्रता को लोग उन्मुक्तता की श्रेणी में रखें, तो भी उन्हें कोई परहेज़ नहीं है।

ज्ञान कोरिया की गुजराती फ़िल्म 'द गुड रोड' का ऑस्कर के लिए दस्तक इसी तरह के सिनेमा के प्रति प्रतिबद्धता दिखाता है। हालाँकि इस दौड़ में शेष जो भी फ़िल्में थीं उसमें आनन्द गाँधी की 'शिप ऑफ़ थेसिअस' और रितेश बत्रा की 'लंच बॉक्स' भी थीं और ये तीनों फ़िल्में भले ही कथ्य या प्रस्तुति को लेकर एक दूसरे से भिन्न रही हों, लेकिन एक मामले में इनमें एक साम्यता थी, वह यह कि इन सभी का हिन्दुस्तान में रिलीज़ होना ही मुश्किल था। कोई तैयार नहीं था इसे रिलीज़ करने के लिए। हाँ, इन दो फ़िल्मों के अलावा एक नाम और था, जो विदेशी लाइव एक्शन शॉर्ट केटेगरी में नामांकित किया गया था और वह था मुम्बई के 22 वर्षीय शुभाशीष भुटियानी की फ़िल्म 'कुश'। शायद ही हिन्दुस्तान के दर्शक शुभाशीष या 'कुश' का नाम भी सुने हों।

ये सभी फ़िल्में एक अलग जज्बे के साथ बनी थीं। हाँ, केवल एक फ़िल्म थी—'भाग मिल्खा भाग' जो कि बड़े बजट और स्टारों से लकदक थी। लेकिन शेष चारों फ़िल्में ये स्पष्ट संकेत देती हैं कि अब बिग बैनर और बड़े स्टारों के सामने यह फ़िल्मकार नतमस्तक नहीं हैं और पूरे आत्मविश्वास और अपनी शर्तों पर अपने सिनेमा को दिखाने जो कि यथार्थपरक हैं, के लिए प्रतिबद्ध हैं।

डिस्ट्रीब्यूशन और रिलीज़ : तू नहीं तो कोई और सही

स्टारों और बड़े प्रोडक्शन हाउस का कन्धा न मिलने पर जो सबसे बड़ी समस्या होती है, वह है ख़रीदारों की। तो संकट यही से शुरू होता है। चलो फ़िल्म तो बन गयी पर खरीदेगा कौन? यह डर इस तरह के सिनेमा में विश्वास करने वालों को बहुत दिनों से परेशान करता रहा, लेकिन अब और डर नहीं। उसका भी रास्ता निकालेंगे हम। न दैन्यं न पलायनम्। अगर हमने फ़िल्में बनाई हैं तो हम इसे दिखाने का भी माद्दा रखते हैं। ठीक है, आप यहाँ नहीं खरीदेंगे तो विकल्प है हमारे पास! नागेश कुकनूर अपनी फ़िल्म 'लक्ष्मी' को हिन्दुस्तान में रिलीज़ करने

के सम्बन्ध परेशान हो रहे थे। हॉलाकि यह संकट सेंसर बोर्ड का था, लेकिन कड़वा सच तो यही है कि ऐसी बहुत-सी फ़िल्मों को ख़रीदार ही नहीं मिलते। यह अपने आप में एक बहुत बड़ी विडम्बना है कि हिन्दुस्तान में बनी फ़िल्मों के ख़रीदार और वितरक हिन्दुस्तान में ही नही हैं, लेकिन फ़िल्म तो दिखाई जायेगी ही। यहाँ नहीं तो नेशनल और इंटरनेशनल फ़िल्म फेस्टिवल में ही सही। नागेश कुकनूर ने भी वही किया। पहला प्रदर्शन कैलीफोर्निया के 'पाम स्प्रिंग इंटरनेशनल फ़िल्म फेस्टिवल' में और वह भी हाउस फुल शो।

इस दौर के कई निर्देशक इस तरह के प्रदर्शन को आज़मा रहे हैं। हिन्दी के तो हैं ही, अन्य भाषाओं के भी। जैसे विगत सालों अविनाश अरुण की 'किला' और पुष्पेन्द्र सिंह की 'लाजवन्ती' का ओपनिंग 'बर्लिन फ़िल्म फेस्टिवल' में किया गया। उसके बाद यहाँ के डिस्ट्रीब्यूटरों का भी ध्यान इस तरफ़ गया।

ऑस्कर में भेजी गयी फ़िल्म 'द गुड रोड' का भी यहीं हाल हुआ था। इसका नतीजा यह हुआ कि यहाँ के लोग भी अब चेतने लगे हैं और इस कारण नये फ़िल्मकारों की आशाएँ मृत नहीं हुई हैं। स्टारों और बड़े प्रोडक्शन हाउस भी इस तरह के प्रोजेक्ट को अपना कन्धा देने के लिए आगे आने लगे हैं। निर्देशक किरण राव भी इनमें से एक हैं, क्योंकि वे इस तरह के सिनेमा में विश्वास करती हैं। इसलिए वे खुल कर समर्थन में आगे आकर ऐसे प्रोजेक्ट को सपोर्ट कर रही हैं और नये फ़िल्मकारों के लिए सहायक भी सिद्ध हो रही हैं। आनन्द गाँधी की फ़िल्म 'शिप ऑफ़ थेसियस' को आगे लाने में उनका बहुत बड़ा योगदान रहा है। इसी क्रम में मुम्बई के फ़िल्मकार कमल स्वरूप की फ़िल्म 'ओम दर-ब-दर' जो कि आज से क़रीब 30 साल पहले बनी थी, पाँच वर्ष पूर्व सिनेमा हाल में रिलीज़ हुई।

कमल स्वरूप ने तो कभी सोचा भी नहीं होगा कि उनकी फ़िल्म थिएटर का मुंह देख पायेगी लेकिन नयी पीढ़ी के इस प्रतिबद्ध फ़िल्मकारों ने एक मंच पर आकर इसमें अपना योगदान दिया और एक बहुत ही अलग विषय और ट्रीटमेंट वाली इस फ़िल्म को लोगों ने देखा।

ओ टी टी यानी ओवर द टॉप

कथाकार और फि़ल्म विश्लेषक डॉ. लक्ष्मी शर्मा के अनुसार–"बीसवीं सदी के अंतिम दशक में आरम्भ हुए, दर्शक के समय, सुविधा, भाषा और रुचि के अनुसार हुकुम बजाने वाले इस विश्वव्यापी ओ टी टी माध्यम के नेटफ्लिक्स, अमेज़न, डिज्नी, जी-5 और हॉट स्टार आदि मंच अर्थ-समर्थ दर्शकों में लोकप्रिय हो गये।

सिनेमा हमेशा से ही भारतीय दर्शक की पहली पसन्द रहा है, इस मंच पर भी उसने सबसे ज़्यादा (विश्व सिनेमा के साथ) हिंदुस्तानी, खासकर हिंदी सिनेमा देखा। फ़िल्म-निर्माताओं ने भी इस परिवर्तन को भांप कर बहुत सी फ़िल्में केवल इस माध्यम को दृष्टिगत रखते हुए बनाई जिनमें गैंग्स ऑफ वासेपुर जैसी हिंसा प्रधान और ऑक्टोबर जैसी खूबसूरत रोमानी फ़िल्में हैं।

अब तक एक विशिष्ट वर्ग में देखा जाने वाला ओटीटी वैश्विक महामारी कोरोना के समय, जब इंसान की ज़िन्दगी घर में कैद हो कर रह गयी थी और वह मनबहलाव के लिए अन्तरजाल के असीमित मायाजाल और सोशल मीडिया के विभिन्न मंचों पर निर्भर हो गया था, आम लोगों की पहली पसन्द बन गया। किन्तु आम भारतीय का सिने-प्रेमी मन सिनेमा में ही रमता है। ऐसे में यूट्यूब, दूरदर्शन आदि पर पुरानी फ़िल्मों से उकता कर उसने ओटीटी का रुख किया।

इस दौर में सबसे ज़्यादा फ़िल्में ओटीटी के लिए बनी। लेकिन ज़्यादा महत्त्वपूर्ण तथ्य यह है कि इस दौर में प्रेमकथा (सीतारामम), हिंसा (केजीएफ), हॉरर (तुम्बाड़), फेमिली ड्रामा (गुड बाय), कॉमेडी (मेड इन चाइना), राजनीति (आर्टिकल पन्द्रह), और विचार प्रधान (न्यूटन) जैसे प्रचलित विषयों पर तो फ़िल्में बनी ही, इन से हट कर उन विषयों पर फ़िल्में बनीं जिन पर अब तक या तो बात ही नहीं की जाती थी या वे अब तक निषेध थे।

'ड्रीमगर्ल' मनुष्य के अवचेतन में बैठी उस शाश्वत कामना की अभिव्यक्ति है जो दुनिया से अलग एक मनमीत चाहता है। 'बधाई हो' उतरती उम्र में माता-पिता बनने पर मज़ाक बनाते समाज के मुंह पर तमाचा है। 'इज लव इनफ़ सर' जैसी ऑफ बीट विषय वाली फ़िल्म ने भी खूब ध्यान खींचा तो 'खानदानी शिफाखाना' जैसी फ़िल्में हास्य के माध्यम से कंडोम जैसी अनिवार्य वस्तु पर मुँह खोल कर बात करती हैं। 'डार्लिंग्स' जैसी घरेलू हिंसा और उसके प्रतिरोध को दर्शाती फ़िल्में भी खूब सराही गयीं।

LGBT, अर्थात समलैंगिक, उभयलिंगी, परलिंगी और अतृप्त यौनिकता के चलते विवाहेतर हो जाने वाले सम्बन्धों पर बात करने से बचने वाले पारम्परिक समाज में इस तरह की विमर्शात्मक फ़िल्में बनना और देखे जाना एक नया और शुभ संकेत है कि जैविक रूप से सामान्येतर यौनिकता को हम सहजता से लेते हैं। 'शुभ मंगल ज़्यादा सावधान', 'बधाई दो' और 'लिपस्टिक अंडर माय बुरक़ा' जैसी फ़िल्में इस बहस में सार्थक हस्तक्षेप की तरह आई हैं।

हाल प्रदर्शित दो फ़िल्में 'क़ला' और 'डॉक्टर जी' दर्शकों के बीच पर्याप्त चर्चित-आलोचित हो रही हैं।

'क़ला' यानी 'दुश्मनी' एक मां बेटी के आपसी सम्बन्धों की जटिलता को लेकर बेहतरीन कलात्मकता से बनी फ़िल्म है जो दर्शक को किसी और दुनिया में ले जाकर अकेला छोड़ देती है। वहीं 'डॉक्टर जी' शालीन हास्य के माध्यम से उस भारतीय मिथ पर प्रहार करता है कि स्त्री रोग और प्रसूति विशेषज्ञ केवल स्त्रियाँ ही बन सकती हैं।

कह सकते हैं कि बदलते वैश्विक परिदृश्य में नए मंच के सिनेमा का यह नया रूप बदलते दर्शक की विकसित होती चेतना की बानगी है।''

समस्या है तो समाधान भी है : क्राउड फंडिंग की अवधारणा

पर इस तरह की सिनेमा की शुरुआत ही संकटों से होती है। ऐसी फ़िल्में बने तो बने कैसे? मुम्बइया फ़िल्म इंडस्ट्री तो सेटअप से चलता है। किसी भी प्रोड्यूसर या फाइनेंसर से जब भी आप अप्रोच करते हैं तो पहला सवाल यही आता है कि सेटअप क्या है। सेटअप बोले तो स्टार कास्ट है क्या? अमिताभ, शाहरुख़, अक्षय, करीना, दीपिका? किसी भी स्टार को लेकर आओ और फ़िल्म का फाइनेंस ओके। समस्या की शुरुआत यहीं से होती है, क्योंकि पैसे लगाने वाले को वापसी की गारंटी चाहिए और उनके हिसाब से वापसी की गारंटी स्टार ही दे सकता है। आप किसी का भी कंसेंट लेकर आइए। सेटअप तैयार कर दीजिए। सेटअप तैयार तो फाइनेंसर तैयार। अब नयी पीढ़ी के ये फ़िल्ममेकर जो विश्व सिनेमा के परिप्रेक्ष्य में अपने को देखते हैं, उनके लिए संकट का दौर शुरू हो जाता है। फ़िल्म के लिए पैसे तो चाहिए न। फाइनेंसर या प्रोड्यूसर को अच्छी कहानी से कोई वास्ता नहीं होता।

वह कहता है स्टार रहेंगे तो कहानी अपने आप बन जायेगी। उसे अच्छे सोच वाले निर्देशक की भी की ज़रूरत नहीं है। उसे तो बस अपने पैसे वापस चाहिए और वह भी बम्पर कमाई करके। अब निर्देशक जाये तो जाये कहाँ। लेकिन दरवाज़ा यहीं बन्द नहीं होता। क्राउड फंडिंग है एक बड़े विकल्प के रूप में और यह ऐसे फ़िल्मकारों के लिए वरदान साबित हो रहा है, जिनके पास बजट नहीं है, स्टार नहीं हैं। सेटअप नहीं है, लेकिन है तो जबर्दस्त स्टोरी लाइन और एक अलग तरह की फ़िल्म बनाने का जज्बा। विकल्प ख़ूब फल-फूल रहे हैं। क़रीब 300 लोगों ने संजय सूरी की फ़िल्म 'आई एम', जिसका निर्देशन ओनीर ने किया था, के लिए क्राउड फंडिंग की। सभी जानते हैं कि इस फ़िल्म को नेशनल अवार्ड मिला। उसके बाद संजय सूरी, विकास मिश्र की फ़िल्म 'चौरंगा' के लिए

इसी तरह के प्रयोग किये गये। ब्रिटिश फ़िल्म इस्टीट्यूट ने अनुराग कश्यप की फ़िल्म 'मानसून शूट आउट' के लिए 50 लाख रुपये की मदद की। इस फ़िल्म की सेटलाइट राइट्स फ्रांस के ब्रॉडकास्टर 'आत-फ्रांस' द्वारा पाँच करोड़ में पहले ही ली जा चुकी है। इसी तरह फ़िल्म मेकर श्रीनिवास सुन्दरराजन ने अपनी फ़िल्म 'ग्रेटर एलेफंट' के लिए क्राउड फंडिंग का सहारा लिया। इस तरह के कई प्रयोग हो रहे हैं। जिस के कारण अपनी तरह की सिनेमा बनाने का साहस आ रहा है।

तो कुल मिलाकर देखा जाये तो भले ही 'पनघट की डगर' कठिन हो, लेकिन आज के फ़िल्मकार इस फिसलन से बिना डरे हुए अपनी गगरी भरने के लिए तैयार हैं। अगर कहीं पनघट नहीं भी है तो कुदाल-फावड़ा लेकर पनघट बनाने के लिए तैयार हैं। क्योंकि उन्हें अपनी तो प्यास बुझानी ही है। साथ-ही-साथ उन दर्शकों की भी प्यास बुझानी है, जो एक अलग तरह की सिनेमा में आस्था रखते हैं और उसकी उनमें प्यास है।

नयी सदी ने यथार्थपरक सिनेमा का खुलकर स्वागत किया है और भारतीय सिनेमा कहीं से भी विश्व सिनेमा से कमतर नहीं है।

परिशिष्ट

1. सन्दर्भ ग्रन्थ

1. हिन्दी कहानी में यथार्थवाद—डॉ. नूरजहाँ।
2. हिन्दी उपन्यास और यथार्थवाद—डॉ. त्रिभुवन सिंह।
3. साहित्य का उद्देश्य—प्रेमचन्द।
4. साहित्य सहचर—डॉ. हजारी प्रसार द्विवेदी।
5. मार्क्सवाद और साहित्य—महेश चन्द्र राय।
6. आधुनिक साहित्य—आचार्य नन्ददुलारे बाजपेयी।
7. काव्य और कला तथा अन्य निबन्ध—जयशंकर प्रसाद।
8. सिद्धान्त और अध्ययन—डॉ. गुलाबराय।
9. भारतीय फ़िल्मों की कहानी—बच्चन श्रीवास्तव।
10. भारतीय फ़िल्मों का इतिहास—करुणा शंकर।
11. भारतीय चलचित्रों का इतिहास—फिरोज रंगूनवाला।
12. समकालीन भारतीय कला—विनोद भारद्वाज।
13. हिन्दी फ़िल्मों में साहित्यिक उपादान—डॉ. विश्वनाथ मिश्र।
14. सवाक् भारतीय हिन्दी फ़िल्म : उद्‌भव-विकास—डॉ. वी.एन. शर्मा
15. नया-सिनेमा—विनोद भारद्वाज।
16. सिनेमा की संवेदना—विजय अग्रवाल।
17. समय और सिनेमा—विनोद भारद्वाज।
18. सिनेमा-नया सिनेमा—व्रजेश्वर मदान।
19. भारतीय नया सिनेमा—सुरेन्द्रनाथ तिवारी।
20. गुरुदत्त : तीन अंकीय त्रासदी—अरुण खोपकर।
21. विमल राय—रिंकी भट्टाचार्य।

22. राज कपूर—श्रीराम ताम्रकर।
23. भारतीय चलचित्र—डॉ. महेन्द्र मित्तल।
24. हिन्दी के उत्कृष्ट चलचित्र गीतों का साहित्यिक अनुशीलन—डॉ. ओंकार प्रसार माहेश्वरी।
25. चलचित्र—जगदीश कुमार निर्मल।
26. भारतीय सिनेमा का इतिहास—आर.एन. सक्सेना।
27. भारतीय समानान्तर चित्रपट साहित्य और उसकी उपलब्धियाँ—डेजी वालिया।
28. लेखक का सिनेमा-कुँवर नारायण

2. अंग्रेजी सन्दर्भ ग्रन्थों की सूची

1. दि न्यू इंडियन सिनेमा—अरूणा वासुदेव।
2. सिनेमा एण्ड आई—ऋत्विक घटक।
3. दि सिनेमा ऑफ़ ऋषिकेश मुकर्जी—डॉ. किशोर बालीचा।
4. नोट्स ऑन सिनेमेटोग्राफर—रेबार ब्रैसों।
5. व्हाट इज़ सिनेमा—आन्द्रे बाजा (भाग एक और दो)।
6. फ़िल्म थ्योरी एण्ड क्रिटिसिज्म—कोहन, मार्श और मेस्ट।
7. फ़िल्म फार्म—सर्जेई इंसेन्स्टीन मिखाइलोविच।
8. अवर फ़िल्मस् देयर फ़िल्मस्—सत्यजित राय।
9. थ्योरी ऑफ़ द फ़िल्म—बेला बालाज।
10. द सिनेमा ऑफ़ सत्यजित रे—चिदानन्द दास गुप्त।
11. द आर्ट ऑफ़ द फ़िल्म—अर्नेस्ट लिंडग्रेन।
12. फीलिंग एण्ड फार्म—सृज़ेन लैंगर।

3. पत्र-पत्रिकाएँ तथा कोश-विवरण

1. रविवार (साप्ताहिक) फ़िल्म विशेषांक 1 से 7 जनवरी 1982
2. वीणा (मासिक) अक्टूबर 1972
3. साप्ताहिक हिन्दुस्तान (फ़िल्म विशेषांक) 18 से 24 जनवरी 1983
4. धर्मयुग (फ़िल्म अंक) 15 से 21 दिसम्बर 1988
5. माधुरी (पाक्षिक) 1 से 15 सितम्बर 1981 व 16 से 31 दिसम्बर 1986
6. साइट एण्ड साउंड : (त्रैमासिक, ब्रिटिश फ़िल्म इंस्टीट्यूट), लंदन।

7. मंथली फ़िल्म बुलेटिन—ब्रिटिश फ़िल्म इंस्टीट्यूट, लंदन।
8. फ़िल्म एंड लिटरेचर—(त्रैमासिक, सालिसवरी स्टेट कॉलेज यू.एस.ए.)।
9. कोहिएर्स टू सिनेमा : (फ्रेंच)
10. सिनेमा इन इंडिया (विशेषांक तथा वार्षिकांक सहित)।
11. इंडियन सिनेमा—1977-91 तक।
12. हिन्दी साहित्य कोश—सम्पा. डॉ. धीरेन्द्र वर्मा।
13. 'एक पीढ़ी का परम्परागत सिनेमा के प्रति विद्रोह'—विजय पण्डित : 'लमही' सिनेमा विशेषांक-सम्पादक विजय राय।
14. राजीव सक्सेना की सार्थक सिनेमा पर टिप्पणी
15. डॉ. लक्ष्मी शर्मा की 'आटीटी प्लेटफार्म पर सिनेमा' पर टिप्पणी।
16. Mazumder, Jyotirmoy (2014) A Comprehensive Study on the Marketing Factors of the Recent Bengali Films considering Indian Movie Industry, IJFMS 1(1) : 10-30.
17. Ramachandrappa, Baragur (2010) Globalisation and Cinema, Souvenier, Platinum Jubilee Celebrations, Karnataka Film Chamber of Commerce, Bangalore.
18. Wikipedia.

❑❑❑